高职高专公共基础课规划教材

U0659295

大学生职业发展与就业指导

主　编　袁国繁　陈锦辉　王慧秋
副主编　陈健颖　倪亚丽　陈锦婵

哈尔滨工程大学出版社
Harbin Engineering University Press

内 容 简 介

　　本书结合新时期高职大学生的特点和求职择业的需要,紧扣学生群体职业发展的共性困惑和难点,帮助他们从唤醒生涯与职业意识、理性设计规划职业生涯出发,全面分析自我个性特点,遵循内心需要,提升就业能力,拓展就业出路;充分做好求职准备,熟练求职技巧与礼仪规避求职陷阱,捍卫自身权益;从适应职业发展角度,细致入微地对他们进行了理论指导和实战点拨。本书力求助力读者思考生涯愿景,探索感兴趣的职业方向,认知职场世界,明晰职业目标。同时,帮助读者审视自身能力与职业要求的差距,增强适应职场的能力,实现由校园人到职场人的角色转换,为终身发展探索出无限可能。

图书在版编目(CIP)数据

　　大学生职业发展与就业指导/袁国繁,陈锦辉,王慧秋主编. —哈尔滨:哈尔滨工程大学出版社,2021.5
　　ISBN 978 − 7 − 5661 − 3063 − 1

　　Ⅰ.①大… Ⅱ.①袁… ②陈… ③王… Ⅲ.①大学生—职业选择—高等职业教育—教材 Ⅳ.①G647.38

　　中国版本图书馆 CIP 数据核字(2021)第 082200 号

大学生职业发展与就业指导
DAXUESHENG ZHIYE FAZHAN YU JIUYE ZHIDAO

选题策划 包国印
责任编辑 张 彦 李 暖
封面设计 李海波

出版发行 哈尔滨工程大学出版社
社　　址 哈尔滨市南岗区南通大街 145 号
邮政编码 150001
发行电话 0451 − 82519328
传　　真 0451 − 82519699
经　　销 新华书店
印　　刷 哈尔滨市石桥印务有限公司
开　　本 787 mm × 1 092 mm　1/16
印　　张 16
字　　数 408 千字
版　　次 2021 年 5 月第 1 版
印　　次 2021 年 5 月第 1 次印刷
定　　价 39.00 元
http://www.hrbeupress.com
E-mail:heupress@hrbeu.edu.cn

前　言

Preface

职业生涯规划必将对一个人的整个生命历程产生影响。人为自己设定目标，目标又反映了人内心的希望，所有的行为将会凝聚在这个希望周围，从而活出意义来。所谓的人生成功与失败，不过是所设定目标的实现与否，目标是决定成败的关键因素之一。人生目标体系中，多种因素相互交织影响，职业发展目标是重中之重。这个目标的实现与否，直接影响着生命质量的高低。

高职院校的育人目标是注重学生的职业化及专业技术化发展，在就业方面更具有针对性。结合新时代大学生求职择业的实际需要，紧扣高职大学生群体的共性困惑，本书按照学习目标、技能要求、引导案例、理论指导、扩展阅读、思考和练习编排内容，每章后面都增加了实训项目。本书从平衡充实大学生活，唤醒生涯与职业意识，理性设计规划职业生涯；全面分析自我个性特点，遵循内心需要，明晰锚定自己的职业定位，提升就业能力，拓展就业出路；为求职做充分准备，撰写职业化简历，从容应对笔试与面试，熟练求职技巧与礼仪；规避求职陷阱，捍卫就业权益以及职业适应与发展等方面细致入微地进行理论指导和实战点拨。

书香一瓣共心香。本书甄选了大量广州华商职业学院优秀毕业生择业、创业成功的案例，近距离的故事亲切感人，旨在激发高职大学生职业生涯发展的自主意识，及早认识职业和专业的关系，助力其思考生涯愿景，探索感兴趣的职业方向，学习生涯决策方法，明晰职业目标，认知职场世界。同时，可以实现由他助向自助转变，对自身日常行为进行深刻的反思，审视自身能力与职业要求的差距，强化适应职场的能力，在就业择业时多一份从容、少一份迷茫，实现由校园人到职场人的角色转换，使自己的德行臻于完美，为终身发展探索出无限的可能。

在行业资深专家陈锦婵的指导下，全体编写人员勤奋努力，其间走访了众多优秀毕业生，阅读学习了国内外大量职业发展与就业指导教育研究方面的文献资料，以及一些专家学者的理论和观点，结合职业高等教育特色撰写了这本广州华商职业学院校本教材。其中，袁国繁策划设计了全书结构并编写了第一章、第二章；陈锦辉编写了第三章、第四章；陈健颖编写了第五章、第六章；倪亚丽撰写了优秀毕业生案例；王慧秋编写了第七章、第八章，撰写了前言并负责统稿；全书由陈锦婵审稿。

书中引用的案例与材料部分来自期刊、网络，在此一并表示诚挚感谢！

编　者

2021 年 3 月

目　录

Contents

平衡充实的大学生涯

奋斗的道路不会一帆风顺,往往荆棘丛生、充满坎坷。强者,总是从挫折中不断奋起、永不气馁。

——习近平

【学习目标】

1. 适应大学生活的变化,熟悉高职大学生的优势,了解职业高等教育特色。
2. 了解粤港澳大湾区经济发展状况及人才需求趋势。
3. 掌握大学生涯主要内容:专业知识学习、专业技能提升、社会实践、实训实习等。
4. 学习掌握目标管理、学业管理、健康管理、时间管理、社会实践管理等大学生涯管理方法。

【技能要求】

结合本专业做好"学涯"规划。

引导案例

不忘初心　方得始终

杨绮红,2014—2017 年就读于广州华商职业学院工商管理系,中国共产党党员。2016年以优异的成绩成为韩国南首尔大学交换生。2019 年取得韩国南首尔大学的毕业证,并回国参加工作。

在广州华商职业学院就读期间,她曾担任 2014 级物流管理 4 班班长和工商管理系团总支学生会主席等职务。她严格要求自己,每学期初都制订学习计划和学习目标,在专业学习、社会实践、创新能力、综合素质等方面均表现突出,名列前茅。

在学好理论知识之余,她还注重自己的外语及技能水平,顺利获得了全国计算机一级、大学英语四级、普通话二级乙、助理物流师等多项技能证书。同时,她还获得了学院"优秀毕业生""校奖学金一等奖""校园文化活动工作积极分子""优秀团员标兵""先进个人""优秀学生干事""工作积极分子""军训先进个人"等奖项和由广州市广大社会服务中心颁发的"呵护心理健康志愿者——优秀志愿者"奖项,如图1－1所示。

图1－1　杨绮红大学期间获得的荣誉证书、技能证书

在思想方面,杨绮红积极要求进步,乐观向上,不断向党组织靠拢。处处以一名共产党员的标准严格要求自己,她能够清醒地认识到一名党员的责任,一名当代大学生的使命,一名学生干部的职责。课业之余,她积极参加党课培训班,学生干部培训班,并以优秀的成绩结业。2014年12月成为入党积极分子,2015年12月成为预备党员,2016年12月,如愿正式成为中共党员。

在学生工作中,杨绮红身兼数职,她把学到的东西转化为技能,并在实践中锻炼,成为辅导员老师和同学之间的纽带。在担任系学生会主席期间,工作细心负责,凡事尽心尽力,从大一新生入学迎新到学年期末总结大会,每一个活动都积极参与,认真策划讨论,组织全体同学开展活动,及时做好工作总结,显示了她超人的管理才能,也为她走向社会工作奠定了良好的基础。

正是因为这份责任心和热情,她得到了老师们的支持与信任,得到同学们的认可与拥护,带领学生会获得学院"优秀团总支"称号。

同时,她还热衷公益志愿活动,曾参加工商管理系团总支公益宣传片的拍摄、增城社区行志愿者活动、广州市广大社区服务中心举办的"呵护心理健康志愿者"活动、"阳光支教,洋溢中国梦"义务支教活动。为增城清燕小学5年2班的同学们开展了预防溺水的课程,提高了小学生自我保护意识。

杨绮红积极参加暑期"三下乡"社会实践活动服务,曾前往广东江门那梨小学进行义务支教活动。在那里,她耐心教小学生们跳舞、书法、音乐、电脑操作、剪纸等,经常组织文艺演出活动。关心了解当地留守儿童的身心健康,并根据学生个人情况进行心理辅导。

在那梨村,她挨家挨户详细了解独居老人的生活情况和健康状况,为他们送去粮食,用行动践行着"老吾老以及人之老"的传统美德,也见证着共产党员的使命与担当。一点一滴的小事汇集起来,流淌出一条条温暖独居老人心田的暖流。

2016年,杨绮红以优异的成绩获得韩国南首尔大学交换生名额,于同年9月前往韩国交换学习一年。交换期间,她努力学习韩语,了解韩国文化,从最基础的韩语拼音开始学起。一年后,她报考广东省专科升入全日制本科的选拔性考试时,韩语能力已达到三级水平,成功被社会福利系录取。

被录取后,她更加刻苦认真地学习,每天都做听、说、读、写练习,成为自习室的"常客",平均每周观看一部韩剧,跟读对白,学习俚语,让自己与韩国同学沟通更容易。每天晚上坚持到生活馆广播室,为中国留学生翻译韩国老师的广播内容,并为韩语能力不高的同学解决语言问题,把他们日常所遇到的问题翻译报告给老师,为中国留学生解决各种生活上的问题。

终于,她的韩国语能力测试(Topik)达到了 5 级水平,提前完成了本科毕业要求中最重要的一项任务,获得了学校颁发的 150 万韩币奖学金。除此之外,她保持优良成绩,每学期的绩点均达到 3.5 以上,且获得学校奖励的 35% 的学费减免,大四上学期更是获得了 40% 的学费减免。

在韩国学习期间,她曾担任生活馆层长一职,与各国同学一起 DIY 韩国紫菜包饭、野餐、玩游戏,现场气氛非常活跃。她与越南、哈萨克斯坦、蒙古、菲律宾等来自世界各地的同学共事共处,成功组织举办了文化交流活动、生活馆运动会。

2018 年春天,她到韩国三育英语儿童中心进行社会奉献活动达 47 小时。暑假期间,前往韩国益善院(孤儿院)进行现场实习达 120 小时。实习期间,与团队一起为孤儿院的小朋友们设计了一项中文学习项目。

2019 年,杨绮红顺利取得韩国南首尔大学的毕业证,并回国参加工作。参加工作后的杨绮红仍不忘初心,在政协珠海市斗门区委员会办公室勤奋刻苦地工作。2020 年 1 月,她参加了第十二届政协广东省委员会第三次会议会务工作,得到了文艺界委员们的一致好评。

在新冠肺炎疫情肆虐时,杨绮红主动参加珠海市防疫工作第四督导组第 5 小组工作和社区街道的防疫检查工作,到斗门镇各村各企业进行督查防疫落实情况的工作,坚守在防疫的最前线。

她坚信:不忘初心,方得始终。

理论指导

第一节　适应大学生活

一、高职大学生的优势

(一)重新认识高职教育

1. 明确职业教育是一个教育类型

职业教育与普通教育是两种不同的教育类型,具有同等重要的地位。2019 年 1 月,国务院印发《国家职业教育改革实施方案》,明确了职业教育的地位。职业教育是与普通高等教育并行的一个教育类型,而不是教育层次。

职业教育要以类型教育为基点,牢固确立职业教育在国家人才培养体系中的重要位置,围绕建设现代职业教育体系,强化类型特色,坚定服务发展、促进就业的办学方向,不断深化产教融合、校企合作,工学结合、知行合一,走出了一条中国特色的职业教育发展道路。

一个国家的经济社会发展离不开人才,在人才培养的"蓄水池"中,职业教育起着至关重要的作用。"十四五"规划和 2035 年远景目标的建议中提出,"加大人力资本投入,增强职业技术教育适应性,深化职普融通、产教融合、校企合作,探索中国特色学徒制,大力培养技术技能人才"。

如今,我国已建成世界规模最大的职业教育体系,我国职业教育也培养了一大批支撑经济社会发展的技术技能人才。"职教一人,就业一人,脱贫一家"已成为阻断贫困代际传递见效最快的方式。对于千千万万的年轻人来说,这个曾经的"次要选择"已成为改变家庭命运、实现个人理想的重要渠道。

2. 专科教育—本科教育—研究生教育

2014 年国务院发布《国务院关于加快发展现代职业教育的决定》提出,加快构建现代职业教育体系,创新发展高职教育,在发展中逐步形成"专科教育—本科教育—研究生教育"的人才培养体系。

专科高等职业院校要密切开展产、学、研合作,培养服务区域发展的技术技能人才,重点服务企业特别是中小微企业的技术研发和产品升级,加强社区教育,提供终身学习服务,探索发展本科层次职业教育。建立以职业需求为导向、以实践能力培养为重点、以产学结合为途径的专业学位研究生培养模式,研究建立符合职业教育特点的学位制度。

2019 年以来,教育部批准开展本科层次职业教育试点,一大批本科院校如雨后春笋,破土而出,打破了职业教育止步于专科层次的"天花板"。构建起纵向贯通、横向融通的现代职业教育体系。

在纵向贯通上,巩固中等职业教育的基础地位,强化高等职业教育的主体地位,稳步推进本科层次职业教育试点;在横向融通上,加强职业教育、继续教育、普通教育的有机衔接、协调发展,使各类人才的成长通道得以畅通。

建立"文化素质 + 职业技能"职教高考制度,吸引了更多青少年走技能成才、技能报国之路。教育部大力推动、稳步发展职教本科,构建起了中职、高职、职教本科相衔接的培养体系,包括专业硕士、博士的路径,职业教育吸引力大为增强。

依托建立职教高考制度,把中等职业教育和职业专科教育、职业本科教育在内容上、培养上衔接起来,任何职业院校的学生都可以通过职教高考制度,进入任何一个职业院校的任何专业学习。

国家将健全普职融通制度,主要在课程共享与学生流动两个层面进行,促进职业教育与普通教育的资源共享和理念的相互借鉴。健全国家资历框架制度,规定职业教育的学生和普通教育的学生学习成果等级互换关系,进而规定在特定领域,两个教育系列的学生都享有同等权利。

3. 向产业开放、向企业开放、向世界开放

国家相继实施"中国制造 2025"战略和"一带一路"倡议,极大地改写着产业发展格局。近年来,职业教育配合国家发改委培育 800 多家产教融合型企业、试点建设 21 个产教融合型城市,成立了 1 500 个职业教育集团,3 万多家企业参与职业教育,组建了 56 个行业职业教育教学指导委员会,现代学徒制试点参与企业 2 200 多家。

高职院校对接区域产业链,鼓励重点专业群联合世界 500 强或行业领军企业,组建特色产业学院,将产教融合、校企合作做深做实。把企业面向在岗工程师的培训认证和高职教育结合起来,解决了职业教育和行业企业发展脱节、教育标准滞后于企业标准、教学内容落后于技术发展的问题。形成了一个开放的、能够紧跟技术发展的教育教学标准体系。

学生在校期间既有学生身份,又能到企业深入实践,对企业来说,减少了企业对学生职后培训的时间成本、资金成本。

高职教育推进与国际化职教模式接轨的进程,"一带一路"倡议、智能制造、"互联网＋"等,为高职教育国际化提供了新的空间与思路。与国际标准接轨,其成为高职院校提升综合实力的有力王牌。

对接国际标准,做到服务于国家发展战略与产业走向,立足院校办学特色与区位优势,加强与周边国家的交流和合作,如寻求国(境)外办学机会、共建特色专业、引进留学生、建立国(境)外职业技能培训中心、国际化师资培训基地和实训基地等。

对接国际职业教育证书等级制度、质量保障与评价体系、专业认证标准等,形成具有区域与学校特色的人才培养范式。

我国目前与70多个国家和国际组织建立了稳定联系,400余所高职院校与国外办学机构合作办学,打造了中国职业教育的国际品牌。

(二)高职大学生的就业优势

高职教育的特点是面向生产、经营、服务、管理等第一线岗位培养人才。对高职学生应掌握的实践动手能力和应用技能有明确的要求。以社会需求为目标、以岗位技术要求为主线,设计学生的知识、能力、素质结构和人才培养方案。

以培养学生的技术应用能力为核心,构建课程和教学内容体系,基础理论教学以"必需""够用"为度,专业课则加强针对性、实用性。实践教学在教学计划中占有较大比例,以学生"双证书"为培养目标,以"双师型"教师队伍的建设为关键,因此产学结合、校企结合是培养高素质技能型专门人才的必由之路。

以"社会化""市场化"的评价体系为标准,毕业生就业率高说明专业设置符合社会需求、毕业生素质得到社会的普遍认可;毕业生所从事的工作岗位受社会认可度高,说明毕业生所具有的岗位技能、实践能力得到社会的承认。

高职大学生的就业优势主要有以下几个方面。

1. 技术与理论并重

作为高等教育的重要组成部分,职业教育是一种"手脑"并重的教育模式。高职大学生不仅在专业方面技术精湛,理论水平方面也同样过硬。这主要得益于职业院校拥有一支兼具丰富的一线经历和深厚的理论功底的"双师型"教师队伍。

2. 抗就业风险能力强就业率高

与普通高等教育本科生相比,高职大学生就业观念更为实际,能够理性就业,就业空间更为广阔、就业层次更为丰富。踏实肯干的就业态度使职业院校毕业生就业具有一定的优势,职业院校重视生产第一线操作技能的培训,这使得高职大学生克服了本科生"纯理论化"的不足,具有重实践、会动手的特性。

高职大学生的职业定位比本科要明确,这些特点更符合企业所注重的踏实肯干精神和忠诚于企业的意向,企业择人趋向于高职大学生就业态度和个性表现相契合,使得高职学生在就业时具有优势。

3. 企事业单位用人观念转变

企事业单位用人观念的转变,使一些企事业单位青睐于职业院校毕业生。企事业单位选拔人才从看"学历"到看"学力"的转变,给职业院校毕业生就业带来了难得的机遇。社会调查显示,高职大学生深受企事业单位的认可,就业率远远超过普通高等院校毕业生。

4. 自主创业

高职大学生在学校经过系统的学习,基础知识都比较扎实。年轻人观念超前,有利于接受新事物,眼光更为开阔。更重要的是高职大学生的思想都比较活跃,有种"初生牛犊不怕虎"的精神,他们有能力站在较高的角度去应对创业过程中的困难。

高职大学生抗压能力强大,很容易把压力化为动力继续前行。与普通本科院校的学生相比,高职大学生经受的挫折较多,再加上高职大学生生活阅历丰富,造就了高职大学生拥有更强大的抗压能力。

自主创业是一项艰难而又充满乐趣的工作,在这条路上必定辛酸与快乐相融合,需要大学生有强大的心理承受压力,及时调整自己的心理状态,积极乐观地面对创业道路上出现的困难与挫折。

高职大学生就是在信息化时代中成长起来的,所接受的知识是最前沿的,应用信息设备的使用式操作相当熟练,获取信息的速度更是惊人。现代社会的发展恰恰为高职大学生提供了一个创业的良好契机。

扩 展 阅 读

职业教育带来的商机

我国职业教育体系建设主要分为五个阶段,分别是恢复阶段、发展阶段、滑坡阶段、重振阶段及革新阶段。

恢复阶段是在 1976—1984 年,主要是恢复被破坏了的职业教育制度,解决中等教育结构单一化问题,建立职业教育体系。采取的措施包括扩大农业中学及各种中专技校的比例、允许社会力量办学等。

1985 年,《中共中央关于教育体制改革的决定》发布后,职业教育正式进入发展阶段,并呈现欣欣向荣的态势。到 1996 年,中职学生占高中阶段在校生总数的比例已从 56% 提升至 77% ,创下恢复发展以来的新高。

1997 年至 2001 年,职业教育试图从计划经济体制转向引入市场驱动机制。但是,在这个重要转型时期,又出现了社会观念变化、高等院校扩招等不利因素,职业教育行业因此滑坡,招生人数下降,发展陷入瓶颈,职业教育进入滑坡阶段。

在经历低谷期后,从 2002 年开始,国家教育部门重新审视职业教育,确立了大力发展职业教育的战略重点。先后出台了《国务院关于大力推进职业教育改革与发展的决定》《教育部等七部门关于进一步加强职业教育工作的若干意见》和《中共中央关于大力发展职业教育的决定》等重大支持政策,职业教育进入重振阶段。

2010 年以后,社会经济环境对人才和劳动力市场提出了更高要求,职业教育改革迫在眉睫。2014 年《现代职业教育体系建设规划(2014—2020 年)》发布,拉开了职业教育改革提速的序幕,使职业教育迈向革新阶段。

《国家职业教育改革实施方案》更是对职业教育提出了全方位的改革设想,强调到 2022 年,职业院校教学条件基本达标,一大批普通本科高等学校向应用型高校转变,建设 50 所高水平高等职业学校和 150 个骨干专业(群)。

国家除了发布一系列支持政策外,对职业教育的财政投入同样毫不逊色。2017 年,全国职业教育财政性教育经费达 3 350 亿元。2018 年,现代职业教育质量提升计划投入达到 187 亿元,较 2014 年增长了 64%。

据统计,2019 年全国职业学校开设 1 200 余个专业和 10 余万个专业点,基本覆盖了国民经济各领域,每年培养 1 000 万名左右高素质技术技能人才。在现代制造业、战略性新兴产业等领域,一线新增从业人员 70% 以上来自职业院校毕业生,如图 1 - 2 所示。

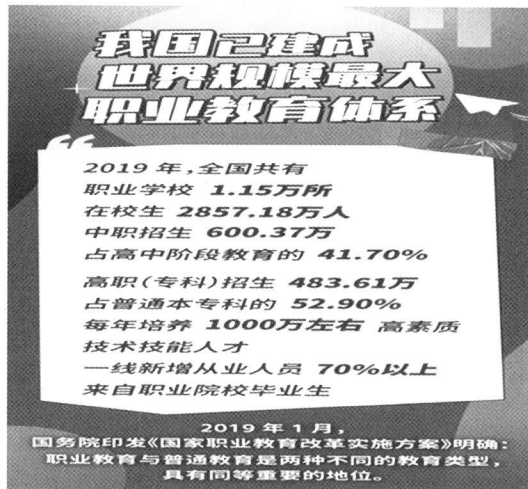

图 1 - 2　2019 年职业教育数据

"十三五"期间,共创国家级农村职业教育和成人教育示范县 261 个。在促进教育公平上,中职免学费、助学金分别覆盖已经超过 90% 和 40% 的学生,高职奖学金、助学金分别覆盖近 30% 和 25% 以上的学生。东西部职业院校协作全覆盖、东西部中职招生协作兜底、职业院校全面参与东西劳务协作三大行动,累计投入帮扶资金设备超过 18 亿元,共建专业点683 个、实训基地 338 个,岗位技能提升培训 16 万余人,创业培训 2.3 万余人。

职业教育最大的成就是培养了一大批支撑经济社会发展的技术技能人才,在服务国家战略、服务区域发展、服务脱贫攻坚、促进教育公平等方面发挥了重要作用。

从市场趋势来看,在政策利好的推动下,职业教育将进入黄金发展期。市场规模有望持续扩大。2020 年,全国职业教育市场规模达到 11 620 亿元。其中,学历职业教育市场规模达到 1 761 亿元,非学历职业教育市场规模达到 9 859 亿元。

从竞争趋势来看,职业教育集团职教集团化势力将崛起,职业教育集团是指由多个具有独立法人资格的组织机构组成,以契约、资产等形式为联结纽带、以集团章程为共同行为规范、以合作开展人才培训为方式的办学组织。

自 1992 年全国首家职业教育集团———北京蒙妮坦美发美容职业教育集团成立以来,职教集团的数量和规模在政策推动下,其增速明显加快。

从技术趋势来看,新一代信息技术正在颠覆传统职业教育,新型商业模式正苗壮成长。例如,互联网技术的普及应用正深刻影响着教育者和受教育者之间的关系。公共学习空间、沉浸式 IT 培训,校企深度合作共推课程、在线学位管理平台等职业教育新业态等大量涌现。[①]

---

① 叶雨婷:《我国职业教育交出亮眼成绩单》,《中国青年报》2021 年 1 月 26 日第 12 版。

二、粤港澳大湾区经济发展与人才虹吸

《中共中央关于制定国民经济和社会发展第十四个五年规划和二〇三五年远景目标的建议》提出,"十四五"期间,支持粤港澳大湾区形成国际科技创新中心。伴随着多年来制造业的持续性发展和服务业的持续攀升,珠三角地区对高技能人才需求不断增长。

粤港澳大湾区建立后,整体经济出现了转型与升级两种重要的态势,从而对高技能人才的成长形成了一种强有力的推动。粤港澳大湾区既有香港、澳门等现代服务业非常发达的地区,也涵盖了珠三角传统的制造业发达区,区内高技能人才呈现出一种整合、升值的重大趋势。

(一)粤港澳大湾区经济发展

粤港澳大湾区是继美国纽约湾区和旧金山湾区、日本东京湾区之后的世界第四大湾区。粤港澳大湾区包括香港、澳门两个特别行政区和广东省广州市、深圳市、珠海市、佛山市、惠州市、东莞市、中山市、江门市、肇庆市(以下简称珠三角九市),是中国开放程度最高、经济活力较强的区域之一,在国家发展大局中具有重要战略地位。

自 2017 年两会期间被写入政府工作报告以来,粤港澳大湾区成为颇受公众关注的热点地域和话题。2019 年 2 月 18 日,中共中央国务院印发《粤港澳大湾区发展规划纲要》,在科技创新、基础设施互联互通、对外开放、制度协调发展等方面,对粤港澳大湾区的定位和规划进行了明确,标志着该国家级跨区域性经济合作区发展蓝图正式拉开帷幕。

粤港澳大湾区作为我国开放程度较高、经济活力较强的区域之一,产业结构丰富,且拥有腾讯、华为、碧桂园、美的等行业巨头,释放出巨大的经济能量和人才吸引力。

(二)粤港澳大湾区人才净流入

粤港澳大湾区总体人才净流入,人才虹吸效应明显。粤港澳大湾区的广东九市中,除江门外,其他城市均处于净流入状态。其中深圳和广州作为两大核心城市,担当着人才流动中心的角色,珠海的人才净流入率最高。

来自湾区外的人才当前所在的行业,主要有房地产/建筑/建材/工程、互联网/电子商务、加工制造、汽车/摩托车、教育/培训/院校、电子技术/半导体/集成电路等。职位方面,销售管理和土木/建筑/装修/市政工程是湾区外人才当前主要从事的职位。流入湾区人才以年轻男性为主,房地产行业和销售岗位居多。来自湾区外人才质量整体高于湾区内部人才,湾区人才结构趋于优化。

(三)粤港澳大湾区的就业机会

1. 粤港澳大湾区 CIER① 指数为 0.65

粤港澳大湾区就业竞争较为激烈,平均每个求职者对应 0.65 个工作机会。保险行业、销售职位人才缺口大,民营企业人才需求最旺,港澳台企业竞争最为激烈。粤港澳大湾区平均薪酬为 9 227 元/月,香港平均薪酬领跑粤港澳大湾区,肇庆互联网行业高薪难揽才。

广州和深圳不仅人才需求旺盛,且人才竞争激烈、人才供过于求。深圳平均每个求职者仅对应 0.34 个工作机会,就业市场激烈程度远大于其他地区。

澳门 CIER 指数为 0.95,基本实现人才供需平衡,惠州、佛山、东莞、珠海、江门、肇庆、中

---

① CIER 中国就业市场景气。

山、香港8市的CIER指数均大于1,人才需求高于人才供给,处于人才短缺状态。

其中,惠州人才缺口最大,CIER指数达5.26,平均每个求职者对应5.26个工作机会,属于就业机会充足的城市。肇庆和江门两地的CIER指数分别达12.98和10.20,求职供给不足,属于较为冷门的城市。

2.各行业的人才供需情况

主要行业根据人才优势可以分为四个梯队,制造、消费品和信息通信技术(ICT)是粤港澳大湾区的第一梯队行业,第二梯队行业是金融和公司服务,第三梯队行业包括旅游度假、零售、交通物流、教育、媒体通信、非营利等,第四梯队行业包括建筑、房地产、医疗、娱乐、设计、能源矿产、法律、保健等。

粤港澳大湾区互联网、房地产为两大热门行业,保险行业存在人才缺口。

互联网/电子商务、房地产/建筑/建材/工程是粤港澳大湾区当前热门的两大行业,位居前两名,行业对人才的需求旺盛。两个行业CIER指数分别为0.28和0.27,人才供给大于需求,竞争激烈。

计算机软件行业的CIER指数最低,仅为0.11,平均每个求职者仅对应0.11个工作机会,行业的人才竞争已呈白热化态势。

粤港澳大湾区的保险行业是唯一一个人才供不应求的行业,该行业存在一定人才缺口。而耐用消费品、仪器仪表及工业自动化等行业人才需求较少,且CIER指数较低,为0.21,属于当前需求少且人才供给过剩的行业。

3.粤港澳大湾区11个城市各行业的人才供需情况

惠州、肇庆、江门、佛山、中山等地的互联网/电子商务行业人才需求较高,江门、肇庆互联网/电子商务行业潜在机会较多。

深圳、江门、肇庆的快速消费品行业存在人才缺口,招聘需求人数在总体招聘需求中占6%以上,但CIER指数大于1,肇庆快速消费品行业的CIER指数为3.91,平均每个求职者对应3.91个工作机会。而广州的快速消费品行业人才供大于求,CIER指数为0.16。建议该行业人才通过区域间流动,来实现充分就业。

东莞在保险、专业服务/咨询行业的人才需求较高,且供给相对不足,保险行业招聘需求人数占比为4.74%,CIER指数为6.07。佛山、惠州、江门的贸易/进出口行业人才短缺,人才需求在总体招聘需求中占比约6%,CIER指数均高于1,惠州和江门分别达到了6.92和5.23。

4.职位的人才供需情况

销售职位人才缺口最大,房地产开发/经纪/中介职位供不应求。

销售业务、技工/操作工等属于人才需求旺盛且缺口较大的职位,即职位的招聘需求人数较多,且CIER指数大于1。其中属销售职位的需求最旺,招聘需求人数占所有职位的13.83%,CIER指数为1.86,平均每个求职者对应1.86个工作机会。

软件/互联网开发/系统集成、人力资源等属于热门职位,人才需求较多,招聘需求人数在所有职位中占比分别为8.24%,6.59%,且竞争较激烈,平均每个求职者分别对应0.38,0.8个工作机会。

房地产开发/经纪/中介、土木/建筑/装修/市政工程等属于人才相对过剩职位,即职位的招聘需求较少,且CIER指数小于1,职位竞争激烈。

5.各类性质企业的人才供需情况

民营企业人才需求最高，在所有类型企业中占比达66.48%，远高于其他类型企业。

港澳台公司的CIER指数为所有类型企业中最低，为0.11，平均每个求职者仅对应0.11个工作机会，在招聘需求人数仅占总体0.13%的情况下，人才供给过剩趋势明显，就业竞争异常激烈，反映了求职者对该类型企业的偏爱。

国企、上市公司的CIER指数均为0.36，竞争程度仅次于港澳台地区企业，是除港澳台地区公司以外，对人才吸引力较强的企业类型。

6.各规模企业的人才供需情况

中小企业人才需求最高，大型企业更受求职者欢迎。

20～99人和100～499人的中小企业人才需求最高。

1 000～9 999人的大型企业人才需求也很高，多为电子技术/半导体/集成电路行业和销售、技工/操作工等职位。

CIER指数与企业规模整体呈现负相关关系，企业规模越大，CIER指数越低，即竞争越激烈，但万人以上的超大规模企业除外。

三、学会规划学生生涯

著名学者金树人在团体辅导手册中提出了生涯九宫格的概念。将人们的生涯发展概括为学习进修、职业发展、人际交往、个人情感、身心健康、休闲娱乐、财务管理、家庭生活、服务社会九个方面（表1-1）。

在这九个格子中，每个格子都设计了相应的问题。学生们对每个格子中的问题进行思考后打分，每个格子满分为100分。60分视为及格，第一层均60分以上为合格，一二层均60分以上为优秀。九格均超过60分为卓越，三层逐层递进。

表1-1　大学生生涯九宫格

学习进修（　分）	职业发展（　分）	人际交往（　分）
1.课程表上的课程有哪些？ 2.除了课程表的内容，你还需要学习什么？ 3.基于自己未来的目标职业，你需要积累什么？ 4.你的学习习惯怎么样？	1.任何一个阶段的时间都是在为下个阶段的发展做准备。 2.你理想的职业有哪些？你为此可以做哪些准备？ 3.你现在做得怎么样？	1.你感觉难以应对的人有哪些？ 2.哪些场合让你感到不自在？ 3.为了将来更好的适应社会，你打算从搞定哪些人开始？
个人情感（　分）	身心健康（　分）	休闲娱乐（　分）
1.你怎么看待爱情、友情，等等？ 2.你建立并维系亲密关系的能力如何？ 3.重要人物对你的影响有哪些？	1.你有没有坚持运动的习惯？ 2.适合你的运动方式有哪些？ 3.如何保持自己心情愉悦？ 4.你如何处理焦虑、压力、沮丧等不良情绪？	1.你有哪些兴趣爱好？ 2.你业余时间会做哪些事情让自己感受那种创造的乐趣和成就感？ 3.除了学习、工作之外，你还会做什么来愉悦自己？

表1－1（续）

财务管理（　分）	家庭生活（　分）	服务社会（　分）
1.你每个月的生活费是如何管理的？ 2.你是否了解一些理财知识？ 3.你是否尝试过为自己增加一些收入？ 4.财富在你未来的生涯发展中比重如何？	1.你跟父母的关系怎样？ 2.你是否从内心接纳与尊重自己的父母？ 3.你父母对你是影响还是掌控？ 4.你和父母的关系是如何影响你今天的人际交往的？	1.你是否参加过一些志愿服务？ 2.你怎样理解一个大学生的社会责任感？ 3.你怎样看待社会公益组织？

（一）学习进修

1.认识与理解专业

专业：一个人所专攻的术业。

2.专业学习之外的提升

（1）建立自己的信息系统。推荐几个比较好用的学习网站：

中国大学 MOOC：引进的基本都是"985""211"高校课程，也有台湾清华大学这类的名校，免费学习。

网易云课堂：领先的实用技能学习平台，既有 PPT 制作排版、摄影、编程、H5、PS 等很多实用技能、兴趣爱好课程，也有职业课程"微专业"，通过实践性强的 IT 类收费课程学习，帮助掌握岗位技能，提供企业的就业推荐。

（2）专业技能证书要早考。

（3）报驾校练车考取驾驶证。

（4）阅读是对自己最大的投资。

（5）不挂科。

（6）控制自己的上网时间。

（7）去自习室学习，熟悉各种 Office 知识，不一定要精通。

（8）远离让你获得"即时快感"的事，如刷抖音、打游戏，多做些投资回报高的事，让自己学会延迟满足。

（二）职业发展

任何一个阶段的实践都是在为下个阶段的发展做准备。

（三）人际交往

生命中你遇到的每一个人都是来教会你某些东西的。大学是社会的缩影，我们在这里将学会和各种人相处。除了对抗与相亲相爱之外，还有一种相处方式——和平共处。

（四）个人情感

恋爱可以让一个人的人格变得成熟。维系美好的友谊，可以让一个人的内心充满力量，经营自己的情感，可以有效促进一个人的自我管理。

（五）身心健康

养成固定的、良好的锻炼习惯是大学体育课的基本要求。学会科学、有效地处理自己的情绪问题是大学生必备的技能之一。维持生活的平衡能力让我们受益终身。

（六）休闲娱乐

当你在充分享受自己的兴趣时，不仅会感受到充分的愉悦，还能有效提高身心的免疫能力。兴趣是我们内心快乐和动力的来源。丰富的业余生活不仅可以有效缓解学业压力，也可以扩展一个人的生涯宽度。

（七）财务管理

大学生理财一般分为两个方面：一是弄清楚钱是怎么花的；二是在有一定积累的时候，尝试小额投资。大学生理财的核心只有四个字：开源节流。利用有限的资金理财，为将来进入社会乃至完全独立提前热身。

1. 开源

（1）获取劳务性收入。努力参加实习、兼职等活动以获得报酬。打工不但可以积累社会经验，而且对将来毕业找工作也有很大的帮助。此外，推荐"努力学习"这一招，学习是为将来投资，而每学期数千元的奖学金也很诱人。况且，努力学习还可以减少去校外消费的次数，是一举数得的事。

（2）获取财产性收入。如果每个月的生活费还有剩余，可以考虑做基金定投，树立价值投资的理念。但炒股还要量力而行，对自控能力不强的学生来说，炒股可能会影响心情、睡眠，进而影响自己正常的学习生活。每个学生的情况不同，大一时最好不要进行投资，因为大一新生要适应和了解的东西很多，时间很紧，投资会影响学习。如果所学专业涉及投资理财或者大三有时间精力可以稍做尝试，但切不可投入太多。

2. 节流

（1）记账是理财的根本。把每月的收支情况记录下来，同时区分必须性支出和非必须性支出。对于非必须性支出，可以选择替代性支出方案，如选择矿泉水或白开水等代替饮料，通过缓慢积累获得长远的财富增加。

（2）学会二手交易。以相对便宜的价格买入别人用过的课本、参考书等，既节约了资金，知识又不会因此打折。可以利用校园网来发布交易信息，也可以利用现有的电子商务网站发布并获得信息。这种方式在大学生中日益普及。

（3）最大限度地利用免费资源。学生身份是一种宝贵的资源，可以享受到许多方面的优惠。如对不太常用的参考书，与其去书店买不如去学校图书馆借。学生身份在校外许多场所同样可以享受很多优惠：假期火车票的减价优待，去博物馆或科技馆参观可以打折，甚至免费等。

（4）减少不必要的聚会。刚进大学，朋友、老乡之间喜欢找机会聚会。但这种摆排场的聚会还是少去为好。

（八）家庭生活

学会与父母和平共处，理解与感恩。宽容父母的小过错，原谅他们的不完美，是子女最基本的德行。哪有什么诗歌和远方？我们所有的良辰与吉时，都不过是踩在父母的肩膀上。为人子女的终极使命就是接受父母只是一个普通人，并慢慢懂得他们的不容易。要逐渐从"成人－孩子"的模式转换到"成人－成人"的模式。

（九）服务社会

参加公益活动，可以增加一个人的自我效能感；感受被需要可以增加一个人的自信心。一切以服务社会为前提的职业都具有强大的生命力。

第二节　考取职业资格

职业资格制度是对某些责任重大、社会功能性强，且关系国家或公共利益的专业技术岗位的人员依法实行控制，通过统一考试、注册管理，保证从业人员质量，以保障国家与公众生命财产安全和多方利益。开展职业技能鉴定，推行职业资格证书制度，是落实党中央、国务院提出的"科教兴国"战略方针的重要举措，也是我国人力资源开发的一项战略措施。

教育部职业技能等级证书信息管理服务平台：https://vslc.ncb.edu.cn/csr-home.

一、了解"1＋X"证书制度

教育部、国家发展改革委员会、财政部、市场监管总局联合印发了《关于在院校实施"学历证书＋若干职业技能等级证书"制度试点方案》，部署启动"学历证书＋若干职业技能等级证书"（简称"1＋X"证书）制度试点工作。自2019年开始，重点围绕服务国家需要、市场需求、学生就业能力提升3个方面，从10个左右领域做起，启动"1＋X"证书制度试点工作。

试点方案重点强调职业技能证书在高等职业教育中的作用，将校内的职业教育和校外的职业培训结合起来，形成一种新的技术技能人才培养模式。并且以探索建立职业教育国家"学分银行"为重要目标，对学历证书和职业技能等级证书所体现的学习成果进行认证、积累与转换，促进书证融通，探索构建国家资历框架。

2020年，教育部和广东省教育厅又公布了第三批76个试点项目。广州华商职业学院有16个"1＋X"证书试点建设，见表1-2所示。

表1-2　广州华商职业学院"1＋X"证书试点情况一览表

序号	证书名称	培训评价组织	证书适用专业
1	健康财富规划职业技能等级证书	泰康珞珈（北京）科学技术研究院有限公司	金融管理、证券与期货
2	研学旅行策划与管理（EEPM）职业技能等级证书	亲子猫（北京）国际教育科技有限公司	旅游管理、酒店管理、学前教育
3	网络系统建设与运维职业技能等级证书	华为技术有限公司	计算机网络技术

表1-2(续)

序号	证书名称	培训评价组织	证书适用专业
4	财务数字化应用职业技能等级证书	新道科技股份有限公司	会计、财务管理
5	跨境电商B2B数据运营职业技能等级证书	阿里巴巴(中国)教育科技有限公司	国际商务、电子商务、商务英语
6	人身保险理赔职业技能等级证书	中保慧杰教育咨询(北京)有限公司	金融管理、证券与期货
7	工业机器人应用编程职业技能等级证书	北京赛育达科教有限责任公司	工业机器人技术
8	幼儿照护职业技能等级证书	湖南金职伟业母婴护理有限公司	学前教育、幼儿发展与健康管理
9	建筑信息模型(BIM)职业技能等级证书	廊坊市中科建筑产业化创新研究中心	建筑工程技术、建筑装饰工程技术、工程造价
10	建筑工程识图职业技能等级证书	广州中望龙腾软件股份有限公司	建筑工程技术、建筑装饰工程技术、工程造价
11	智能新能源汽车职业技能等级证书	北京中车行高新技术有限公司	汽车运用与维修技术、新能源汽车技术
12	汽车运用与维修职业技能等级证书	北京中车行高新技术有限公司	汽车运用与维修技术、新能源汽车技术
13	物流管理职业技能等级证书	北京中物联物流采购培训中心	物流管理、市场营销
14	界面设计职业技能等级证书	腾讯云计算(北京)有限责任公司	数字媒体艺术设计、艺术设计、数字媒体应用技术
15	网店运营推广职业技能等级证书	北京鸿科经纬科技有限公司	电子商务、国际商务
16	财务共享服务职业技能等级证书	北京东大正保科技有限公司	会计、财务管理

(一)什么是"1+X"证书制度?

"1"为学历证书,"X"为若干职业技能等级证书,即把学历证书与职业技能等级证书结合起来。探索实施"1+X"证书制度是一个重大创新举措,坚持以学生为中心,深化复合型技术技能人才培养培训模式和评价模式改革。进一步提高人才培养质量,畅通技术技能人才成长通道。学生在获得学历证书的同时,可以取得多类职业技能等级证书,提升就业创业本领。

2020年下半年,国家在建筑工程技术、信息与通信技术、物流管理、老年服务与管理、汽车运用与维修技术五个职业技能领域开展试点工作。遴选确定了参与首批试点的有关职业技能等级证书。其中包括建筑信息模型(BIM)职业技能等级证书、Web前端开发职业技能等级证书、物流管理职业技能等级证书、老年照护职业技能等级证书、汽车运用与维修职业技能等级证书和智能新能源汽车职业技能等级证书。证书样本如图1-3所示。

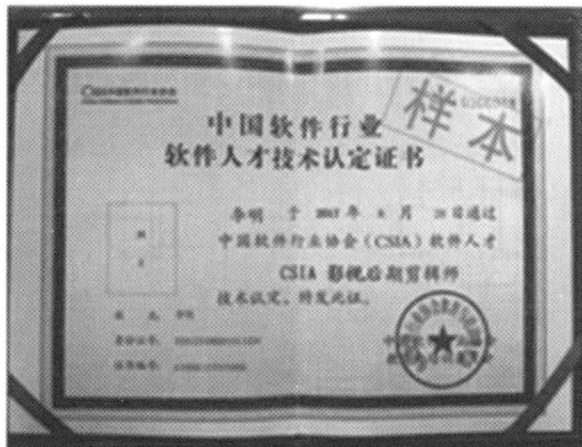

图 1-3 证书样本

2021 年全面推广"1＋X"证书制度。职业证书分为初级、中级、高级三个等级,由学生自主选择。

(二)对哪些人影响最大?

1. 高校在校生

近年来,已经有院校推行双证毕业作为自己学校毕业生的优势。如今国家政策颁布,对于很多实践性强的专业而言,持双证甚至多证毕业将会普遍化,靠一个毕业证找工作的时代已经一去不复返了。

2. 普通职员

普通职员的工作替代性很高,如果新入职的都是拥有一个或多个职业证书的毕业生,而且毕业生的工资更低,这时普通职员的压力就可想而知了。既然职业证书以后可能成为标配,那么,职业证书也就成为在职人员捍卫自我的必然选择。

二、职业资格是什么

用人单位对就业资格的审核形式是就业者提供与该行业相关的职业资格证书。要想成为某种职业的专业人员,就必须参加国家统一组织的资格考试,未取得相应资格的人,就不能从事相应的专业工作。

(一)什么是职业资格

职业资格是对从事某一职业所必备的学识、技术和能力的基本要求。职业资格包括从业资格和执业资格。

从业资格是指从事某一专业(工种)学识、技术和能力的起点标准。

执业资格是指政府对某些责任较大、社会通用性强、关系公共利益的专业(工种)实行准入控制,是依法独立开业或从事某一特定专业(工种)学识、技术和能力的必备标准。

2017 年 9 月 12 日,人社部发布《关于公布国家职业资格目录的通知》,文件将职业资格重新分为专业技术人员职业资格和技能人员职业资格。

专业技术人员职业资格是对从事某一职业所必备的学识、技术和能力的基本要求。部分专业技术人员评聘职称,需要先取得专业技术资格。职称分为初级职称(员级,助理级)、中级职称、高级职称(副高级,正高级)。

(二)职业资格准入分类

职业无贵贱之分,但有难易、社会责任大小之分。因此,国家采取职业资格准入制度。职业资格证书简单可分为如下几类:

1.注册类资格(注册会计师、注册结构工程师、注册安全员等)。

2.执业类资格(执业医师、执业律师、大法官、大检察官、执业中医师、执业护士、公务员等)。

3.许可类资格(教师证、钳工证、焊工证、证券从业类、保险类等)。

4.其他未特别强调的可参照相关行业的职业资格,或无一定的职业资格要求(农民、清洁员等)。

不同类的职业资格准入取得的方式不同,有的要求必须通过全国性统一考试,有的无要求。有的甚至要求取得资格证书前,必须在相关行业从事相关工作一定时间,如律师、医师。根据国家职业资格目录,准入类专业技术人员职业资格有35项(表1-3),准入类技能人员职业资格有5项。

表1-3 职业资格准入分类表

1.教师资格	2.注册消防工程师	3.法律职业资格	4.中国委托公证人资格(香港、澳门)
5.注册会计师	6.民用核安全设备无损检验人员资格	7.民用核设施操纵人员资格	8.注册核安全工程师
9.注册建筑师	10.监理工程师	11.房地产估价师	12.造价工程师
13.注册城乡规划师	14.建造师	15.勘察设计注册工程师	16.注册验船师
17.船员资格(含船员、渔业船员)	18.兽医资格(执业兽医、乡村兽医)	19.拍卖师	20.演出经纪人资格
21.医生资格(医师、乡村医生、人体器官移植医师)	22.护士执业资格	23.母婴保健技术服务人员资格	24.出入境检疫处理人员资格
25.注册设备监理师	26.注册计量师	27.广播电视播音员、主持人资格	28.新闻记者职业资格
29.注册安全工程师	30.执业药师	31.专利代理人	32.导游资格
33.注册测绘师	34.航空人员资格	35.特种设备检验、检测人员资格认定	

这也意味着,仍有40项职业需要"先考证,再上岗"。

1.享受国家补贴的职业资格证书

国家职业资格目录共计140项职业资格。专业技术人员职业资格59项,含准入类35项(会计从业资格认定已于2017年取消),水平评价类24项;技能人员职业资格81项,含准入类5项,水平评价类76项。

2.国家职业资格证书共分为5个等级

初级(五级)、中级(四级)、高级(三级)、技师(二级)、高级技师(一级)。有些职业有特级,例如:厨师有特级一级、特级二级。

3.五项准入类技能人员职业资格

消防设施操作员,焊工,家畜繁殖员,健身和娱乐场所服务人员包括游泳救生员、社会体育指导员(游泳、滑雪、潜水、攀岩),轨道交通运输服务人员:轨道列车司机。

4.各类证书补贴一览

人社部印发《关于实施失业保险支持技能提升"展翅行动"的通知》(人社厅发〔2018〕36号),决定从2018年起在全国实施失业保险支持技能提升"展翅行动",对持有初级、中级、高级职业资格证书,或职业技能等级证书的企业职工,出台技能提升补贴政策。

通过"展翅行动",推动各地积极主动、全面规范地落实失业保险技能提升补贴政策,力争使符合条件的参保职工都能享受到技能提升补贴。

补贴标准:

(1)持有初级(五级)职业资格证书或职业技能等级证书的,补贴标准一般不超过1 000元;

(2)持有中级(四级)职业资格证书或职业技能等级证书的,补贴标准一般不超过1 500元;

(3)持有高级(三级)职业资格证书或职业技能等级证书的,补贴标准一般不超过2 000元;

(4)持有同一职业(工种)同一等级证书的,只能申请并享受一次技能提升补贴。

三、职业技能鉴定

职业技能鉴定是人力资源社会保障部负责以技能为主的职业资格鉴定和证书的核发与管理,其中证书的名称、种类按现行规定执行。

根据《中华人民共和国劳动法》(以下简称《劳动法》)和《中华人民共和国职业教育法》(以下简称《职业教育法》)的有关规定,对从事技术复杂、通用性广、涉及国家财产、人民生命安全和消费者利益的职业(工种)的劳动者,只要从事国家规定的技术工种(职业)工作,必须取得相应的职业资格证书,方可就业上岗。

(一)申报条件

参加不同级别鉴定的人员,其申报条件不尽相同,考生要根据鉴定公告的要求,确定申报的级别。一般来讲,不同等级的申报条件是:

参加初级职业技能鉴定的人员必须是学徒期满的在职职工,或职业学校的毕业生,高职学生由本校职业技能鉴定所组织实施,学生在校报名;

参加中级职业技能鉴定的人员必须是取得初级技能证书,并连续工作5年以上,或是经劳动行政部门审定的以中级技能为培养目标的技工学校以及其他学校毕业生;

参加高级职业技能鉴定人员必须是取得中级技能证书5年以上、连续从事本职业(工种)生产作业不少于10年,或是经过正规的高级技工培训并取得了结业证书的人员;

参加技师鉴定的人员必须是取得高级技能证书,具有丰富的生产实践经验和操作技能特长、能解决本工种关键操作技术和生产工艺难题,具有传授技艺能力和培养中级技能人员能力的人员;

参加高级技师鉴定的人员必须是任技师 3 年以上,具有高超精湛技艺和综合操作技能,能解决本工种专业高难度生产工艺问题,在技术改造、技术革新以及排除事故隐患等方面有显著成绩,而且具有培养高级工和组织带领技师进行技术革新以及技术攻关能力的人员。

(二)考试内容

国家实施职业技能鉴定分为理论知识考试和操作技能考核两部分。

理论知识考试一般采取笔试。操作技能考核可采取工作现场操作、模拟现场操作、问题答辩等方式进行。这些内容是依据国家职业(技能)标准、职业技能鉴定规范(即考试大纲)和相应教材来确定的,并通过编制试卷进行鉴定考核。

(三)鉴定方式

职业技能鉴定分为知识要求考试和操作技能考核两部分。

知识要求考试一般采用笔试,技能要求考核一般采用现场操作加工典型工件、生产作业项目、模拟操作等方式进行。

计分一般采用百分制,两部分成绩均在 60 分以上为合格,80 分以上为良好,95 分以上为优秀。

(四)区分职业技能和职业资格证书

职业技能证书和职业资格证书由人力资源社会保障部统一印制,由劳动行政部门按规定核发,其他任何组织和个人不得非法印制、发放。

一般来说,职业资格证书和技能证书都能证明劳动者可以从事某种职业,反映的是劳动者有可以运用特定知识、技术和技能的能力。技能证书和职业资格证书区别如下:

1. 级别不同

从某种意义上来说,技能证书包含职业资格证书。

职业技能证书是证明某人所从事的岗位应具备的技术能力资格的等级证书,即在这个岗位上某人所能达到的技术等级资格证书。技能证书一般分为一级、二级、三级证书,是能力等级的划分,等级越高能力越高;职业资格证书是国家证书制度的一个组成部分,通过国家法律、法令和行政条规的形式,以政府的力量来推行,由政府认定和授权机构来实施,在全国范围内通用,是对劳动者的从业资格进行认定的国家证书。职业资格证只能证明劳动者可以从事某种职业,而不能说明能力等级。

2. 定位不同

职业技能证书是企业每年进行技能鉴定工作时,通过对理论知识、实际操作能力的考核给出的等级证明;职业资格证书是表明劳动者具有从事某一职业所必须具备的学识和技能的证明,是用人单位对一个人求职、任职的主要依据。证书是对劳动者具有和达到某一职业所要求的知识和技能标准,通过职业技能鉴定的凭证,使职业标准在社会劳动者身上得以体现和定位。

3. 分类不同

参加职业技能鉴定的劳动者,技术等级考核合格后,即可获得技术等级证书,技师资格考核合格后,即可获得相应的技师合格证书或者高级技师合格证书,这些证书是劳动者职业技能水平的凭证,是我国公民境外就业、劳务输出法律公证的有效证件。

4.用途

从政策上来说,技能证书比职业资格证书更重要。如雄安地区和南方一些城市落户,只要满足在同一家公司连续缴纳社保两年,再加一本技能人才证书,就可以在当地落户。

应聘面试只有一个学历证书显然已经不够了,如果有一本或几本对口职业技能证书,就容易成功。学历证书是证明学习能力的证件,技能证书是证明掌握专业技术的证件。

四、高职大学生职业资格枚举

通常来说,职业证书分为三类:

一是核心证书。这类证书与专业有着直接联系,对求职就业有直接作用。如汽车修理证书对于汽车专业的学生、会计证书对于会计专业的学生、报关员证书对物流专业的学生、测量证书对公路专业的学生有重要的意义。

二是能力拓展性证书。这类证书与专业有着间接关系或没有关系,但对拓展个人能力范围,增强就业竞争能力有重要影响,取得这类证书对个人就业求职有很大的帮助。例如,学金融的学生取得会计证书,有利于拓展就业范围。

三是通用性证书。这类证书几乎在任何职业中都是需要的,反映了现代职业活动对人们基本能力的共同要求,如计算机等级证书、英语等级证书和汽车驾驶证。

核心证书和通用性证书应该是必备的,拓展性证书应该在力所能及的前提下尽量取得,在同学们职业生涯规划中,应该把参加职业技能培训和考试,取得职业资格证书和技术等级证书列为重要内容。

毕业时,不仅拥有学历证书,还能获得若干职业技能等级证书,"一专多能"让高职大学生变成"多面手"。下面简单列举一些大学生常考的几类证书。

(一)全国英语与计算机等级考试

1.全国英语等级考试

全国英语等级考试又名公共英语等级考试(Public English Test System,简称PETS),是由教育部考试中心设计的面向社会的英语等级考试。级别划分为PETS－1至PETS－5,1年安排2次考试,上半年和下半年各1次,考试安排见表1－4所示。

表1－4　全国英语等级考试安排

级别/开考时间	上半年	下半年
PETS－1B	每年3月的第2个周六、周日	—
PETS－1	每年3月的第2个周六、周日	每年9月的第2个周六、周日
PETS－2	每年3月的第2个周六、周日	每年9月的第2个周六、周日
PETS－3	每年3月的第2个周六、周日	每年9月的第2个周六、周日
PETS－4	—	每年9月的第2个周六、周日
PETS－5	每年6月的第3个周六、周日	每年12月的第3个周六、周日

全国英语等级考试考查的内容包括听力、语言知识、阅读、写作、口语。该考试考查的能力建立在"交际语言行为模式"上,重点考查考生的交际能力。这些能力与通常所说的"听""说""读""写"等能力的关系是:

接受能力——读和听；

产出能力——写和说；

互动能力——书面和口语的直接交流。

英语等级考试的形式：

每个级别的考试都包括笔试和口试两种形式。

笔试中包含听力测试内容，笔试的题型主要有客观性试题和主观性试题两类。口试采用面对面交谈的方式，每次口试采用由两名口试教师对两名考生（PETS－1B 是一名考生）进行测试的形式。测试时，一名口试教师不参与交谈，负责评分，另一名教师主持口试，随时与考生交谈并评分。

不同级别的考试持续的时间不同，具体如下：

PETS－1B：笔试 90 分钟，口试 3 分钟。

PETS－1：笔试 90 分钟，口试 8 分钟。

PETS－2：笔试 120 分钟，口试 10 分钟。

PETS－3：笔试 120 分钟，口试 10 分钟。

PETS－4：笔试 140 分钟，口试 12 分钟。

PETS－5：笔试 140 分钟，口试 15 分钟。

PETS 考试将笔试和口试分成两个相对独立的考查成分，考生的单项（笔试或口试）成绩合格允许保留到下一考次。单项成绩合格者可得到相应的单项成绩合格证。笔试和口试均合格者方可得到教育部考试中心颁发的相应级别的合格证书。

适应人群：任何人均可参加 PETS 考试。PETS 在考生资格方面，无年龄、职业以及受教育程度的限制。考生报考不受地域的限制，可以跨地区报考。

考生可以根据自己的英语水平选择参加 PETS 中任一级别的考试，即可以随意报哪一级别的考试，但是一次只能参加一个级别的考试。

2.全国计算机等级考试

全国计算机等级考试由教育部考试中心主办，面向社会，用于考查应试人员计算机应用知识与技能的全国性计算机水平。

全国计算机等级考试设 4 个等级。

（1）全国计算机一级考试

一级考试科目有：一级 MS office、一级 Photoshop、一级 WPS office、一级网络安全素质教育。其中网络安全素质教育于 2019 年 9 月首次开考。

采用无纸化考试，完全采取上机考试形式。其中，计算机基础知识和网络的基本知识占 20%（20 分），操作技能部分占 80%（80 分）。

各科目对基础知识的要求相同，以考查应知应会为主，题型为选择题，操作技能部分包括汉字录入、Windows 使用、文字排版、电子表格、演示文稿、互联网的简单应用。

（2）全国计算机二级考试

全国计算机二级考试的考生人群定位为程序员，考核内容包括公共基础知识和程序设计，所有科目对基础知识做统一要求，使用统一的公共基础知识和教程。二级公共基础知识在各科笔试中的分值比重为 30%（30 分），程序设计部分的比重为 70%（70 分），主要考查考生的程序设计语言使用和编程调试等基本能力。

（3）全国计算机三级考试

三级考试主要分为信息安全技术、数据库技术、网络技术、嵌入式系统开发技术、Linux 应用与开发技术 5 个类别。

信息安全技术考核信息安全保障概论、信息安全基础技术与原理、系统安全、网络安全、应用安全、信息安全管理、信息安全标准与法规。

数据库技术考核数据库系统基础知识及数据库应用系统项目开发和维护的基本技能。

网络技术考核计算机网络基础知识及计算机网络应用系统开发和管理的基本技能。

嵌入式系统开发技术考核嵌入式系统的概念与基础知识、嵌入式处理器、嵌入式系统硬件组成、嵌入式系统软件、嵌入式系统的开发等相关知识和技能。

Linux 应用与开发技术考核操作系统基础知识、Linux 系统使用基础、Linux 系统管理技术、Linux 系统常用软件应用技术、Linux 系统的应用程序开发技术。

（4）全国计算机四级考试

四级考试分为网络工程师、数据库工程师和软件测试工程师 3 个类别。

网络工程师考核网络系统规划与设计的基础知识及中小型网络的系统组建、设备配置测试、网络系统现场维护与管理的基本技能。

数据库工程师考核数据库系统的基本理论和技术，以及数据库设计、维护、管理、应用开发的基本能力。

软件测试工程师考核软件测试的基本理论、软件测试的规范及标准，以及制订测试计划、设计测试用例、选择测试工具，执行测试并分析评估结果等软件测试的基本技能。

考试形式：

全国计算机等级考试采用全国统一命题、统一考试的形式。

包括笔试和上机两个部分（一级只有上机，没有笔试），笔试和上机考试分别进行。

笔试时间二级为 90 分钟，三级为 120 分钟，四级为 120 分钟。一级、二级上机考试时间均为 90 分钟，三级为 60 分钟。四级 3 个科目暂不考上机。

（二）教师资格证

教师资格证考试是由教育部考试中心官方设定的教师资格考试。

2012 年后，教师资格考试纳入统考试点和省考相结合的模式。到 2018 年除了新疆、内蒙古、西藏三个地区外，其他省份全部纳入了教师资格统考，由教育部考试中心出题，地方教育考试院主考，主要针对师范专业和非师范专业需要考取教师资格证的考生。

符合以下基本条件的人员，可以报名参加教师资格考试：

1. 具有中华人民共和国国籍；

2. 遵守《中华人民共和国宪法》（以下简称《宪法》）和法律，热爱教育事业，具有良好的思想品德；

3. 符合申请认定教师资格的体检标准；

4. 符合《中华人民共和国教师法》（以下简称《教师法》）规定的学历要求。

幼儿园教师资格，应当具备幼儿师范学校毕业及以上学历。

小学教师资格，应当具备中等师范学校毕业及以上学历。

初中教师资格，应当具备高等师范专科学校或者其他大学本科毕业及以上学历。

高级中学和中等职业学校教师资格，应当具备高等师范院校本科或者大学本科毕业及以上学历。

中等职业学校实习指导教师资格,应当具备中等职业学校毕业及以上学历,并应当具有相当助理工程师以上专业技术职务或中级以上工人技术等级。

考生应在户籍、学籍或人事关系所在地报名参加中小学教师资格考试。普通高等学校毕业及其毕业前一年级学生,以及在校全日制研究生,可凭学校学籍管理部门出具的在籍学习证明报考,在就读学校所在地报名参加中小学教师资格考试。

在实行全国统考的省区市,改革当年及以后入学的师范生需要考教师资格证,改革前已经入学的则不需要考教师资格证。

全国统考省区市的情况如下:

2011年浙江省、湖北省纳入统考试点。2012年增加河北省、上海市、广西壮族自治区、海南省。2013年增加山东省、山西省、贵州省、安徽省。2014年增加江苏省、陕西省、吉林省。2015年增加福建省、北京市、甘肃省、河南省、湖南省、宁夏回族自治区、江西省。2016年增加四川省、重庆市、辽宁省。在非全国统考省,师范生不需要考教师资格证。

被撤销教师资格的,5年内不得报名参加考试;受到剥夺政治权利,或故意犯罪受到有期徒刑以上刑事处罚的,不得报名参加考试。曾参加教师资格考试有作弊行为的,按照《国家教育考试违规处理办法》的相关规定执行。

考试流程:

首先要取得普通话水平测试等级证书。普通话证书考试(语文老师要二级甲等以上;其他科目要二级乙等以上)考试一般在每年的3月到6月进行,9月到12月每个月可以考一次。

其次要修心理学和教育学课程并取得结业证书。心理学、教育学是半年考一次,通常在每年的3月和10月。因省份不同,有效期时限也不同,因此最好一次性通关。

在考心理学和教育学时,要报考有把握的报名等级。分为幼儿教师、小学、初中、高中(高职)、大学五个等级。学历一定要比报名等级高一级,如果要教高中就一定要大专以上学历。另外,大学教师证是提供给大学在职教师考的。

取得以上三个证书,并携带毕业证、身份证、体检报告;就可以报名试讲,也就是“说课”,这个时候要选好科目(如选好数学、语文)。说课一般是15分钟,考之前在网下载一个模板。通过说课考试后,就可以在每年6月和11月领取证件了。

考试时间:

教师资格认定理论课考试,每年3月、11月各举行一次。报名时间为每年1月和9月(普通高校在校学生的报名时间由自考办另定,教材由自考办供应)。

教学技能测试每年举行1~2次,一般在上半年的5月和下半年的11月报名,具体时间由当地教师资格认定指导中心确定后公布。

教学技能测试的内容为备课、说课/上课、面试。

根据省教师资格认定指导中心意见,全日制普通高校毕业班学生,在未取得毕业证书前允许参加教师资格认定理论考试,但在申请参加教学技能测试时,应获得相应学历证书。

(三)注册会计师考试

注册会计师是指通过注册会计师考试的从事社会审计/中介审计/独立审计的专业人士。通过注册会计师考试,并在会计师事务所工作一定时间后,在注册会计师协会注册后方可成为执业注册会计师。

在我国,注册会计师考试每年举行一次,不限专业,报名时间一般在每年的3月中旬至

4月中旬,具体时间由各地方考试委员会确定,一般应不少于20个工作日。

考试时间安排在每年9月中下旬,成绩公布在12月。报名人员在一次考试中可同时报考6个科目,也可选择报考部分科目,单科成绩合格者,其合格成绩在取得单科合格成绩后的连续4次考试中有效。

1.注册会计师的考试科目

注册会计师考试科目为会计、审计、财务成本管理、经济法、税法及公司战略与风险管理。考试范围在全国考试委员会发布的《考试大纲》中确定。

考试方式为闭卷和笔试。客观性试题采用填涂答题卡方式解答,主观性试题采用书写文字方式解答。

考试通常于每年9月第2或第3个周末举行。会计考试时间为210分钟;审计、财务成本管理考试时间各为180分钟;经济法、税法考试时间各为150分钟。

考试年限为5年。从通过第一科考试时间开始算起,5年内必须全科通过注册会计师全国统一考试。在连续5年以内取得全部应考科目有效合格成绩者,可持成绩通知单或单科成绩合格证书,向参考地方考试委员会办公室提出换发全科合格证书申请,由地方考试委员会办公室集中上报全国考试委员会办公室审核批复后,地方考试委员会办公室将全科合格证书发放给考生。

2.考生的证书办理和从业方向

考生取得全科合格证书后,有两种从业去向:

一是进入会计师事务所,有两年审计工作经验后可申报转为注册会计师。

二是可先加入会计师协会,成为非执业会员,非执业会员入会后要参加继续教育,才能使资格永久保留。否则证书5年后作废。

（四）全国导游资格考试

全国导游资格考试报名采取网上报名的形式进行,报名程序包括提交报名信息、报名信息审核、交费和下载准考证4个环节。

1.报名流程

考生可通过全国导游资格考试网上报名系统提交报名信息,网址为 https://jianguan.12301.cn/（全国旅游监管服务平台）。采用网络报名和网络审核确认的方式,考生应按"网络报名须知"上列明的要求在指定时间内上传审核资料。审核通过后考生信息不可更改。

上传材料的具体要求参见全国导游资格考试网上报名系统。考生不得在多地重复报名。报名信息审核通过后,考生报名信息不再予以变更。

考生通过报名信息审核后交费,交费成功后,考生因个人原因不能参加考试的,不予退费。

考生可通过全国导游资格考试网上报名系统下载准考证并自行打印。报名信息审核未通过或未交费的考生,不能下载准考证。

2.考试科目和考试大纲

考生报考全国导游资格考试,须同时参加笔试和现场考试（面试）。已经取得中文"导游资格证书",需转换外语语种的考生仅须参加现场考试（面试）。

笔试采取机考方式进行,科目为政策与法律法规（科目一）、导游业务（科目二）、全国导游基础知识（科目三）、地方导游基础知识（科目四）,现场考试（面试）科目为导游服务能力（科目五）。其中,科目一、二合并为1张试卷进行测试,科目三、四合并为1张试卷进行测试,每张试卷满分100分,考试时间均为90分钟。现场考试（面试）按《全国导游人员资格考试现场考试工作标准（试行）》有关规定执行。全国导游资格考试大纲可通过文化和旅游部政府门户网站（www.mct.gov.cn）下载。口试一般都是指定景点，根据抽签考其中 1 个。

对考试合格的考生，文化和旅游部将委托省级文化和旅游行政部门颁发"导游资格证书"。

第三节　学历提升准备

一、了解学历与学位

目前很多人对于什么是学位、什么是学历不是很清晰，经常将两者混淆，下面是我国的相关规定。

高等教育学历分专科、本科、硕士研究生和博士研究生四个层次（图 1－4）。从学历系列上讲，主要包括专科、本科、第二学士学位班、硕士研究生和博士研究生等几个方面。

高等教育学历文凭主要有三种，即普通高等教育毕业（结业）证书、成人高等教育毕业（结业）证书、高等教育自学考试毕业（结业）证书。

学历证书是由经国家教育行政主管部门批准备案的、独立设立的普通高等学校发给其所举办的高等学历教育的毕业生，以及由社会力量办学单位发给高等教育自学考试毕业生。

而学位证书是标志被授予者的受教育程度和学术水平达到规定标准的学术称号。

我国学位分学士、硕士、博士三级（图 1－5）。博士后不是学位，是指获准进入科研流动站从事科学研究工作的博士学位获得者。

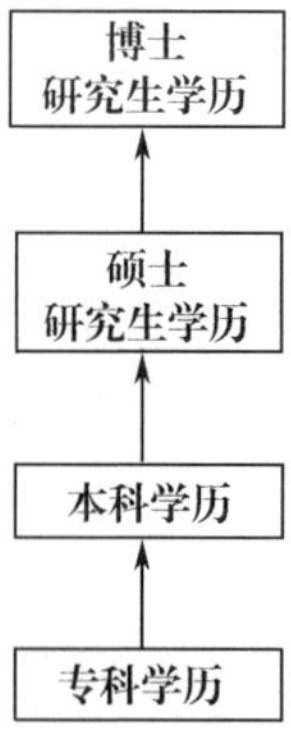

图 1－4　高等教育学历分专科、本科、
硕士研究生和博士研究生四个层次

图 1－5　学位分学士、硕士、博士三级

高等学校本科毕业生，成绩优良，达到规定的学术水平者，授予学士学位；高等学校和科研机构的研究生，或具有研究生毕业同等学力的人员，通过硕士（博士）学位的课程考试和论文答辩，成绩合格，达到规定的学术水平者，授予硕士（博士）学位。

授予学位的高等学校和科学研究机构，在学位评定委员会做出授予学位的决议后，发给学位获得者相应的学位证书。对于国内外卓越的学者或著名的社会活动家，经学位授予单位提名,国务院学位委员会批准,可以授予名誉博士学位。

学位不等同于学历,获得学位证书而未取得学历证书者仍为原学历。譬如,取得硕士学位或博士学位证书的,却不一定能够获得硕士研究生或博士研究生毕业证书;取得大学本科毕业证书的,却不一定能够获得学士学位证书。

有的人学历为本科毕业,工作以后通过在职人员学位申请取得了博士学位。这时,学历仍为本科,而不能称之为取得博士学历。

在职申请学位不是学历教育。申请人在获得学位后,只表明其在学术上已达到硕士学位的学术水平,具有硕士学位毕业研究生的同等学力(指学习能力),不涉及学历。因此,申请人的学历并没有改变,不能获得硕士研究生毕业证书。

在职研究生则是国家计划内以在职人员身份,部分时间在职工作,部分时间在校学习的研究生教育的一种类型。在职研究生在报名、考试要求及录取办法方面与脱产研究生相同,是经过学校录取的正式研究生,可获得研究生毕业的学历。

目前,我国大部分学校都要求学分绩点达到 2.0(通常是加权平均分为 70 分)以上,才能被授予学士学位,否则只能拿到毕业证。有些学校有特别要求,比如若出现考试作弊的行为,毕业时只能拿到毕业证,不能授予学士学位。

二、广东省专升本略述

专升本是大学专科(高职高专)学生进入本科学习的选拔考试的简称。随着国家大力发展应用型本科教育,专升本越来越受到社会的重视,专升本考生逐年增加。

广东省普通高校专升本报名系统网址:http://www.eeagd.edu.cn/ptzsbks.

专插本考试也称普通专升本,统招专升本。有的省份又称为专接本、专转本,是专科生跻身本科队伍、进入本科院校深造的"第二次高考",其性质是全日制普通高等教育。

专插本普通高等学校本科专业目录查询网址:http://www.gzzkgk.cn/news/zzbxx/2020 - 12 - 08/34734.html.

专升本与专插本是包含与被包含的关系。专插本属于全日制普通高等教育,是国家任务生,其毕业证和四年制本科一样是"第一学历"。从 2021 年开始,专插本称呼有所变化,同时做一定的优化,广东省"普通高等学校本科插班生招生"开始启用国家标准的称呼"普通高等学校专升本招生,简称普通专升本",但不改变专插本原本的性质。

(一)为什么要专升本

首先是增加找工作、考研、留学的机会。许多单位(尤其是国家机关和事业单位)招聘时,都要求应聘人员有本科或研究生以上学历。当今社会,通常学历越高工作机会越多,发展速度越快。有了本科学历、学士学位后,就可以直接报考全国统招研究生考试。

许多国家都承认中国的本科学历,有了本科就可以在国外直接报读更高一级的学历进行学习,节省许多费用。

其次是有利于个人工资定级和评定职称。如今各类职称评定大部分与学历挂钩,特别是评定高级职称时,专科以下学历基本上没有机会,如果没有本科学历将会加大评高级职称的难度。

另外,国家机关和事业单位基本是按照学历定工资,本科工资比专科工资高一档次,较规范的企业也是按学历定工资。许多单位(尤其是国家机关和事业单位)提拔干部、竞选领导的基本条件大多数倾向于本科以上学历。拥有本科以上学历的人,提升机会比专科学历的人相对多一些。

(二)专升本分类

专升本考试是指专科层次学生进入本科层次阶段学习的选拔考试,是我国教育体制大专层次学生升入本科院校的考试制度。考试对象仅限于各省、直辖市、全日制普通高校(统招入学)的专科毕业生专升本的方式大致分为统招全日制和非统招非全日制两种。

1. 全日制统招专升本

普通专升本的毕业证书是普通高等学校毕业证书,只是上面会注明"专科起点本科学习",属于普通高校全日制本科毕业生。统招专升本考试的选拔工作各省略有不同。

全日制专升本的学制为2年(护理学专业学制为3年),毕业后颁发普通高等学校正规本科毕业证书。根据《教育部关于当前加强高等学校学历证书规范管理的通知》(教学〔2002〕15号)要求,学校颁发的毕业证书上应填写"在我校××专业专科起点本科学习"。学习起止时间按入本科实际时间填写,学习期满且成绩合格的学生可根据《中华人民共和国学位条例》及有关规定授予学士学位。学生毕业时,按国家有关正规本科毕业生的就业政策执行。下面以广东省普通专升本考试为例进行介绍。

(1)广东省普通专升本招生对象

具有广东省户籍的普通高校应、往届专科毕业生,须在报名确认截止日期前,取得国家承认学历(含成人教育、自学考试、网络教育毕业证书);非广东省户籍,就读广东省普通高校的应届及在择业期内(毕业两年内)的往届专科毕业生;非广东省户籍,在广东省参加普通高考被外省普通高校录取,并就读的应届及在择业期内的往届专科毕业生。

(2)以下人员不得报考

普通高校应届毕业生之外的各类高等学历教育在校生;因违反国家教育考试规定,被给予暂停参加普通专升本招生考试处理,且在停考期内的人员;因触犯刑律已被有关部门采取强制措施,或正在服刑者;不符合报考条件的其他人员。

(3)普通专升本报名

广东省普通专升本报名实行网上预报名、网上审核和网上交费。考生提交预报名资料后,原则上省招生办在48小时内完成资料审核,考生可登录查看报名资格审核结果,审核结果为"通过"或"待验证"的考生可以交费。

(4)广东省普通专升本报名需提供的材料

考生须将确保真实、完整、清晰的资料扫描或拍照上传至"广东省2021年普通高校专升本报名系统"供报名审核。

户口本(首页、本人姓名页)。

已取得专科毕业证,但报名系统学历验证结果为"不通过"的,考生还须上传专科毕业证书、学历认证报告或电子注册备案表。

报考职教师资类专业的,考生还须上传报考院校招生简章公布的与专业相对应的中级及以上职业资格技能证书或专业技能课程B级及以上证书。

报考退役士兵类别的,考生还须上传:

①义务兵退出现役证;

②属于往届毕业生的,须上传专科毕业证书;

③服义务兵役期间荣立三等功及以上奖励的高职(专科)退役士兵考生,须上传立功登记表、立功证书等证明资料。

非广东户籍报考建档立卡类别的,考生还须上传有关建档立卡的证明资料。

符合加分照顾政策的,考生还须在报名结束前上传相应的获奖证书等证明资料。审核通过后,普通专升本录取前广东省招生办会在广东省教育考试院网站公示符合加分资格的考生名单。

考生须依据《广东省2021年普通高校专升本招生体格检查表》的规定,自行前往二级甲等(含)以上医院或相应的医疗单位进行体检,填报志愿开始前将体检结果上传至报名系统中。

(5)普通专升本免试入学需具备的条件

符合广东省普通专升本报名条件,并符合以下两个条件之一的考生可免试入学:

一是服义务兵役期间荣立三等功(含三等功)以上奖励的高职(专科)退役士兵考生免试入读本年度招收普通专升本的招生院校、专业。

二是符合报考条件的高职应届毕业生,在世界技能组织主办的"世界技能大赛(World Skills Competition)"中获奖的中国国家代表队选手,可以保送录取本科层次职业学校和应用型普通本科高校。

(6)报考广东省普通专升本职教师资专业需具备的条件

符合广东省普通专升本报名条件,报考普通专升本职教师资专业的考生,必须在志愿填报开始前,取得与报考专业相对应的中级及以上职业资格技能等级证书等。

职业资格技能等级证书应属人力资源和社会保障部公布的《国家职业资格目录》、教育部等四部门实施的"学历证书 + 若干职业技能等级证书"(简称1 + ×证书)省级以上人力资源和社会保障部门主考(或授权)的中级及以上职业技能等级证书,或省教育考试院主考的专业技能课程B级及以上证书。

具体证书种类由招生院校根据专业培养要求指定,并在招生简章中向社会公布。

(7)广东省普通专升本考生填报志愿

普通专升本设提前批、普通批、建档立卡3个批次。

其中,提前批(职教师资类专业)设置1个院校专业组志愿;普通批设置6个院校专业组志愿,每个院校专业组最多可填报4个专业志愿和1个是否服从调剂选项;建档立卡批次设置1个院校专业组志愿。

2.非统招非全日制专升本

非统招非全日制专升本也称为高等学历继续教育,学制一般为2.5年,学费低廉。属于国家承认的国民教育序列,在工资、人事待遇、考研究生、考证、考公务员、考事业编、出国留学、职称评定,以及其他方面与普通本科具有同等效力。非统招非全国制专升本有四种形式:成人高考、自学考试、网络(远程)教育、开放教育。

成人高考也称函授本科,是每年社会上报考需求量最大的学历提升方式,报考要求是广东省户籍或在广东省工作生活的外省户籍考生,每年9月进行网络报名,并在户籍或报考所在城市参加现场信息采集,每年10月参加全国统一入学考试,报考专升本需要持大专毕业证,适合已经签约工作的同学在职提升学历。

自学考试是以省为单位制定招生专业、主考院校等,采取个人自学和社会助学的方式,每个专业一般都有12 ~ 14科需要考核通过,广东省每年4月和10月组织考试,报名时间一般提前5个月左右,这种教育形式不存在学籍的说法,考生在单科通过考核后,再持专科毕业证办理本科毕业证,所以很多专科在读生选择报考,部分高职大专院校内部也会给学生进行推荐。

网络(远程)教育是国家的一个试点教育形式,学校都是"985","211"院校,费用相对成人高考要高。

设开放教育的学校只有国家开放大学,就是原来的中央广播电视大学,随着网络环境的发达,在原基础上有了新的定位。

三、专科可以考研吗

从专科直接读研可以节省时间成本,拥有同等学力身份且毕业 2 年以上,研究生初试后,进入复试需加试两门专业课。

同等学力身份证明条件比较苛严。考生自己进修与报考专业相同或相近的课程,一般要求 8 门及以上主干课程,有的要求 10 门,也有些院校要求是 6 门,但要提供相应的学习证明。同学们可以到中国大学 MOOC 上免费注册学习,获得单科学习证书。

有的主考院校会规定相应的报考要求,比如发表论文、能否跨专业等方面。

现在很多高校的研究生大门都开始向专科生打开,"985""211"院校也不例外,比如北京大学、清华大学、北京师范大学、北京航空航天大学等,在官网上都有标明对同等力学的招生要求。比如北京大学对同等力学要求:需发表论文,需进修本科阶段所有课程,具体的规定可在院校官网上查看,以官方信息为准。

从上面的分析来看,专科生是可以考研的,但要求会相对较高,很多"985""211"院校都在英语、论文、进修本科专业课程等方面有要求,而且复试比本科毕业生会加试 2 门专业课。

第四节　服兵役光荣

根据《中华人民共和国兵役法》规定,国家根据人民解放军和人民武装警察部队需要进行征兵,每年的夏季开始征兵,9 月 30 日征兵结束,自 2020 年起,义务兵征集将由一年一次征兵一次退役调整为一年两次征兵两次退役。

服兵役也是高职学生的一种选择,具体事宜由学校武装部负责,具体可查全国征兵网 https://www.gfbzb.gov.cn/。

一、兵役制度

凡中华人民共和国公民,不分民族、种族、职业、家庭出身、宗教信仰和教育程度,都有依法服兵役的义务。

(一)士兵服役制度

根据《中国人民解放军现役士兵服役条例》,现役士兵按兵役性质分为义务兵役制士兵和志愿兵役制士兵。

义务兵役制士兵称义务兵。义务兵服现役的期限为 2 年。

志愿兵役制士兵称士官。士官从服现役期满的义务兵中选取,根据军队需要,也可以从非军事部门具有专业技能的公民中招收。

士官实行分期服现役制度,士官服役的年限为第一、二期各 3 年,第三、四期各 4 年,第五期 5 年,第六期 9 年以上。士官服现役的期限,从改为士官之日算起,至少 3 年,一般不超过 30 年,年龄不超过 55 岁。

(二)军官服役制度

中国人民解放军现役军官是被任命为排级以上职务或者初级以上专业技术职务,并被授予相应军衔的现役军人。

军官按职务性质分为军事军官、政治军官、后勤军官、装备军官和专业技术军官。军官的选拔和使用,坚持任人唯贤、德才兼备、注重实绩、适时交流的原则,实行民主监督。坚持院校培训提拔军官的制度。

优秀士兵经过院校培训可以被提拔为军官。也可以接收普通高等学校毕业生和专业技术人员入伍,任命为军官。战时可以从士兵、征召的预备役军官和非军事部门的人员中直接任命军官。

军官服役最高年龄:排级 30 岁、连级 35 岁、营级 40 岁、团级 45 岁、师级 50 岁、军级 55 岁、大军区副职 63 岁、大军区正职 65 岁。作战部队的少数师、军职军官因工作需要可以适当延长,但师、正军职最多延长不得超过 5 岁,副军职最多延长不得超过 3 岁。

在舰艇上服役的营、团级军官,任职的最高年龄分别为 45 岁和 50 岁;总部机关,大军区机关,省军区(卫戍区、警备区)系统、后勤基地和分部、院校、科研单位的师职军官任职的最高年龄为 55 岁,副军职军官任职最高年龄为 58 岁,正军职军官最高任职年龄为 60 岁。

专业技术军官平时任职的最高年龄,初级专业技术职务 43 岁、中级专业技术职务 50 岁、高级专业技术职务 60 岁,少数中、高级专业技术职务的军官,因工作需要按任免权限批准可放宽 5 岁。

军官达到服现役的最高年龄、因伤病残不能坚持正常工作或因受军队编制员额限制不能调整使用的,应当退出现役进行转业、退休、离休安置。军官服现役(或参加工作)满 30 年以上或者年龄满 50 周岁以上,本人提出申请,组织批准,可进行退休安置。

二、现役军人的福利待遇

(一)津贴

中国人民解放军军官实行职务军衔等级工资制度和定期增资制度,并按照国家和军队的有关规定享受津贴和补贴。

(二)休假

军官享受公费医疗待遇,每年休假一次。

(三)随军

军官具备家属随军条件的,经师以上单位政治机关批准,其配偶和未成年子女、无独立生活能力的子女可以随军,农村户口的可以转为城镇户口。部队移防或者军官工作调动,随军家属也可以随调。

(四)退役

军官退出现役后,由国家妥善安置。士官实行工资制和定期增资制度,工资由基础工资、军衔等级工资、军龄工资组成,并按照国家和军队的有关规定享受津贴和补贴。

高级士官经师(旅)级以上单位的政治机关批准,其配偶和未成年的子女、无独立生活能力的子女,可以随军,农村户口的可以转为城镇户口,士官每年均有探亲假期。

义务兵服现役期间,享受供给制生活待遇,并按军衔和服现役年限发给津贴,享受国家和军队规定的保险待遇,享受公费医疗待遇。

（五）抚恤金

兵役法规定,现役军人、革命伤残军人、退出现役的军人、革命烈士家属,牺牲、病故军人家属,现役军人家属,应当受到社会的尊重、受到国家和人民群众的优待。

革命伤残军人乘坐火车、轮船、飞机、长途公共汽车,凭"革命伤残军人证"准予优先购票和享受减价优待。现役军人牺牲、病故,由国家发给其家属一次性抚恤金和定期抚恤金。

（六）退伍

义务兵服现役期满,未被选取为士官的,士官服役满本期规定年限未被批准进入下一期继续服现役的,以及符合退休条件的,一律退出现役。退出现役的义务兵,按照国家有关规定妥善安置。

家居农村的义务兵退出现役后,由乡、民族乡、镇的人民政府妥善安排他们的生产和生活。招收员工时,在同等条件下,应当优先录用。

家居城镇的义务兵退出现役后,由县、自治县、市、市辖区的人民政府安排工作,也可以由上一级或者省、自治区、直辖市的人民政府在本地区内统筹安排。机关、团体、企业事业单位,不分所有制性质和组织形式,都有按国家有关规定安置退伍军人的义务,入伍前是机关、团体、企业事业单位职工的,允许复工、复职。

城镇退伍军人待安置期间,由当地人民政府按照不低于当地最低生活水平的原则发给生活补助费。城镇退伍军人自谋职业的,由当地人民政府给予一次性经济补助,并给予政策上的优惠,士官退出现役后,初级士官按复员安置,满 10 年的中级士官,高级士官作转业安置,本人要求复员的,经批准也可以进行复员安置。

入伍前是农村户口的,可以转为城镇户口,服现役满 30 年或满 55 岁的高级士官进行退休安置,根据地方需要和本人自愿也可以进行转业安置。丧失工作能力的士官进行退休安置。

三、大学生服兵役优待政策

（一）大学生应征入伍的优待政策

优先征集:优先报名应征、优先体检政审、优先审批定兵、优先分配去向。

保留学籍:服役期间按国家有关规定保留学籍或入学资格,退役后 2 年内,允许复学或入学。复学或入学后,经学校同意并履行相关程序后,可转入本校其他专业学习,可以免修军事技能训练,直接获得学分。

学费资助:本、专科学生每人每年最高不超过 8 000 元,研究生每人每年不超过 12 000 元。

士兵提干:须具备以下条件。参加全国普通高校招生统一考试,取得全日制本科以上学历和学士学位,年龄不超过 26 周岁,入伍 1 年半以上,且在推荐的旅（团）级单位工作半年以上。

考研加分:应征入伍服义务兵退役的大学生(含毕业生、在校生和新生),在完成本科学业后 3 年内,参加全国硕士研究生招生考试,初试总分加 10 分。

在部队荣获二等功及以上的退役人员,符合研究生报名条件的可免试(初试)攻读硕士研究生。

专升本计划单列：高职（专科）学生应征入伍服义务兵役退役，在完成高职学业后，参加普通本科专升本考试，实行计划单列，录取比例在现行30%的基础上，适度扩大，具体比例由各省根据本地实际和报名情况确定。

就业服务：

高校毕业生士兵退役后一年内，可视同当年的应届毕业生，凭用人单位录（聘）用手续，向原就读高校再次申请办理就业报到手续，户档随迁（直辖市按照有关规定执行）。

退役高校毕业生士兵可参加户籍所在地省级毕业生就业指导机构、原毕业高校就业招聘会，享受就业信息、重点推荐、就业指导等就业服务。

在招录公务员、参照公务员法管理机关（单位）工作人员、事业单位工作人员时，同等条件下优先录用（聘用）；退役士兵报考公务员、应聘事业单位职位的，在军队服现役经历视为基层工作经历，从服现役时计算工龄。

国有、国有控股和国有资本占主导地位企业，在拿出一定比例的工作岗位、定向招收符合政府安排工作条件的退役士兵时，同等条件下，优先招收退役大学生士兵。

乡镇补充干部、基层专职武装干部配备时，注重从退役大学生士兵中招录；对返乡务农的退役大学生士兵，鼓励通过法定程序积极参与村居"两委"班子的选举。

按照国家规定发给退役金，由安置地的县级以上地方人民政府接收，根据当地实际情况发放经济补助，安置地的县级以上地方人民政府组织其免费参加职业教育、技能培训，经考试考核合格的，发放相应的学历证书、职业资格证书并推荐就业。

（二）大学生服兵役的常见问题

1. 大学录取后想继续入伍怎么办

应征报名的高中生毕业生被大学录取后，依然选择应征入伍的，可自行在全国征兵网修改学历信息，并复印高考录取通知书向应征地人民武装部备案，学历认定为高校新生。

2. 大学生入伍从哪里报名好，有何区别

从大学报名或从原籍报名：从大学参军，按大学所在地的标准领取义务兵优待金，可能要高一些，或者享受落户的优惠政策；从原籍参军，按户籍所在地的标准领取义务兵优待金。具体选择从哪里报名入伍，由个人意愿决定。

3. 在全国征兵网报名后还要做什么工作

在全国征兵网报名成功后，报名者要将报名情况告诉当地武装部长，或与大学的武装部长取得联系。最好打印出《男（女）兵公民兵役登记/应征报名表》交给武装部长，这样才不容易遗漏。因为网上报名参军的人员很多，有的报名者可能在兵役登记时误操作而未报名。

如果只在网上报名，不与武装部联系，不上交报名表，那么武装部无法掌握报名者的真实意愿，也可能无法通知到青年本人。

4. 什么是直招士官

根据部队需要，面向社会从各级各类学校毕业生中直接招收具有特定专业或技能的适龄青年到部队当士官。

直招士官要求未婚、不超过24周岁的大专或本科毕业生。政治和身体条件参照征集义务兵有关规定。专业主要是计算机、通信、机械设计制造、机电设备、汽车制造、护理、临床医学、电子信息等专业。不同省份、不同年度招收的专业、人数有所区别，具体招收的专业要在全国征兵网查询。

一般直招士官工作开始后,在全国征兵网输入专业和省份,能查询到是否符合专业条件,同时各省级征兵办也会发布详细的招收信息。

5.直招士官能提干吗

直招士官分为大专和本科学历。本科毕业生能参加提干考试,大专毕业生要参加大专生军校招生考试,相当于专升本,在军校培训2年后可成为军官。

补充说明:大专毕业生士兵专升本,条件是参加高考经省招办统一录取,取得全日制大学专科学历,且学籍信息在教育部高校信息数据中心注册。其服役1年以上,年龄不超过24周岁,少数民族可放宽1岁。

大专毕业生专升本涉及的考试内容有:大学语文150分、科学知识综合150分(高等数学50分、物理25分、化学25分、历史25分、地理25分)、军政基础综合200分(军事基础120分,政治理论基本知识80分)、大学英语100分。

(三)专科大一新生和大三毕业生当兵的区别

1.应征入伍时有区别

由于疫情的影响,全球经济都受到了冲击。大学毕业生人数却逐年增多,为了缓解社会就业压力,给大学毕业生提供更多就业机会,征兵的重点开始向大学毕业生倾斜。大一和毕业生同时去应征报名,会优先征集毕业生。

2.入伍方式有区别

大一新生去当兵,只能走最传统的义务兵的方式。义务兵在部队没有工资,每个月只有津贴。第一年1 000元/月,第二年1 100元/月。2年义务兵期满之后,继续留在部队服役,或退伍回到大学继续读书都可以。如果想继续留在部队,需要表现优异才能继续留下。

毕业生当兵,可以以直招士官的方式入伍。体检、政考时间由各地征兵办公室自行安排。广大应征青年应尽快报名,在应征地征兵办公室组织体检前完成网上报名和初检初审。

直招士官要求报考人员为普通高等学校全日制应届、往届毕业生,优先招收应届毕业生。男性、未婚、年龄不超过24周岁。所学专业符合省级直招士官专业范围。

简单来说,大学所学的专业要和部队的岗位对口(对口专业可以在全国征兵网查询)。直招士官入伍,进入部队经过大概4个月的培训后都会授予下士军衔,并且根据大学所学的专业分配到对应的工作岗位上。充分发挥大学生的专业特长,下士工资每个月在5 000元至7 000元。

3.在部队晋升为士官有区别

大一时去当兵,在部队转士官时,最高学历是高中,由于没有取得大学毕业证,所以只能按照普通的高中生士兵来执行。转成士官是下士军衔。

毕业时去当兵,2年义务兵期满,转士官直接是中士军衔,因为大学期间视为服役时间,所以可以跨过下士阶段,最高学历是本科或专科。

大一时去当兵,在部队考士官学校有优势。考试的内容是高中最基础的知识,认真准备两个月很容易考上。考上士官学校后就能够拥有大专文凭和掌握一门过硬的技术。从士官学校毕业到部队之后,原则上可以一路晋升到上士军衔,服役至上士,刚好是12年,符合转业安置条件。到时候可以转业回到地方发展,不用担心二次就业问题。

4. 在部队考军校的情况有区别

大一时去当兵,在部队考军校考的是高中的知识,主要的竞争者是高中毕业生和本科在校生。虽然在部队考军校相对容易一些,但是随着大学生入伍人数的增加,竞争会越来越激烈。

专科生考上军校的概率比较小,因为本科生特别是"985","211"院校,或者"双一流"高校的在校生,文化底子更好,所以他们考上的概率更高。

毕业时去当兵,由于已经取得了大学毕业证,同时在部队表现优异,是可以参加专升本考试的,也属于考军校,只不过考试的内容是大学的知识。主要的竞争者都是大专毕业生士兵,谁准备得充分,谁就有可能考上军校,竞争相对比较小。

考上军校之后,需要在军校再读 2 年,毕业后是本科学历,下连队担任排长职位,授予中尉军衔。

综合以上分析,专科大一新生和毕业生应征入伍,主要的区别有以下四点。

(1)应征入伍时,优先录取毕业生。

(2)入伍方式:大一新生只能走义务兵,毕业生可以走直招士官。

(3)晋升为士官时,大一新生转士官和普通高中生一样,没有优势。转士官是下士军衔,但是考士官学校有优势。大学毕业生有学历的优势,转士官直接是中士军衔。

(4)考军校有区别。大一去当兵,考军校的内容是高中的知识,竞争大;毕业生去当兵,考军校的内容是大学的知识,竞争小。

思考与练习

1. 生涯九宫格是指生涯发展的九个方面,对于高职学生来说,哪些是最基本的层面?

(1)个人情感、身心健康、休闲娱乐;

(2)学习进修、职业准备、人际交往;

(3)学习进修、身心健康、职业准备;

(4)财务管理、家庭生活、服务社会。

2. 你了解粤港澳大湾区当前的形势吗?

3. 你在大学阶段的个人理想是什么?

实训项目

1. 本校本专业毕业生典型调查。

2. 学生生涯九宫格个人品牌设计。

第 二 章

全面探索职业自我

凡是有点干劲的,有点能力的,他总是相信自己是有点主见的人。

——邓小平

【学习目标】

1. 认知人格结构。了解自身个性特点,以及对职业选择时的作用、局限。
2. 学会职业测评、职业兴趣测评等多种测评方法,诊断自身在兴趣、价值观和职业决策等方面的特质。

【技能要求】

会使用量表进行职业测评。

引导案例

聂荣恒的作家梦

聂荣恒,男,广东省云浮市人。广州华商职业学院 2014 届工商管理系毕业生。中国青年作家,餐饮策划人,广州无野(广州)品牌策划有限责任公司创始人。

2008 年,他中考以高分成绩考入市重点高中,但在高中阶段对课本完全失去兴趣,反而利用高中三年大部分的时间阅读各类散文与小说。高三时开始尝试写作小说、诗歌,作品在起点、17k 等小说网站上连载。

在大学期间,担任学院新锐文学社社长。作品《一意孤行》参加香港第四十届青年文学奖比赛,获得散文高级组亚军。

2015 年,聂荣恒出版诗集《我们由往昔定义》,并在广州学而优书店举办"诗的角度看世界"主题分享会。

2016 年,聂荣恒入选"2016 年度中国 90 后作家排行榜",排名第 30 名。

2017 年,聂荣恒受邀到南宁市演讲"人间最美有清秋"。同年开始转型进入餐饮行业,为品牌做营销策划,并创办无野(广州)品牌策划有限公司。

2018 年,聂荣恒受任主理 1/2tea 茶与欧包品牌,并成为该品牌文化合作人。在广州 1200bookshop 的《深夜故事》栏目 185 期担任主讲嘉宾,进行"旅行与修行、世界和眼界"主题分享。

大学,是让梦发芽的地方

文/聂荣恒

我的大学故事,要从高三时写下《萤火》这首诗的第一行字开始。嗯,这并不是什么光彩的事。因为高中三年,我并没有很热爱课堂,反而沉迷课外书和文学,直到自己也开始写作。高三时,大家在热火朝天地备考,我却似乎毫无压力地在月考试卷的空白处,写下了这首诗。

回过头看,后悔也是后悔的。我曾向往的大学梦,似乎也破碎了。265 分,是我的高考成绩,全校倒数。但也许人生的每个阶段的选择,都会决定着后面剩余人生的轨迹。所以,在这里我仅希望告诉大家:别灰心,过去已经过去,但你可以改变以后的路。

当然,不读书,不是件好事。

后来,在经过对未来选择的几番挣扎后,我通过补录,来到了让我此生难忘的大学,我的母校——广州华商职业学院。

(一)

也许,与大多数人不一样的是,我很早就隐约地确认了自己今后要走的路,总的来讲,就是餐饮与文学,这两者都是我的热爱与梦想。母亲经营餐饮门店十余年,可是大一的时候,在我还在军训期间的某个晚上,父亲打电话给我,言语中我知道他喝高了,他告诉我,家里的店因为临街而要拆了,所以自明天起,将不再经营。

我能从电话里听出他的遗憾,也能知道母亲心里的遗憾和焦虑。所以,做餐饮,重新把这个味道做出来,是我内心里长久不息的一点萤火。

而文学,则更像是感性的那一个自己,从喜欢文字到写这篇文章的此刻,阅读、写作都能让我安静下来,与自己的内心对话,也与这个世界对话。

我觉得我的人生并非是提前设计好的,而是拥有了一个目标后,在向前走去的过程中,一切都是未知与迷茫的,也会走很多弯路,但总会走着走着就感觉离目标越来越近了。所以,我感觉一切都机缘巧合,我入读了工商管理系,读市场营销专业,也加入了新锐文学社,并担任社长一职。

(二)

我想跟大家分享一些大学的小故事,比如我大一的时候,问我的班助师兄:"我们学校有文学社吗?如果没有,我就自己创办一个。"后来在文学社招新的摊位上,师兄师姐们问我:"想面试做什么?"我说:"社长吧。"后来,他们说:"同学,你还是先从社员做起吧。"

比如我去旁听本科学院文学系的课,却被老师点名的时候发现,"请"了出去;比如我把作品稿件投给了无数社会杂志刊物的邮箱,都石沉大海,最终被自己学院的院报收录,那首作品,正是《萤火》,为此我开心了一个晚上。那些文字,终于有了"安身"的地方。

后来,第一篇、第二篇、第三篇……直到在寒暑假漫长的黑夜里,写完十六万字的小说,偶然间因为一篇散文,拿了第四十届香港青年文学奖亚军。

越来越多的老师、同学知道我写文字的能力,当然并没有多优秀,但得到周围人的认可和鼓励,总会让我更坚持地走下去。

当然,写作是一门创作,创作都来源于生活。所以,得有丰富的经历。我特别愿意折腾自己,课余时间,会去做餐厅的兼职、派传单、送外卖,也加入不同的社团、参加不同的比赛、去周围不同的地方,我认为金钱和那些比赛的结果并不是最重要的,更重要的是这些事情的过程,美好而又充满收获,甚至让你受益终身。

除此以外,我希望分享给你们的经验就是,保持阅读与学习专业知识,同时用心去维系同学的情谊,千万不要觉得时间无法平衡,当你足够自律的时候,其实时间很多。那时候长辈们对我们说,年轻就是最大的资本,确实没错。

在整个大学的时间里面,虽然我体验过一些小有成就的滋味,但也经历很多挫折、挑战与诱惑,可是它们从来没有打败我,反而一次又一次让我蜕变,变得更坚强。而所有的经历成就了今天的我,也成就了丰富的大学回忆。

纵有遗憾,无悔此行。

（三）

我还记得在 2013 年的秋天,那时候的我已经卸下所有的学生职务,即将离校实习,我和我的老师,走在校园的林荫路上,他刚下班,推着自行车。趁着秋凉的风,我们穿过迎面而来的陌生面孔——新一届学生,我似乎从来没有那么轻松,也似乎,从来没有这么浓浓的不舍。

而这一天,也真的到来了。老师问我:"出去实习,想做什么工作?"我说:"广告、创业。"老师说:"创业?创业做什么啊?"

"做餐饮,做消费者需要的事。"我说。可是,创业哪有这么简单啊。所以,我的起点与历练,放在了广告行业。刚好我读营销相关专业又具备文字功底,因此适合去广告公司做文字策划/创意类工作。

我初次面试就失败了。甚至二十次面试我都失败了。因为我没有文案策划的工作经验,也不是广告/汉语言文学/新闻学等对口专业。我拿着自己写过的文艺作品和一份简历,放在那些广告公司面试官的面前是那么的稚嫩。有 HR 跟我说,文案啊,是经验、商业与创意。并不是文艺,或者文学。

最后,我在广州珠江新城一个营销策划公司里,做了电话销售员,每天打电话卖方案。但至少,我进来这圈子了。在第一份工作的时间里,我不断积累商业、市场、创意上的经验,补充自己的理论知识,尝试去写不同的商业文案作品。三个月后,我如愿进入了一家地产广告公司。

后面近 2 年的时间里,我从事过影视广告、家电电商、鞋履、珠宝首饰、护肤品等各行业,在这些公司里,我看到了很多不同的企业文化、价值观与管理制度,看到了不同的企业历程,也从不少的前辈同事身上,学到了宝贵的知识。

有朋友说,我换工作换得频繁,但他们不知道,我的目标不是在这家公司里做一个老员工和管理层,在岗的每一天,我能足够全力以赴为自己的公司去奋斗。

(四)

2015年,我完成了自己的第一个梦想——写一本书并出版。那是一本诗集,叫《我们由往昔定义》,说实话,我从不掩饰告诉任何人,这是我自费出版的一本书。同时,我也可以告诉你的是,梭罗的第一本书《康科德河和梅里麦克河上的一星期》,也是自费的。

在此之前,我投了上百家出版社,有的出版社会回复我,以作者没名气、诗集太小众、出版风险太高而婉拒。确实,书是市场流通的一个产品,既然是产品,背后就是商业运作。那么,我为什么不自己做自己的经纪人呢?所以,我自己来。

后来书籍出版之后,我得发行,得有销售渠道和广告渠道。于是,我拿着书籍的样稿,找了很多书店的老板与相关负责人。后来,广州学而优书店愿意支持我并无酬举办发布会。

我很感谢。

2016年,我觉得积累得足够了,可是现实又给我泼了一盆冷水。我做了一份商业计划书,希望融资,在一个咖啡厅见了两个投资公司的人。在长达两个小时的谈话里,对方问了很多问题,让我意识到仍有很多知识盲点。

嗯,我明白我还不够,但我相信,那些我对标的成功品牌,也不是刚开始就是这样的。后来,我去了一家餐饮公司担任品牌经理继续学习,一年的时间,从品牌经理做到品牌总监。

在这个过程里,越来越多的人知道我,并认可我做事的能力与理念,所以,慢慢地有人想挖我过去他们公司,也有邀请合伙创业做事情,也有公司找我业余去做品牌与营销上的顾问。

直到我在2019年,相继创办了餐饮管理公司和品牌策划公司。但,我想告诉大家的是,这依旧不是一件光彩的事。创办公司很容易,经营好一份事业却很难。我认识很多朋友都把创业停留在"开公司"三个字身上,如果仅仅是拿到一张营业执照,那并不叫创业。

面对未来,我依旧有很多的梦想,比如会继续写作出版、会想去不同的地方旅行、想做一个让消费者都认可的品牌、想体面地挣足够的钱、想去做更多有意义的事情,可是面对当下,又感觉仍有很多知识与能力上的不足,有来自各方面的压力,也有在经营发展问题上的挑战,甚至有一群看不见的竞争对手。

所以,可能很多人觉得我过得挺潇洒,甚至小有成就,但我觉得离自己理想的目标,还很遥远。为此,我可能还需要再准备五年,再经历一些挫折与成长。在此文的最后,我想跟大家说的是,尽量做到乐观、勤奋、不抱怨、有梦想、有执行力、自律、永不言弃,机会总会出现,我也做不到100%,偶尔也会有懒惰、也会有负面情绪、也会吐槽,但都留给自己承受了。

(五)

2019年12月了,值逢母校十周年庆,我也正式毕业近六年了。在这些离校的日子里,我会经常回到母校,有时候是累了想回来走一走,有时候是想给朋友们分享我的大学。每一次回来,她都更好了些。我有时候甚至羡慕现在的师弟师妹,在这所大学里拥有的比我们当时好太多了。越来越强的师资团队、越来越好的环境、越来越多的教学楼与教学设备、越来越浓郁的文化氛围,也越来越多毕业后在各行业有建树的校友们。

她在成长,我们也在成长。感谢你,感谢我的每一位老师,感谢每一位同学,感谢陪我经历过青春的师弟师妹师兄师姐,回忆至此,历历在目,恍若昨天。如果有一天,我们再见面,唯愿初心不变,谈笑依旧,萤火不息。

在母校十周年校庆之际,祝愿我的母校广州华商职业学院积历史之厚蕴,蒸蒸日上,培养更多的优秀人才。

理论指导

第一节　自我个性认知

"我真正想做什么?我为什么要去做?我现在正在做什么?我为什么这样做?"管理大师彼得·德鲁克曾提出了这样一连串问题,也正是面临职业选择的大学生们应该思考的问题。

不同的职业需要不同的能力,因此对个性就有不同的要求。比如,一些要和人打交道的岗位,如市场销售人员、公关人员等,要求求职者性格外向、活泼开朗。而另一些岗位,如财务、审计等,则要求求职者细心、认真、踏实。

同样,求职者也希望"工作并快乐着"。在职场中,充分发挥自己的个性特点,会对从事怎样的职业有一定的要求和选择。职业要求和个体的个性特征要相互匹配,这种个性与职业之间的适应性,是职业选择的基础。

心理学认为,个性即人格,它反映了一个人总的心理面貌,是相对稳定、具有独特倾向性的心理特征的总和。心理健康的人人格是完整和谐的,其人格结构包括气质、能力、性格、理想、动机、兴趣和人生观、自我意识和社会化等,而且各方面都能够均衡发展。

人格作为人的整体的精神面貌,能够完整、协调、和谐地表现出来。

在思考问题的方式上,应是合理与适中的;在待人接物上,能持恰当、灵活的态度;在遇到外界刺激(应激)时,不会有过激的情绪或行为反应;在集体中能融洽相处,在社会生活中,能奋发向上或步调合拍。

一、认知气质与性格

(一)气质

气质是人典型的、稳定的心理特点,主要是指人的心理活动在动力方面的特征。气质与日常生活中所说的"脾气""禀性"相近。气质是人格特征的自然风貌,它的成因主要与大脑的神经活动类型及后天习惯有关。

关于人类的气质、人的行为的个别差异问题,古希腊医生希波克拉特进行过开创性的研究。他认为,人体有四种液体:血液、黏液、黄胆汁、黑胆汁。只有四种液体协调人才能健康。他最先提出四种气质学说,即胆汁质、多血质、黏液质、抑郁质。

后来,巴甫洛夫研究认为,高级神经活动的四种基本类型和此四种气质相符合。巴甫洛夫的四种基本类型是:强、平衡、灵活型(活泼型);强、平衡、不灵活型(安静型);强、不平衡型(不可抑制型);弱型。

1.四种典型气质类型及表现

胆汁质表现:精力旺盛,争强好斗,做事勇敢果断,为人热情直爽,朴实真诚,且表里如一;粗枝大叶,不求甚解,遇事欠思量,鲁莽冒失,感情用事,刚愎自用。

多血质表现:乖巧伶俐,富有朝气,情绪丰富而外露,喜怒哀乐皆形于色。喜欢并且善于与人交往,语言表达能力强且富有感染力,思维灵活且行动敏捷,能很快适应环境,可塑性强。活泼好动、乐观灵活是他们的优点,弱点是缺乏耐心和毅力,稳定性差,容易见异思迁。

黏液质表现:安静、稳重,反应缓慢,沉默寡言,情绪不易外露,注意力稳定难于转移,做事情特别有耐心。

抑郁质表现:性情孤僻,行动迟缓,情感体验深刻,善于觉察别人不易觉察到的细小事物。

环境是不断变化的,遇到事情怎样应付,能否应付自如,都是对适应能力的检验。

多血质的人容易使用巧妙的方法应付环境变化;黏液质的人常用克己忍耐的方式应付环境变化;胆汁质的人脾气暴躁,在不顺心的时候容易产生攻击行为,造成不良后果;抑郁质的人过于敏感,容易受到伤害,感受到挫折。

由于不同气质类型的人的情绪兴奋性强度不同,适应环境的能力也不同,会直接影响人的健康。

2.如何看待个人气质

(1)气质类型无好坏之分

任何一种气质,在某种情况下可能具有积极的意义,而在另一种情况下则具有消极意义。例如,多血质的人活泼敏捷,情绪丰富,工作能力较强,容易适应新环境,但注意力不稳定,缺乏耐心,兴趣容易转移。抑郁质的人工作中耐受能力差,容易疲劳,但感情比较细腻,做事审慎小心,观察力敏锐。

在人格的自我完善过程中,关键在于了解气质的特点,扬长避短。高职学生在人际交往中,要注意学会观察、分析周围同学中的气质特征,采取合适的交往方法。

(2)气质不决定一个人的智力发展水平以及成就的高低,但能影响工作效率

各种气质类型的人,都可以为社会做出有价值的贡献。气质相同的人,有的人可以成为做出重大贡献、品德高尚的人,有的人也可以是一事无成、品德低劣的人。反之,气质极不相同的人,也都有可能成为品质高尚的人,或成为某一职业领域的专家。

例如,俄国著名文学家中,普希金是胆汁质,赫尔岑是多血质,克雷洛夫是黏液质,果戈理是抑郁质。

(3)气质具有稳定性但也可塑

气质与遗传有关,具有稳定性,但它也是可塑的。如果童年时期生活条件极为恶劣,或者成人时期遇到了重大生活事件,可以导致人的气质发生显著变化。变化过程很缓慢,一旦条件适宜还可以恢复。所谓江山易改,禀性难移。

（4）只有少数人是四种气质类型的典型代表，多数人介于各种类型中间

胆汁质和多血质的气质类型，易形成外向性格，黏液质和抑郁质的气质类型，一般较文静和内向。

【测试】

气质测量 60 题

下面 60 道题可以帮助你大致确定自己的气质类型，20 分钟答完全部试题。以第一感觉为主，快速回答。

你认为：

很符合自己情况的，计 2 分；

比较符合的，计 1 分；

介于符合与不符合之间的，计 0 分；

比较不符合的，计 -1 分；

完全不符合的，计 -2 分。

请将答案写在括号内。

1. 做事力求稳妥，不做无把握的事。 （　）
2. 遇到可气的事就怒不可遏，想把心里话全说出来才痛快。 （　）
3. 宁肯一个人干事，不愿很多人在一起做事。 （　）
4. 到一个新环境很快就能适应。 （　）
5. 厌恶那些强烈的刺激，如尖叫、噪声、危险镜头等。 （　）
6. 和人争吵时，总是先发制人，喜欢挑衅。 （　）
7. 喜欢安静的环境。 （　）
8. 善于与人交往。 （　）
9. 羡慕那些善于克制自己感情的人。 （　）
10. 生活有规律，很少违反作息制度。 （　）
11. 在多数情况下，情绪是乐观的。 （　）
12. 碰到陌生人觉得很拘束。 （　）
13. 遇到令人气愤的事，能很好地自我克制。 （　）
14. 做事总是有旺盛的精力。 （　）
15. 遇到问题常常举棋不定，优柔寡断。 （　）
16. 在人群中从不觉得过分拘束。 （　）
17. 情绪高昂时，觉得干什么都有趣；情绪低落时，又觉得什么都没有意思。 （　）
18. 当注意力集中于某一事物时，别的事物很难使自己分心。 （　）
19. 理解问题总比别人快。 （　）
20. 碰到危险情景时，常有一种极度恐怖感。 （　）
21. 对学习、工作、事业怀有很高的热情。 （　）
22. 能够长时间做枯燥、单调的工作。 （　）

23. 对于感兴趣的事情,干起来劲头十足,否则就不想干。（　）

24. 一点小事就能引起情绪波动。（　）

25. 讨厌做需要耐心、细致的工作。（　）

26. 与人交往不卑不亢。（　）

27. 喜欢参加热烈的活动。（　）

28. 爱看感情细腻、描写人物内心活动的文学作品。（　）

29. 工作、学习时间长了,常感到厌倦。（　）

30. 不喜欢长时间谈论一个问题,愿意实际动手干。（　）

31. 宁愿侃侃而谈,不愿窃窃私语。（　）

32. 别人说我总是闷闷不乐。（　）

33. 理解问题常比别人慢些。（　）

34. 疲倦时,只要短暂的休息就能精神抖擞,重新投入工作。（　）

35. 心里有话,宁愿自己想,不愿说出来。（　）

36. 认准一个目标,希望尽快实现,不达目的,誓不罢休。（　）

37. 与别人用同样的时间学习、工作一段后,常比别人更疲倦。（　）

38. 做事有些莽撞,常常不考虑后果。（　）

39. 别人讲授新知识、新技术时,总希望他讲得慢一些,多重复几遍。（　）

40. 能够很快忘记那些不愉快的事情。（　）

41. 做作业或完成一件工作,总比别人花的时间多。（　）

42. 喜欢运动量大的剧烈活动,或参加各种文艺活动。（　）

43. 不能很快地把注意力从一件事转移到另一件事上去。（　）

44. 接受一个任务后,希望迅速把它解决。（　）

45. 认为墨守成规比冒风险强些。（　）

46. 能够同时注意几件事物。（　）

47. 当烦闷的时候,很难使自己高兴起来。（　）

48. 爱看情节起伏跌宕、激动人心的小说。（　）

49. 对工作抱有认真严谨、始终一贯的态度。（　）

50. 和周围人的关系总是相处不好。（　）

51. 喜欢复习学过的知识,重复已经掌握的工作。（　）

52. 希望做变化大、花样多的工作。（　）

53. 小时候会背的诗歌,似乎比别人记得清楚。（　）

54. 别人说自己"出语伤人",可自己并不觉得是这样。（　）

55. 在体育活动中,常因反应慢而落后。（　）

56. 反应敏捷,头脑机智。（　）

57. 喜欢有条理而不太麻烦的工作。（　）

58. 想起兴奋的事常常使自己失眠。（　）

59. 老师讲授的新知识,常常听不懂,但是弄懂以后就很难忘记。（　）

60. 假如工作枯燥无味,马上就会情绪低落。（　）

确定自己属于哪种气质类型(原则上应该找专业人士解答)。大致的方法如下:

(1)将每题得分填入表 2-1 内相应的"得分"栏内;

(2)计算每种气质类型的总得分数;

表 2-1　气质类型统计表

胆汁质	题号	2	6	9	14	17	21	27	31	36	38	42	48	50	54	58	总分
	得分																
多血质	题号	4	8	11	16	19	23	25	29	34	40	44	46	52	56	60	总分
	得分																
黏液质	题号	1	7	10	13	18	22	26	30	33	39	43	45	49	55	57	总分
	得分																
抑郁质	题号	3	5	12	15	20	24	28	32	35	37	41	47	51	53	59	总分
	得分																

(3)确定气质类型

如果某类气质得分明显高出其他三种,均高出 4 分以上,则可定为该类气质。如果该类气质得分超过 20 分,则为典型型;如果该类气质得分在 10～20 分,则为一般型。

两种气质类型得分接近,其差异低于 3 分,而且又明显高于其他两种,高出 4 分以上,则可定为这两种气质的混合型。

三种气质得分均高于第四种,而且接近,则为三种气质的混合型,如多血-胆汁-黏液质混合型或黏液-多血-抑郁质混合型。

一般说来,正分值越高,表明测试者越具有该项气质的典型特征;反之,分值越低或越负,表明越不具备该项特征。要注意的是,气质问卷调查对气质类型的确定只是一种"大致的确定"。

(二)性格

性格是一个人在现实态度和习惯行为方式中所表现出来的较稳定的心理特征。不良的性格特征不仅容易造成人际交往障碍,还会影响高职学生的身心健康。只有全面地了解自己与他人的性格,并在交往实践中不断优化自己的性格,才能更好地处理自己与他人的人际关系。

一方面,性格的形成与个体生活经历有机地结合在一起。任何性格都不是一朝一夕形成的,它是从儿童时期开始,不断地受社会环境的影响、教育的熏陶和自身的实践长期塑造而成的。因此,性格一经形成就比较稳固。

另一方面,客观现实十分复杂,环境千变万化,人们之间的交往无限纷繁,受现实影响的多样与多变,因此又决定了性格不是一成不变的,具有一定的灵活性。

性格是可塑的,生活中经历的重大事件,往往给性格打上了深深的烙印,环境和实践的重大转折和变化,也会改变人的性格。

许多心理学家试图进行分类,由于研究对象本身的复杂性,至今意见不一。有一种最普遍的分类,按个体心理活动倾向于外部或倾向于内部来划分,分为外倾型(外向)、内倾型(内向)。

【测试】

性格测量60题

请快速回答下列试题,以第一感觉为主,不要长时间考虑。
凡单数题,回答"是"计0分,"不置可否"计1分,"否"计2分。
凡双数题,回答"是"计2分,"不置可否"计1分,"否"计0分。
请将答案写在括号内。

1. 在大庭广众面前不好意思。　　　　　　　　　　　　　　　　(　　)
2. 对人一见如故。　　　　　　　　　　　　　　　　　　　　　(　　)
3. 愿意一个人独处。　　　　　　　　　　　　　　　　　　　　(　　)
4. 喜欢表现自己。　　　　　　　　　　　　　　　　　　　　　(　　)
5. 与陌生人难打交道。　　　　　　　　　　　　　　　　　　　(　　)
6. 开会时喜欢坐在被人注意的地方。　　　　　　　　　　　　　(　　)
7. 遇有不愉快的事情,能抑制感情,不露声色。　　　　　　　　(　　)
8. 在众人面前能爽快地回答问题。　　　　　　　　　　　　　　(　　)
9. 不喜欢社交活动。　　　　　　　　　　　　　　　　　　　　(　　)
10. 愿意经常和朋友在一起。　　　　　　　　　　　　　　　　　(　　)
11. 自己的想法不轻易告诉别人。　　　　　　　　　　　　　　　(　　)
12. 只要认为是好东西立即就买。　　　　　　　　　　　　　　　(　　)
13. 爱刨根问底。　　　　　　　　　　　　　　　　　　　　　　(　　)
14. 容易接受别人的意见。　　　　　　　　　　　　　　　　　　(　　)
15. 凡事很有主见。　　　　　　　　　　　　　　　　　　　　　(　　)
16. 喜欢高谈阔论。　　　　　　　　　　　　　　　　　　　　　(　　)
17. 会议休息时,宁可一个人独坐,也不愿同别人聊天。　　　　　(　　)
18. 决定问题爽快。　　　　　　　　　　　　　　　　　　　　　(　　)
19. 遇到难题非弄懂不可。　　　　　　　　　　　　　　　　　　(　　)
20. 常常未等别人把话讲完,就觉得自己已经懂了。　　　　　　　(　　)
21. 不善与人辩论。　　　　　　　　　　　　　　　　　　　　　(　　)
22. 遇有挫折不易丧气。　　　　　　　　　　　　　　　　　　　(　　)
23. 时常因为自己的无能而沮丧。　　　　　　　　　　　　　　　(　　)
24. 碰到高兴的事极易喜形于色。　　　　　　　　　　　　　　　(　　)
25. 常常对自己面临的选择犹豫不决。　　　　　　　　　　　　　(　　)
26. 不大注意别人的事情。　　　　　　　　　　　　　　　　　　(　　)
27. 喜欢把自己同别人比较。　　　　　　　　　　　　　　　　　(　　)
28. 喜欢憧憬未来。　　　　　　　　　　　　　　　　　　　　　(　　)

29. 容易羡慕别人的成绩。 （　）

30. 相信自己不比别人差。 （　）

31. 注意别人对自己的看法。 （　）

32. 不大注意外表。 （　）

33. 发现异常现象，容易想入非非。 （　）

34. 即使有亏心事，也很快被遗忘。 （　）

35. 总是把家里收拾得干干净净。 （　）

36. 自己放的东西常常不知在哪里。 （　）

37. 做事很细心。 （　）

38. 对于别人的请求乐于帮助。 （　）

39. 十分注意自己的信誉。 （　）

40. 热情来得快，消退得也快。 （　）

41. 信奉"不干则已，干则必成"。 （　）

42. 做事情更注意速度而不是质量。 （　）

43. 一本书可以反复看几遍。 （　）

44. 不习惯长时间读书。 （　）

45. 办事大多有计划。 （　）

46. 兴趣广泛而多变。 （　）

47. 学习时不易受外界干扰。 （　）

48. 开会时喜欢同人交头接耳。 （　）

49. 作业大都整洁、干净。 （　）

50. 答应别人的事情，经常会忘记。 （　）

51. 一旦对人有看法不易改变。 （　）

52. 容易和人交朋友。 （　）

53. 不喜欢体育运动。 （　）

54. 对电视节目，尤其是球赛感兴趣。 （　）

55. 买东西前总要估量一番。 （　）

56. 不惧怕从来没做过的事情。 （　）

57. 遇有不愉快的事情可以生气很长时间。 （　）

58. 自己做错了事，容易承认和改正。 （　）

59. 常常担心自己遭遇失败。 （　）

60. 容易原谅别人。 （　）

确定自己属于哪种性格类型（原则上应该找专业人士解答），大致评分方法是把各题得分相加得总分。

90分以上为典型外向；81～90分为较外向；71～80分为稍外向；61～70分为混合型（略偏外向）；51～60分为混合型（略偏内向）；41～50分为稍内向；31～40分为较内向；30分以下为典型内向。

二、认知职业能力

能力是个人顺利完成某种活动所需要的,并直接影响活动效率的个性心理特征,能力总是和人完成一定活动联系在一起的,即做任何事情都需要有与之相应的素质和能力,如一些人语言能力较强,善于表达自己的思想观点,适合从事与文字有关的,如教师、记者等工作;而另一些人数理能力较强,擅长快速运算、推理,解决应用问题,则适合从事会计师、精算师、工程师等工作。

职业能力包括一般学习能力和专业能力。

(一)一般学习能力

一般学习能力是人们顺利完成各项任务所必须具备的一些基本能力,包括注意力、观察力、记忆力、思维能力和想象力等。职业或专业水平越高,对人的一般学习能力的要求亦越高。

(二)专业能力

专业能力即特殊能力,指从事各项专业活动的能力,也称为特长。要顺利完成某项工作,除须具有一般能力外,又要具有该项工作所要求的特殊能力。

一般包括如下几个方面。

1. 察觉细节能力

对物体和图形的有关细节具有正确的知觉能力,相关职业有绘图员、工程师、艺术家、医生、护士等。

2. 动作协调能力

身体能够迅速、准确地做出动作反应。相关职业有舞蹈演员、健身教练、司机等。

3. 动手能力

手、手腕、手指能够迅速准确地操作小的物体。如技术工人、检修人员、模塑制造人员、手工艺者等都要具有这项能力。

4. 文秘能力

对言语或表格式材料的细节的知觉能力。如发现错字或校对数字的能力等。记账、出纳、打字等工作必须具有该项能力。

5. 社会交往能力

擅长人与人之间的联系沟通,能够协同工作,并建立良好的人际关系。相关职业有公共关系人员、外事员、物业管理员等。

6. 组织管理能力

擅长组织安排各项活动,以及协调参加活动中人的关系。相关职业有企业经理、基金管理人员等。

作为一名高职大学生,职业能力的培养和提高是就业前的准备过程。这些仅靠课堂学习是远远不够的。那么,如何开发自己的职业能力,以适应日益激烈的竞争?

第一,树立终身学习的思想,加强学习,增强实力。

第二,尽可能提高自己的学历层次,扩大知识面,增加新知识。

第三,采取多种形式,不断加强专业知识和职业技能的学习,如积极参加社会实践活动,认真完成生产实践、学习环节,多参加学术活动及课外科技活动;自觉主动地参加各种形式的职业教育、职业技能培训等。

第四,适应职业需要发展个人能力,做表现杰出的优秀人物。

第二节　个性影响职业

一般来讲,影响职业选择的个性特征主要有性格、兴趣、气质和能力等,其中性格决定着人的行为方式及特点,兴趣表现出行为的倾向性,气质影响择业活动及其职业成就,而能力是顺利完成某种活动并影响活动效率的心理特征。

只有彻底了解个人的气质、性格、兴趣、能力与价值观后,才能厘清职业生涯选择的头绪,展开职业生涯的第一页。

扩展阅读

坚持或放弃?

小张今年24岁,大专学历。是个性格内向、做事踏实、肯学肯干、有毅力的人。从机械制造工艺与设备专业毕业,他先在一家合资企业从事了1年的模具设计与制造工作,后跳槽到一家私营企业从事产品设计。

当初跳槽的动机是这家私营企业提供的待遇比原来的公司丰厚许多。经过半年时间,小张发现,自己无法从这份工作中学习到新的知识与技术,公司对员工也没有完善的培训计划,于是,小张毅然辞职,另谋高就。

辞职后,小张听从朋友的劝告,认为自己不善言谈的性格在社会上要吃亏,决定设法改变自己的个性。听说销售能锻炼人的性格,他选择了销售工作。依靠自己的技术背景,小张很快找到了一个和自己专业相关的销售岗位。

现在,他在这个岗位上已经工作快3个月了,还是觉得自己不适合这个岗位。他每天都生活在紧张、不安中,无法从工作中获得乐趣。过不了多久,他就必须独立完成公司制定的销售额,为此他越来越害怕面对客户,在回答客户问题时经常语无伦次、不知所云。他甚至怀疑自己是不是心理有问题。

小张不知道是否应该放弃目前的职业,想放弃缘于不适应、不喜欢,而想坚持则缘于他个性中的不服输。何去何从?

分析:

基于小张对机械设计的浓厚兴趣,使他对自己原来的工作抱有满腔激情,这种激情令他在面对技术难题时,有高昂的斗志。同时,每次问题被解决,又使他获得极大的满足感。

他的特长是CAD制图,且能笔译外文图纸,也爱动手加工、组装机械设备,能独立装配模具,算得上是目前市场上紧缺的既能动手又能动脑的技能型人才。

应该说,小张已积累了一定的职业含金量,他的专业特质、技术技能、工作经历、综合素质都与机械设计职业相契合,但他偏偏无视自己的核心竞争力,用自己的缺点寻找工作,是扬短避长。

一、气质适应职业

气质虽不能决定一个人活动的社会价值和成就的高低,却是影响人们职业生涯的重要因素和职业选择的重要依据。社会实践的领域众多,不同的职业对人的气质有不同的要求,不同的气质适合从事不同类型的职业。

在因事择人(人事选拔)或因人择事(选择职业)的时候,考虑到了气质类型,因而就有了气质类型对工作适宜性的问题。

同学们通过气质60题测量,确定了个人的气质类型之后,要依据气质在人身上的表现,从自己的实际气质特征出发,认真考虑职业气质要求与自身特征的对应关系,选择那些能使自己气质的积极方面得到发挥的职业与岗位,避开消极的一面。

(一)多血质

多血质的人合适做环境多变,反应迅速,交往繁多的工作,难于从事单调、需要持久耐心的工作。

这类人热情开朗、充满自信、喜闻乐道、善于交际、活动能力强,属于敏捷好动的类型,对职业有较强的适应性,外界事物感受迅速、强烈但不深入,不能持久,注意力容易转移,尤其对于单调、机械和琐碎的工作,以及缺乏竞争和刺激、循规蹈矩的工作,一般不感兴趣也不能持久。

通常适合从事多变和多样化的,出头露面、交际方面的职业,以及管理、服务工作。如政治家、外交人员、记者、公关人员、律师、秘书、艺术工作者等。

(二)胆汁质

胆汁质的人热情、直率、精力旺盛、勇敢积极,但心理变化剧烈,易冲动,属于兴奋热烈的类型。

表现为有理想和抱负、有独立见解、反应迅速、行为果断。能以极大的热情去工作,克服工作中的困难。若对工作失去信心,情绪即会低沉下来,甚至转为沮丧而心灰意冷。

这类人不适宜从事细致性的工作,而通常适宜从事竞争激烈、开拓性、风险性强或要求反应果断而迅速的职业,如体育运动员、改革者、实业家、探险家、地质勘探者、登山员等。

(三)黏液质

黏液质的人适合于从事耐心细致,相对稳定的工作。

这类人安静、稳定、沉着、含蓄,心理平衡性好、自制力强,属于缄默安静的类型。能够高质量地完成那些需要具备坚韧不拔、埋头苦干的品质,以及长时间集中注意力、有条不紊的工作。不足之处是过于拘谨,不善于随机应变,有墨守成规的表现,固定性有余,灵敏性较差。

因此,不适宜反应迅速、具有冒险性的工作。适合从事细致、严谨、有条理、持久性的工作,如教育、医务、会计、法官、图书管理员、营业员等。

(四)抑郁质

抑郁质的人内向、敏感、观察力敏锐、情绪体验深刻、处事谨慎、反应慢、缺乏自信,属于呆板羞涩的类型。

在精神上,难以承受或大或小的神经紧张,常因微不足道的小事引起情绪波动,多愁善感;兴趣爱好少,与人交往拘束,喜欢独处。

对于力所能及的工作,不论什么岗位,只要肩负责任,都能认真完成,毫不懈怠。但耐受性差,在困难面前,容易产生惊慌失措的情绪。

这类人一般不适宜做灵活性要求高的工作,而适合从事理论研究及认真沉稳、敏锐精细的工作,如哲学研究、基础理论研究、检验员、刺绣工作、雕刻工作等。

如果一个人的气质类型正好适合工作的要求,便会感到得心应手,对工作有浓厚的兴趣。如果不考虑气质对工作的适宜性,将会增加人的心理负担,给人带来烦恼,影响工作效率。

二、性格匹配职业

性格是职业选择的前提。与气质有明显区别,性格是在后天实践中形成的,具有相对的可变性和可塑性,受社会行为准则和价值标准的评判,有好坏之分。

同时,性格对其他个性心理特征具有重要影响,性格的发展规定了能力和气质的发展,影响着能力和气质的表现。

人的性格与职业的适应性有密切联系,各种职业都需要有相应性格的人来从事,而某种性格的人又比较适宜从事某些职业。从事与自己性格相符的职业,通常能让人发挥所长,且较乐意投入工作,对工作有高度承诺,从而更能胜任工作。

当性格与职业需要性格相反的时候,工作效果往往事与愿违。例如,让一个比较沉默的人从事产品销售工作,因为沉默的人往往乐群性较低,他们喜欢对事不对人,而产品销售需要应付大量人与人之间复杂的情绪交流。那么,在工作过程中,沉默的人不可避免地会有很多心理冲突,因此影响工作业绩。性格具有不同类型,且不同性格适应不同的工作要求。

(一)按心理活动的指向性

按心理活动的指向性,性格分为内向和外向。

内向性格的人,耐心谨慎,适合做研究性质的工作,如医生、科学家、编辑、工程师、技术人员、会计师、程序设计员等。

而外向性格的人,热衷交际,擅长活跃气氛,更适合从事与人交往的工作,如人事顾问、管理人员、律师、记者、政治家、警察、演员、推销员、广告人员等。

当然,生活中屡见不鲜的是,一个人身上往往兼有内向与外向两种性格,如一个腼腆内向的人,可以成为一名优秀的企业家,而一个开朗好动的人,最后却在实验室安静地度过了一生。

(二)依据性格与职业选择的关系

美国职业指导专家霍兰德(John Holland)依据性格与职业选择的关系,将性格划分为现实型、研究型、艺术型、社会型,企业型和常规型,又称霍兰德六边形人格,其中每一特定类型性格的人,会对相应职业类型中的工作或学习感兴趣。

1.现实型(R)性格

此类性格具有内向、顺应等倾向。喜欢有规则的具体劳动和需要基本操作技能的工作,对于机械和物体显示出强烈关注,缺乏社交能力,不适应社会性质的工作。

其典型职业包括技术型(如制图员、机械装配工等)和技能型(如一般劳工、技工、修理工、农民等)。

2.研究型(I)性格

此类性格具有深思熟虑、分析、内省等倾向。对于理论思维和数理统计有浓厚兴趣。喜欢智力的、抽象的、分析的、独立的定向任务等研究性质的职业,缺乏领导才能,独立倾向明显。

其典型职业包括科学研究人员、教师、医师、工程师等。

3.艺术型(A)性格

此类性格具有冲动、情绪化、理想化、不重实际等倾向。有艺术、直觉和创造力,对机械性及程式化的工作缺乏兴趣,而对创造性的、想象性的、具有自我表现空间的工作显示出明显偏好。

其典型职业包括音乐家、画家、作家、室内装饰家等。

4.社会型(S)性格

此类性格有合作、友善、助人、负责、亲切等倾向。喜欢社会交往、关心社会问题、有教导他人的能力,适合从事咨询、培训、辅导、劝说类工作。

其典型职业是社会工作者和教育工作者等。

5.企业型(E)性格

此类性格有进取、独断、自信、善社交等倾向。富有表现力与指导力,喜欢影响、管理和领导他人,期望权力和地位,追求政治、经济上的成功。

其典型职业是政府官员、企业领导、销售人员等。

6.常规型(C)性格

此类性格有顺从、谨慎、保守、有效率等倾向。有写作或数理分析的能力,能够听从指示,完成琐碎的工作,重视形式与规则,喜欢组织与秩序。

其典型职业是秘书、办公室人员等。

(三)职业性格

不同职业有不同的性格要求,虽然性格不能百分之百地适合某项职业,但是,可以依据职业的要求来培养、发展相应的职业性格。

近年来,我国一些教育心理学研究人员结合我国实际情况,将职业性格分为八种基本类型。

1.变化型

喜欢有变化的、多样化的工作,在新鲜的、意外的活动或工作情境中感到愉悦,经常转移注意力。如记者、推销员、演员等。

2.重复型

适合连续从事同样的工作,按既定的计划或进度办事,喜欢重复的、有规律的、有标准的工种。如纺织工、机床工、印刷工等。

3.服从型

愿意配合别人或按别人指示办事,不愿意独立决策和承担责任。如办公室职员、秘书、翻译等。

4.独立型

喜欢按自己的计划安排活动,指导别人活动,或对未来的事情做出决策。在独立、负责的工作情境中感到愉快。如管理人员、律师、警察等。

5. 协作型

善于协调、引导他人,与人协同工作时感到愉快,并希望得到同事们的喜欢和认可。如社会工作者、咨询人员等。

6. 机智型

在紧张、危险的情况下,能控制自如、沉着应付,发生意外差错时,能镇静自若,并出色地完成任务。如驾驶员、飞行员、消防员等。

7. 表现型

喜欢表现自己的爱好和个性,根据自己的感情做出选择,能通过自己的工作来表现自己的思想,如演员、诗人、画家等。

8. 严谨型

注重工作过程中各个环节和细节的精确性,愿意按规划或步骤,严格、努力地工作,并倾向于看到自己出色的工作效果。如会计、统计员、图书档案管理员等。

"性格决定命运",大学生在选择职业前,有必要借助科学手段了解自身的性格类型,以及适合自己的职业领域,按照自己的性格类型选择喜欢的职业。这样,才能在职业生涯中少走弯路。

三、兴趣成就职业

兴趣是人们力求认识、掌握某种事物,并经常参与该活动的心理倾向,或者是人们积极探究某种事物的认识倾向。

一个人对某项职业有兴趣,才会热爱这一职业;对该种职业活动表现出肯定态度,才会激发起对该项工作强烈的求知欲和探索欲,有所发明,有所创造。

反之,如果职业是个人不感兴趣的,那么很快就会厌倦,并且很难有所成就。因此,兴趣是影响职业选择的重要因素。

扩展阅读

兴趣所在　痴迷一生

珍妮·古道尔(Jane Goodall),英国生物学家、动物行为学家,是一位具有传奇色彩的女性。她对黑猩猩乃至世界上所有生灵都怀有炽烈的爱,从二十几岁便来到非洲黑猩猩生活的原始森林,在那里度过38年漫长的野外考察生涯。

古道尔花了大半辈子的时间与猩猩待在一起,她甚至能够按猩猩的方式思考。

她的工作纠正了学术界对黑猩猩这一物种长期以来的许多错误认识,揭示了许多黑猩猩社群中鲜为人知的秘密。

古道尔在1965年获剑桥大学动物行为学博士学位。1995年,被英国女王授予爵士勋章。现在,她又奔走于世界各地,呼吁人们保护野生动物,保护地球环境。

幼年的古道尔对自然、动物和动物行为有着浓厚的兴趣。当她还是个小姑娘的时候,就梦想着终生与动物相伴,最后终于如愿以偿。

从学校毕业后,古道尔尝试过许多工作,担任过秘书、电影制片助理等工作。1957年,古道尔为了完成进行动物研究的夙愿,来到东非的肯尼亚。1960年,26岁的古道尔来到坦桑尼亚进行黑猩猩的研究计划。

很多人声称古道尔的研究不会坚持三个月,可她不仅在非洲丛林深处住下来,而且取得了惊人的发现。她掌握了极其宝贵的第一手资料,第一个揭开了黑猩猩神秘王国的奥秘,弄清了黑猩猩群体内部的复杂结构,它们的亲缘关系、等级关系。

她发现黑猩猩有许多和人类相似的行为,其中诸多具有重要价值的研究成果为日后进行灵长类动物的研究奠定了基础。

古道尔对黑猩猩有着深厚的感情。她曾经说过:"当我看见有些医学科学家将猩猩或猴子关在笼子里用于实验时,就产生在波兰参观纳粹集中营时的感受。"

(一)职业兴趣对职业选择的影响

兴趣与职业目标、社会责任感融合起来,逐渐转化形成职业兴趣。职业兴趣在职业活动中起着重要作用,其对职业选择的影响主要表现在三个方面。

1. 职业兴趣是职业选择的重要依据

兴趣是最好的老师,是一种强大的精神力量。可以使人集中精力去获得所喜欢的职业知识,启迪智慧并创造性地开展工作。

正如人们在日常生活中,喜欢从事自己感兴趣的活动一样,具有某种职业兴趣类型的人,更倾向于寻找与此有关的职业。特别是在外界环境限制较小时,人们更倾向于选择自己感兴趣的职业。

2. 职业兴趣是发挥职业潜能的动力源泉

职业兴趣可以充分调动人的全部精力,以敏锐的观察力、高度的注意力、缜密的思维力和丰富的想象力投入工作。使工作不再是一种负担,而是一种享受,从而大大提高工作的效率。

有研究显示:如果从事感兴趣的职业,则能发挥全部才能的80%~90%,且长时间保持高效率而不感到疲劳。反之,对不感兴趣的工作,只能发挥全部才能的20%~30%。

3. 职业兴趣是保障职业稳定的重要因素

职业兴趣是智力开发的"孵化器",如果对某一职业有浓厚的兴趣,就愿意钻研,就会有所成就。一般来说,职业兴趣是职业生涯适应的一个基本方面,为职业生涯选择提供有效信息,主要用于预测工作满意感及稳定性。

工作满意是职业生涯适应的一个重要标志,在其他条件相似的情况下,从事自己感兴趣的职业,不仅让人感到满意,而且能够让人对工作单位感到满意,并由此保障工作的长期性和稳定性。

(二)职业兴趣的类型与匹配的职业

根据职业兴趣不同,可将人划分为9大类。

1. 愿与人接触

喜欢与人交往,对销售、采访、传递信息等一类活动感兴趣。匹配的职业有推销员、记者、教师、行政管理人员等。

2. 愿与事物打交道

不喜欢与人打交道,而喜欢同事物打交道。相应职业有工程技术、建筑、机器制造、会计等。

3.喜欢有规律的工作

喜欢常规、有规则的活动,习惯在预先安排好的程序下工作。相应的职业有办公室工作人员、打字员、统计员、档案管理员等。

4.喜欢具体的工作

希望很快看到自己的劳动成果,愿意从事制作等看得见摸得着的工作,可从中得到满足。相应职业如室内装饰、园艺师、美容师、理发师等。

5.喜欢操作机器的技术工作

对运用一定技术操作各种机械、制造新产品或完成其他任务感兴趣,喜欢使用工具,尤其是大型、马力强的先进机器。相应职业如飞行员、驾驶员、煤炭开采等。

6.喜欢从事社会福利和助人工作

乐于助人,并试图改善他人状况,为他人排忧解难。相应职业有律师、咨询人员、科技推广人员、医生等。

7.愿做领导和组织工作

喜欢掌控事情,希望受到众人尊敬和获得声望,相应职业如各级行政人员、企业管理干部、学校领导和辅导员等。

8.喜欢研究人的行为

对人的行为举止和心理状态感兴趣,喜欢谈论人的问题。相应职业如心理学家、政治学家、人类学家、教育管理人员等。

9.愿意从事科学技术事业

擅长理论分析,对分析的、推理的、测试的活动感兴趣,喜欢独立解决问题。相应职业如各类科学研究、社会调查、经济分析等。

当然,对于兴趣广泛的大学生在选择职业时,要考虑社会需求和外界的客观现实条件,遵循人格适宜性、职业兴趣性和能力胜任性原则,寻找切实的职业兴趣。注意不能盲目攀比,应扬长避短。

四、能力保障职业

能力是进入职业的先决条件,也是胜任工作的主要条件。无论从事什么职业,必须具有一定的能力作为保障。没有能力,就谈不上进入职场工作,也就无所谓职业选择可言。

【测试】

职业能力倾向(自评)测验

指导语:普通能力倾向成套测验(general aptitude test battery,GATB)最初是美国劳工部从1934年利用了10多年的时间研究制定的,它是对许多职业群同时检查各自的不适合者的一种成套测验。

由于这套测验在许多国家被广泛使用,因而备受推崇。后来,日本劳动省将GATB进行了日本版的标准化,制定成《一般职业适应性检查》(1969年订版)。

这套测验主要是实现对许多职业领域中工作所必需的几种能力倾向的测定(表2-2)。

它由 15 种测验项目构成,其中 11 种是纸笔测验,其余 4 种是操作测验,两种测验可以测定 9 种能力倾向。

这 9 种能力倾向对完成各种职业的工作都是必要的。

G——智能:指一般的学习能力。对测验说明、指导语的诸原理和理解能力、推理判断的能力、迅速适应新环境的能力。

V——言语能力:指理解言语的意义及与它关联的概念,并有效地掌握它的能力。对言语相互关系及文章和句子意义的理解能力。也包括表达信息和自己想法的能力。

N——数理能力:指在正确快速进行计算的同时,能进行推理,解决应用问题的能力。

S——空间判断:指对立体图形以及平面图形与立体图形之间关系的理解、判断能力。

P——形状知觉:指对实物或图解之细微部分正确的知觉和能力。根据视觉能够对图形的形状和阴影部分的细微差异,进行比较辨别的能力。

Q——书写知觉:指对词、印刷物、各种票类之细微部分正确知觉的能力。能直观地比较辨别词和数字,发现有错误或校正的能力。

K——运动协调:指正确而迅速地使眼和手相协调,并迅速完成操作的能力。要求手能跟随眼睛看到的东西,正确而迅速地做出反应动作,并进行准确控制的能力。

F——手指灵巧度:指快速而正确地活动手指,用手指很准确地操作细小东西的能力。

M——手腕灵巧度:指随心所欲地、灵巧地活动手及手腕的能力。如拿着、放置、调换、翻转物体时,手的精巧运动和腕的自由运动能力。

以上 9 种能力中的每一种能力,都要通过一种实践性测验获得。本测验为自评量表。

这种能力倾向测验,可以说是从个人在完成各种职业所必要的能力中,提炼出各种职业对个人所要求的最有特征的 2~3 种,其中纸笔测验可集体进行。

记分采用标准分数,各能力因素的原始分数转换为标准分数后,便可绘制个人能力倾向剖析图,并与职业能力倾向类型相对照,测试者就可以从测验结果中知道能够充分发挥个人能力特性的职业活动领域有哪些。

下面开始测验,测验的目的是了解自己更能胜任的职业,请真实作答。

表 2-2　职业能力倾向(自评)测验

(一)智能(G)

内容	强 1	较强 2	一般 3	较弱 4	弱 5
1.快而容易地学习新的内容					
2.快而正确地解决数学题目					
3.你的学习成绩					
4.对课文的理解、分析、综合能力					
5.对所学知识的记忆能力					

(二)言语能力(V)

内容	强 1	较强 2	一般 3	较弱 4	弱 5
6.善于表达自己的观点					
7.阅读速度和理解能力					

表 2－2(续 1)

内容	强 1	较强 2	一般 3	较弱 4	弱 5
8. 掌握词汇量的程度					
9. 你的语文成绩					
10. 你的文学创作能力					

(三)数理能力(N)

内容	强 1	较强 2	一般 3	较弱 4	弱 5
11. 做出精确的测量					
12. 笔算能力					
13. 口算能力					
14. 打算盘的能力					
15. 你的数学成绩					

(四)空间判断(S)

内容	强 1	较强 2	一般 3	较弱 4	弱 5
16. 解答立体几何方面的习题					
17. 画三维度的立体图形					
18. 看几何图形的立体感					
19. 想象盒子展开后的平面图					
20. 想象三维度的物体					

(五)形状知觉(P)

内容	强 1	较强 2	一般 3	较弱 4	弱 5
21. 发现相似图形中的细微差别					
22. 识别物体的细节部分					
23. 注意物体的细节部分					
24. 观察物体的图像是否正确					
25. 对物体的细微描述					

(六)书写知觉(Q)

内容	强 1	较强 2	一般 3	较弱 4	弱 5
26. 快而准确地抄写资料(如姓名、日期、电话号码等)					
27. 发现错别字					

表 2 - 2(续2)

内容	强 1	较强 2	一般 3	较弱 4	弱 5
28. 发现计算错误					
29. 能很快查找编码卡片					
30. 自我控制能力(如较长时间抄写资料)					

(七)运动协调(K)

内容	强 1	较强 2	一般 3	较弱 4	弱 5
31. 玩电子游戏					
32. 打篮球、排球和踢足球等					
33. 打乒乓球、羽毛球等					
34. 打算盘的能力					
35. 打字的能力					

(八)手指灵巧度(F)

内容	强 1	较强 2	一般 3	较弱 4	弱 5
36. 灵巧地使用很小的工具					
37. 穿针眼、编织等使用手指的活动能力					
38. 用手指做一件小工艺品					
39. 使用计数器的灵巧程度					
40. 弹琴					

(九)手腕灵巧度(M)

内容	强 1	较强 2	一般 3	较弱 4	弱 5
41. 用手把东西分类的能力					
42. 在推拉东西时手的灵活度					
43. 很快地削苹果皮					
44. 灵活地使用手工工具					
45. 在绘画、雕刻等手工活动中的灵活性					

计算方法:

(1)计算每次的平均分

每次的平均分 = [(第1列选择次数之和×1) + (第2列选择次数之和×2) + (第3列选择次数之和×3) + (第4列选择次数之和×4) + (第5列选择次数之和×5)] ÷5

(2)将每次的平均分填入表 2 - 3

表 2 - 3 平均分

序号	一	二	三	四	五	六	七	八	九
项目	智能倾向	言语能力倾向	数据能力倾向	空间判断倾向	形状知觉倾向	书写知觉倾向	运动协调倾向	手指灵巧度倾向	手腕灵巧度倾向
平均分									

结果分析:各种职业对你的职业能力倾向的要求。见表 2 - 4。

表 2 - 4 各种职业对职业倾向能力的要求

职业	一	二	三	四	五	六	七	八	九
生物学家	1	1	1	2	2	3	3	2	3
	★	★	★	★					
建筑师	1	1	1	1	2	3	3	3	3
	★	★	★	★	★		★	★	
测量员	2	2	2	2	2	3	3	3	3
	★		★	★	★		★	★	
制图员	2	3	2	2	2	3	2	2	3
	★		★	★	★	★		★	
建筑和工程技术专家	2	2	2	2	2	3	3	3	3
	★	★	★	★	★				
物理科学技术专家	2	2	2	2	3	3	3	3	3
	★	★	★	★	★				
农业、生物专家	2	2	2	4	2	3	3	2	3
	★	★	★		★				★
数学家和统计学家	1	1	1	3	3	2	4	4	4
	★	★	★	★		★			
计算机程序员	2	2	2	2	3	3	4	4	4
	★	★	★	★		★			
经济学家	1	1	2	2	2	3	4	4	4
	★	★		★	★				
心理学家	1	1	2	2	2	3	4	4	4
	★	★	★		★	★			

表 2－4（续 1）

职业	一	二	三	四	五	六	七	八	九
历史学家	1	1	3	4	4	3	4	4	4
	★	★		★					
政治经济学家	2	2	2	3	3	3	3	3	3
	★	★	★		★				
社会工作者	2	2	3	4	4	3	4	4	4
	★	★						★	
法官和律师	1	1	3	4	3	3	4	4	4
	★	★							
公证人	2	2	3	4	4	3	4	4	4
	★	★		★				★	
图书管理专家	2	2	3	3	4	2	3	4	4
	★	★					★		
职业指导者	2	2	3	4	4	3	4	4	4
	★	★						★	
大学教师	1	1	3	3	2	3	4	4	4
	★	★				★	★		
中学教师	2	2	3	4	3	3	4	4	4
	★	★	★					★	
小学和幼儿园教师	2	2	3	3	3	3	3	3	3
	★	★	★					★	
内、外、牙科医生	1	1	2	1	2	3	2	2	2
	★	★		★	★				
兽医学家	1	1	2	1	2	3	2	2	2
	★	★		★	★		★	★	
营养学家	2	2	2	3	3	3	4	4	4
	★	★	★				★		
药物实验技术专家	2	2	2	3	2	3	3	3	3
	★	★	★				★		★

表 2 - 4(续 2)

职业	一	二	三	四	五	六	七	八	九
画家、雕刻家	2	3	4	2	2	5	2	1	2
	★	★		★	★		★	★	★
产品设计师	2	2	3	2	2	4	2	2	3
	★	★		★	★			★	★
舞蹈家	2	3	3	2	3	4	2	3	3
	★	★		★				★	
播音员	2	2	3	4	4	3	4	4	4
	★	★							
作家和编辑	2	1	4	4	4	3	4	4	4
	★	★					★		
翻译人员	2	1	4	4	4	3	4	4	4
	★	★							
体育教练员	2	2	2	4	4	3	4	4	4
	★	★	★						
秘书	3	3	3	4	3	2	3	3	3
	★	★				★	★	★	★
商业经营管理人员	2	2	3	4	4	3	4	4	4
	★	★	★				★		
统计人员	3	3	2	4	3	2	3	3	4
	★		★			★	★		

第三节　精准职业定位

如果一个人能力不足,则可通过培训和自身努力来提高,随着不断努力总可以成功。但一个人的个性如果与职业不匹配,要想改变,就困难多了。

正因为这样,作为一名即将毕业的大学生,客观适度地进行自我评价,对于顺利地找到适合自己的职业意义重大。

扩展阅读

菲尔的故事

菲尔的父亲经营着一家洗衣店,并且让菲尔在店里工作,希望他将来能接管家族事务。但菲尔厌恶洗衣店的工作,懒懒散散、无精打采。

菲尔在父亲的强迫下,勉强做一些工作,然而心事却完全不放在店里。这使得他的父亲非常苦恼和伤心,觉得自己养育了一个不求上进的儿子,在员工面前深感丢脸。

有一天,菲尔告诉父亲自己想到一家机械厂工作,做一名普通工人。抛弃现有蓬勃兴旺的家族事业出去打工,一切从头开始,父亲对他的想法完全无法理解,并且横加阻拦。但是,菲尔坚持自己的想法,穿上油腻的粗布工作服,开始了劳动强度更大、时间更长的工作。他不但不觉得辛苦,反而觉得十分快活,边工作边吹口哨。

工作之余,他选修工程学课程,研究引擎、装配机械。1944年,已经荣升为波音飞机公司的总裁——制造出了"空中飞行堡垒"轰炸机,为盟军赢得第二次世界大战的胜利立下了汗马功劳。如果当年留在洗衣店里,菲尔和洗衣店的结果将如何呢? 极有可能是洗衣店破产,菲尔一贫如洗。

一份职业既符合自己的天赋,又是自己兴趣爱好所在,该是多么惬意啊! 在以往的人看来,这不过一个梦想,而对于现代人而言,却很容易实现。一份适合自己的职业不仅能为人生带来快乐,而且使自己变得更有竞争力。

一、乔哈里视窗

全面了解自我,充分了解自己的性格、兴趣、能力特点、优势、劣势与价值观,才能正确选择合适的职业。但是自己描述自己的个性很难,因此可以采用乔哈里视窗来帮助我们自我评价,了解别人对自己的真正看法,提高自我评价的准确度。

美国心理学家乔瑟夫(Joseph)和哈里(Harry)根据"自己知道——自己不知"和"他人知道——他人不知"这两个维度,将人际沟通分为4个区域,即开放区、盲目区、隐秘区和未知区。人们将此理论称为乔哈里视窗。这个古怪的理论名称,由这两位心理学家名字合成,即"Johari Window"。见图2-1。

乔哈里视窗有4个区域。

第一区域:开放区。

图2-1　乔哈里视窗

自己知道,别人也知道的信息。这个区域是人际交往的主要阵地,其中有关自己的行为、态度、感情、愿望、动机和想法等是自己知道,别人也知道的部分,包括缺点和优点。例如:你的名字、发色,以及你有一只宠物狗的事实。

人与人之间交往的目的,就是扩大开放区,实现这一目的主要做法有:提高个人信息的曝光率、主动征求反馈意见。

第二区域:盲目区。

自己不知道,别人却知道的盲点。在这个区域中,个人看不到自己的优劣,但在他人眼中,却是一目了然,这就是所谓个人的盲点。

盲点不一定完全都是缺点,有时也会忽略自己的优点和长处。例如:你的处事方式,别人对你的感受。

第三区域:隐秘区。

自己知道,别人不知道的秘密。这是一个对外封闭的区域。其中包括个人想法、感受经验及他人无法知道的区域。

这个区域的开放程度完全由自己控制,每个人的秘密也不尽相同,例如:你的秘密、希望、心愿以及你的好恶。

第四区域:未知区。

自己和别人都不知道的信息。其中包括未曾觉察的潜能、压抑下来的记忆和经验等。未知区是尚待挖掘的黑洞,对其他区域有潜在影响。

不同的人的四个区域的面积是不同的,有些区域对某些人来说可能很大,对另一些人来说却可能很小。

真正而有效的沟通,只能在开放区内进行,因为在此区域内,双方交流的信息是可以共享的,沟通的效果是会令双方满意的。但在现实中,很多沟通者对彼此不是很了解,很无奈地进入了封闭区,沟通的效果就可想而知了。

为了获得理想的沟通效果,就要通过提高个人信息曝光率、主动征求反馈意见等手段,不断扩大自己的开放区,增强信息的真实度、透明度。

在沟通的策略上,可以在隐秘区内,选择一个能够为沟通双方都容易接受的点进行交流,这个点被叫作"策略信息开放点"。

当双方的交流进行了一段时间,"策略信息开放点"会慢慢向开放区延伸,从而实现开放区被逐渐放大。需要注意的是,选择"策略信息开放点"时,要避免询问过于私人的问题,如心理健康、严重的过失等。

发现自我是克服障碍、自我实现、发挥潜能、超越自我最有效的方法。一个人要突破自我,就必须以认识自我、完善自我的宽容态度,接受来自外界的提醒。因为他人会促进我们更多地了解自己,也能帮助我们进一步完善自我。

与此同时,自我认知愈充分,自我坦诚愈足够,在人际交往中,愈容易创造出理解、宽容、和谐的人际关系。

二、职业锚

锚,是使船只停泊定位用的铁制器具。职业锚,又称职业系留点(Career anchor)。实际就是人们选择和发展自己的职业时所围绕的中心,是指当一个人不得不做出选择的时候,无论如何都不会放弃职业中的那种至关重要的东西或价值观。

职业锚是自我意向的一个习得部分。个人进入早期工作情境后,由习得的实际工作经验所决定,与在经验中自省的动机、价值观、才能相符合,达到自我满足和补偿的一种稳定的职业定位。

职业锚强调个人能力、动机和价值观三方面的相互作用与整合。职业锚是个人同工作环境互动作用的产物,在实际工作中是不断调整的。

"职业锚"的概念由美国的埃德加·H.施恩(Edgar. H. Schein)教授引入。

职业锚测试可以帮助自己确定发展方向,审视自己的价值观与当前的工作相匹配度。只有职业定位和要从事的职业相匹配,才能在工作中获得源源不绝的动力,实现自身价值。施恩根据自己对斯隆管理学院毕业生的长期研究,发现了8种类型的职业锚,如图2-2所示。

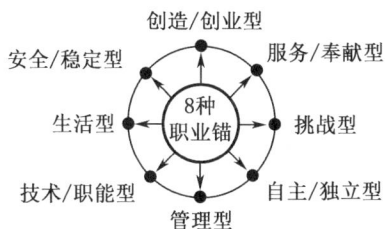

图2-2　埃德加·H.施恩发现的8种类型的职业锚

【测试】

职业锚测试

下面给出40个问题,根据你的实际情况,从"1~6"中选择一个数字。数字越大,表示这种描述越符合你的实际情况。

例如,"我梦想成为公司的总裁",你可以做出如下的选择:选"1"代表这种描述完全不符合你的想法;选"2"或"3"代表你偶尔(或者有时)这么想;选"4"或"5"代表你经常(或者频繁)这么想;选"6"代表这种描述完全符合你的日常想法。

1. 我希望做我擅长的工作,这样我的建议可以不断被采纳。

2. 当我整合并管理其他人的工作时,我非常有成就感。

3. 我希望我的工作能让我用自己的方式,按自己的计划去开展。

4. 对我而言,安定与稳定比自由和自主更重要。

5. 我一直在寻找可以让我创立自己事业(公司)的创意(点子)。

6. 我认为只有对社会做出真正贡献的职业才算是成功的职业。

7. 在工作中,我希望去解决那些有挑战性的问题,并且胜出。

8. 我宁愿离开公司,也不愿从事需要个人和家庭做出一定牺牲的工作。

9. 我认为将我的技术和专业水平发展到一个更具有竞争力的层次,是成功职业的必要条件。

10. 希望能管理一个大的公司(组织),我的决策将会影响许多人。

11. 如果职业允许自由地决定自己的工作内容、计划、过程时,我会非常满意。

12. 如果工作结果使我丧失自己在组织中的安全稳定感，我宁愿离开这个工作岗位。

13. 创办自己的公司比在其他的公司中争取一个高的管理位置更有意义。

14. 我的职业满足来自我可以用自己的才能去为他人提供服务。

15. 我认为职业的成就感来自克服有挑战性的困难。

16. 希望我的职业能够兼顾个人、家庭和工作的需要。

17. 在我喜欢的专业领域内，做资深专家比高级管理人员更具有吸引力。

18. 只有在我成为公司的总经理后，我才认为我的职业人生是成功的。

19. 成功的职业应该允许我有完全的自主与自由。

20. 我愿意在能给我安全感、稳定感的公司中工作。

21. 当通过自己的努力或想法完成工作时，我的工作成就感最强。

22. 我认为个人才能使这个世界变得更适合生活或居住，比争取一个高的管理职位更重要。

23. 解决了看上去不可能解决的问题，或在必输无疑的竞赛中胜出，我会感到非常有成就感。

24. 我认为只有很好地平衡个人、家庭、职业三者的关系，生活才能算是成功的。

25. 我宁愿离开公司，也不愿频繁接受那些不属于我专业领域的工作。

26. 做一个全面管理者比在我喜欢的专业领域内做资深专家更有吸引力。

27. 用自己的方式不受约束地完成工作，比安全稳定更加重要。

28. 只有当收入和工作有保障时，我才会对工作感到满意。

29. 在职业生涯中，如果我能成功地创造或实现完全属于自己的产品或点子，我会感到成功。

30. 我希望从事对人类和社会真正有贡献的工作。

31. 我希望工作中有很多的机会，可以不断挑战我解决问题的能力(或竞争力)

32. 我认为能够很好地平衡个人生活与工作，比达到一个高的管理职位更重要。

33. 如果在工作中能经常用到个人特别的技巧和才能，会感到特别满意。

34. 我宁愿离开公司，也不愿意接受让我离开全面管理的工作

35. 我宁愿离开公司，也不愿意接受约束我自由和自主控制权的工作。

36. 我希望有一份让我有安全感和稳定感的工作。

37. 我梦想着创建属于自己的事业。

38. 如果工作限制了我为他人提供帮助或服务，那么我宁愿离开公司。

39. 去解决那些几乎无法解决的难题，比获得一个高的管理职位更有意义。

40. 我一直在寻找一份能够将个人与家庭的冲突最小化的工作。

现在重新看一下你给分较高的描述，从中挑出与你日常想法最为吻合的3个，在原来评分的基础上，将这个3个题目得分再各加上4分。(例如：原来得分为5，则调整后的得分为9)。然后将评分填入表2-5中。

表 2 - 5　职业锚测试

	技术职能	管理才干	自主独立	安全稳定	创造创业	服务奉献	挑战自我	生活质量
题目 及 得分	1( )	2( )	3( )	4( )	5( )	6( )	7( )	8( )
	9( )	10( )	11( )	12( )	13( )	14( )	15( )	16( )
	17( )	18( )	19( )	20( )	21( )	22( )	23( )	24( )
	25( )	26( )	27( )	28( )	29( )	30( )	31( )	32( )
	33( )	34( )	35( )	36( )	37( )	38( )	39( )	40( )
总分								
平均分								

　　按照"列"进行分数累加,得到一个总分,将每"列"的总分除以 5 得到的平均分,填入表格。

　　在计算平均分和总分前,不要忘记将最符合你日常想法的 3 项,额外加上 4 分。最终的平均分就是你的自我评价的结果,最高分所在"列"代表最符合你"真实自我"的职业锚。

　　根据职业锚的测评,再结合中国实际情况等多层次意愿进行分析,得出最后职业规划结论。

　　职业锚之一:技术/职能。

　　这类人喜欢面对来自专业领域的挑战,强调实际技术或某项职能业务工作(如工程技术、营销、财务分析、系统分析、企业计划等),追求在技术、职能领域的成长和技能的不断提高,以及应用这种技术、职能的机会,一般不喜欢从事全面的管理工作。"我有了一定的技术,管理是很累的事情。""千万别让我管事,我只想做化工专家。"有类似想法的就是这类人。

　　职业锚之二:管理才干。

　　管理型的人追求全面控制和管理,乐于肩负更大的责任,并具有强有力的升迁动机和价值观,以晋升、等级和收入作为衡量成功的标准,他们想去承担整个工作的责任,并将公司的成功与否看成自己的工作。"我喜欢做决策、不怕冒风险。""我不怕得罪人。""我希望最终做到总经理岗位。"有类似想法的就是这类人。

　　职业锚之三:独立自主。

　　这类人希望最大限度地摆脱组织约束,随心所欲安排自己的工作方式、工作习惯和生活方式,追求能展施个人职业能力的工作环境。他们宁可放弃提升或工作拓展机会,也不愿意放弃自由与独立。"被人指手画脚,还得低声下气是我最不能忍受的事。所以,我是自由职业者,为企业提供人力资源方面的咨询工作。"有类似想法的就是这类人,很多创业者属于此类。

　　职业锚之四:安全稳定。

　　这类人追求职业的稳定和安全,倾向于根据雇主对他们提出的要求行事,不越雷池一步,他们相信,组织会根据他们的情况,来识别他们的需要和能力,做出最佳安排。"我需要稳定的工作,让我承担起养家糊口的责任,同时,从事业余爱好。所以,我选择在政府机构工作。"有类似想法的就是这类人。

职业锚之五:创造创业。

这类人有强烈的创造需求和欲望,希望用自己的能力,去创建属于自己的公司或完全属于自己的产品(或服务),他们通常意志坚定,勇于冒险,喜欢克服面临的障碍。一旦他们感觉时机到了,便会走出去创建自己的事业。"我不能让我的创造力消耗在企业内的日常琐事中,我要一个广阔的用武之地。"有类似想法的就是这类人。很多创业者属于此类。

职业锚之六:服务/奉献某项事业。

这类人一直追求他们认可的核心价值,如帮助他人、改善人们的安全、通过新产品消除疾病等。他们一直寻找这种机会,即使变换公司,他们也会接受允许他们实现这种价值的工作变换或提升。"帮助别人的事业(扶贫、环保)最有意义。"有类似想法的就是这类人。

职业锚之七:挑战自我。

这类人喜欢解决看上去无法解决的问题,战胜强硬的对手,克服无法克服的困难等。对他们而言,参加工作的原因,是工作允许他们去战胜各种不可能。新奇、变化和困难是他们的终极目标。"我因为厌倦而频繁更换工作。"有类似想法的就是这类人。好在职业选项非常多。

职业锚之八:生活质量。

这类人希望将生活的各个主要方面整合为一个整体,喜欢平衡个人、家庭和职业的需要。相对于具体的工作环境、工作内容,这类人更关注自己如何生活,在哪里居住,如何处理家庭事务,以及在组织中的发展道路等。"我不愿为职业发展牺牲生活质量。"有类似想法的就是这类人。这种人是人群中的另类,他们会放下工作几个月甚至一两年,然后去发展自己的爱好。

为了认清自己的职业锚,不妨对号入座。由于每个人的自我认识程度不同,加上外界宣传的影响,对号入座谈何容易。虽不能说"三岁看大,七岁看老",不过,为了找到真正的自己,回忆童年也许可以获得一些线索。

那些找到真爱的职业的人,往往重现了他们在幼儿园时代的生活方式:那些远离孩子群孤独地玩沙子的孩子,成年后大都成了自由职业者;那些设定游戏规则,领着大家玩的孩子,成年大都成了领导者;那些敢于深入险境铤而走险的孩子,成年后很多人都在创业。

三、职业测评法

随着近年来就业形势的变化,职业测评越来越引起人们的关注。有关职业测评的信息纷纷见诸媒体,人才中介机构相继开展了职业测评的服务,各企事业机构也开始将职业测评运用于招聘过程之中。

联想集团是国内较早在招聘中运用职业测评的企业,以前联想集团单纯通过面试招人的准确率是40%,而实施职业测评之后,面试的准确率提高到了60%。

职业测评首先要"认识自己",然后才能更好地规划自己的职业发展道路。但是,你是否真的了解自己呢? 你的性格特点和潜质在哪? 你习惯锐意创新还是务实有序? 理智与情感,你更优先由哪边支配你的行为? 面临求职的岔路口时,哪种职业最符合你的性格? 哪些岗位最能开发你的潜力?

职业测评其实是职业生涯设计的一个预备过程,很多人找工作,盲目进入职场,对未来是没有规划的,是茫然的;而有一部分人却早已经意识到自己要做什么,有自己喜欢的职业,有自己追求的理想。

同时,也知道自己想要找一份怎样的工作,但是,你是否考虑过这些中间过程呢,如何努力,才能更好地发挥自己的优点和长处呢? 如何才能更快攻克一道道职场难关呢?

那么,就需要首先了解自己会做什么、能做什么、擅长什么。

职业测评将更有针对性地对个人的综合能力进行测评,从而了解自己的职场价值,更详细地了解自己所选职业的特点,能把自己的气质和职业匹配起来,可以知道自己与目标职位的差距,有针对性地制订可行性方案。职场人士懂得充分利用职场价值链,就能少走弯路,快速取得成功。

【测试】

职业价值观测评

说明:下面有 52 道题目,每个题目都有 5 个备选答案,请根据自己的实际情况或想法,在题目后面圈出相应字母,每题只能选择一个答案。通过测验,你可以大致了解自己的职业价值观念倾向。

1. 你的工作必须经常解决新的问题。
　　A. 非常重要　　　　B. 比较重要　　　　C. 一般
　　D. 较不重要　　　　E. 很不重要

2. 你的工作能为社会福利带来看得见的效果。
　　A. 非常重要　　　　B. 比较重要　　　　C. 一般
　　D. 较不重要　　　　E. 很不重要

3. 你的工作奖金很高。
　　A. 非常重要　　　　B. 比较重要　　　　C. 一般
　　D. 较不重要　　　　E. 很不重要

4. 你的工作内容经常变换。
　　A. 非常重要　　　　B. 比较重要　　　　C. 一般
　　D. 较不重要　　　　E. 很不重要

5. 你能在你的工作范围内自由发挥。
　　A. 非常重要　　　　B. 比较重要　　　　C. 一般
　　D. 较不重要　　　　E. 很不重要

6. 工作能使你的同学、朋友非常羡慕你。
　　A. 非常重要　　　　B. 比较重要　　　　C. 一般
　　D. 较不重要　　　　E. 很不重要

7. 你的工作带有艺术性。
　　A. 非常重要　　　　B. 比较重要　　　　C. 一般
　　D. 较不重要　　　　E. 很不重要

8. 你的工作能使你感觉到你是团体中的一分子。
　　A. 非常重要　　　　B. 比较重要　　　　C. 一般
　　D. 较不重要　　　　E. 很不重要

9. 不论你怎么干,你总能和大多数人一样晋级、涨工资。

A. 非常重要   B. 比较重要   C. 一般

D. 较不重要   E. 很不重要

10. 你的工作使你有可能经常变换工作地点、场所或方式。

A. 非常重要   B. 比较重要   C. 一般

D. 较不重要   E. 很不重要

11. 在工作中你能接触到各种不同的人。

A. 非常重要   B. 比较重要   C. 一般

D. 较不重要   E. 很不重要

12. 你的上下班时间比较随便、自由。

A. 非常重要   B. 比较重要   C. 一般

D. 较不重要   E. 很不重要

13. 你的工作使你不断获得成功的感觉。

A. 非常重要   B. 比较重要   C. 一般

D. 较不重要   E. 很不重要

14. 你的工作赋予你高于别人的权力。

A. 非常重要   B. 比较重要   C. 一般

D. 较不重要   E. 很不重要

15. 在工作中,你能实行一些自己的新想法。

A. 非常重要   B. 比较重要   C. 一般

D. 较不重要   E. 很不重要

16. 在工作中你不会因为身体或能力等因素,被人瞧不起。

A. 非常重要   B. 比较重要   C. 一般

D. 较不重要   E. 很不重要

17. 你能从工作的成果中知道自己做得不错。

A. 非常重要   B. 比较重要   C. 一般

D. 较不重要   E. 很不重要

18. 你的工作经常要外出,参加各种集会和活动。

A. 非常重要   B. 比较重要   C. 一般

D. 较不重要   E. 很不重要

19. 只要你干上这份工作,就不会再被调到其他意想不到的单位和工种上去。

A. 非常重要   B. 比较重要   C. 一般

D. 较不重要   E. 很不重要

20. 你的工作能使世界更美丽。

A. 非常重要   B. 比较重要   C. 一般

D. 较不重要   E. 很不重要

21. 你在工作中,不会有人常来打扰你。

A. 非常重要   B. 比较重要   C. 一般

D. 较不重要   E. 很不重要

22. 只要努力,你的工资会高于其他同年龄人,晋级或涨工资的可能性比干其他工作高得多。
  A. 非常重要   B. 比较重要   C. 一般
  D. 较不重要   E. 很不重要

23. 你的工作是一项对智力的挑战。
  A. 非常重要   B. 比较重要   C. 一般
  D. 较不重要   E. 很不重要

24. 你的工作要求你把一些事务管理得井井有条。
  A. 非常重要   B. 比较重要   C. 一般
  D. 较不重要   E. 很不重要

25. 你的工作单位有舒适的休息室、更衣室、浴室及其他设备。
  A. 非常重要   B. 比较重要   C. 一般
  D. 较不重要   E. 很不重要

26. 你的工作让你有可能结识到各行各业的知名人物。
  A. 非常重要   B. 比较重要   C. 一般
  D. 较不重要   E. 很不重要

27. 在你的工作中,能和同事建立良好的关系。
  A. 非常重要   B. 比较重要   C. 一般
  D. 较不重要   E. 很不重要

28. 在别人眼中,你的工作是很重要的。
  A. 非常重要   B. 比较重要   C. 一般
  D. 较不重要   E. 很不重要

29. 在工作中你经常接触到新鲜的事物。
  A. 非常重要   B. 比较重要   C. 一般
  D. 较不重要   E. 很不重要

30. 你的工作使你能常常帮助别人。
  A. 非常重要   B. 比较重要   C. 一般
  D. 较不重要   E. 很不重要

31. 你在工作单位中,有可能经常变换工作。
  A. 非常重要   B. 比较重要   C. 一般
  D. 较不重要   E. 很不重要

32. 你的作风使得你被别人尊重。
  A. 非常重要   B. 比较重要   C. 一般
  D. 较不重要   E. 很不重要

33. 同事和领导人品较好,相处比较随便。
  A. 非常重要   B. 比较重要   C. 一般
  D. 较不重要   E. 很不重要

34. 你的工作会使许多人认识你。
  A. 非常重要   B. 比较重要   C. 一般
  D. 较不重要   E. 很不重要

35. 你的工作场所很好,比如有适度的灯光,安静、清洁的工作环境,甚至恒温、恒湿等优越的条件。

    A. 非常重要   B. 比较重要   C. 一般

    D. 较不重要   E. 很不重要

36. 在工作中,你为他人服务,使他人感到很满意,你自己也很高兴。

    A. 非常重要   B. 比较重要   C. 一般

    D. 较不重要   E. 很不重要

37. 你的工作需要计划和组织别人的工作。

    A. 非常重要   B. 比较重要   C. 一般

    D. 较不重要   E. 很不重要

38. 你的工作需要敏锐的思考。

    A. 非常重要   B. 比较重要   C. 一般

    D. 较不重要   E. 很不重要

39. 你的工作可以使你获得较多的额外收入,比如:常发实物、常发商品的提货券、常常能够购买有折扣的商品、有机会购买进口货等。

    A. 非常重要   B. 比较重要   C. 一般

    D. 较不重要   E. 很不重要

40. 在工作中你是不受别人差遣的。

    A. 非常重要   B. 比较重要   C. 一般

    D. 较不重要   E. 很不重要

41. 你的工作结果应该是一种艺术而不是一般的产品。

    A. 非常重要   B. 比较重要   C. 一般

    D. 较不重要   E. 很不重要

42. 工作中不必担心会因所做的事情领导不满意而受到训斥或经济惩罚。

    A. 非常重要   B. 比较重要   C. 一般

    D. 较不重要   E. 很不重要

43. 在你的工作中能和领导有融洽的关系。

    A. 非常重要   B. 比较重要   C. 一般

    D. 较不重要   E. 很不重要

44. 你可以看见你努力工作后的成果。

    A. 非常重要   B. 比较重要   C. 一般

    D. 较不重要   E. 很不重要

45. 在工作中常常要你提出许多新的想法。

    A. 非常重要   B. 比较重要   C. 一般

    D. 较不重要   E. 很不重要

46. 由于你的工作,经常有许多人来感谢你。

    A. 非常重要   B. 比较重要   C. 一般

    D. 较不重要   E. 很不重要

47. 你的工作成果常常能得到上级、同事或社会的肯定。

    A. 非常重要   B. 比较重要   C. 一般

D. 较不重要　　　　E. 很不重要

48. 在工作中,你可能是一个负责人,虽然可能只领导很少的几个人,但你信奉"宁做兵头,不做将尾"的俗语。

　　A. 非常重要　　　　B. 比较重要　　　　C. 一般

　　D. 较不重要　　　　E. 很不重要

49. 你从事的那种工作,经常在报刊、电视中被提到,因而在人们的心目中很有地位。

　　A. 非常重要　　　　B. 比较重要　　　　C. 一般

　　D. 较不重要　　　　E. 很不重要

50. 你的工作有数量可观的夜班费、加班费、保健费或营养费等。

　　A. 非常重要　　　　B. 比较重要　　　　C. 一般

　　D. 较不重要　　　　E. 很不重要

51. 你的工作比较轻松,精神上也不紧张。

　　A. 非常重要　　　　B. 比较重要　　　　C. 一般

　　D. 较不重要　　　　E. 很不重要

52. 你的工作需要和影视、戏剧、音乐、美术、文学等艺术打交道。

　　A. 非常重要　　　　B. 比较重要　　　　C. 一般

　　D. 较不重要　　　　E. 很不重要

评分与评价:

上面的 52 道题,分别代表 12 项工作价值观。每圈一个 A 得 5 分,每圈一个 B 得 4 分,每圈一个 C 得 3 分,每圈一个 D 得 2 分,每圈一个 E 得 1 分。

请你根据表 2-6 中每项前面的题号,计算每项的得分总数,把它填在每项的得分栏上,并在表格空白处依次列出得分最高和最低的 3 项。

表 2-6　职业价值观评价

价值观	题号	得分	说明
利他主义	2,30,36,46		工作的目的和价值,在于直接为大众的幸福和利益尽一份力。
美感	7,20,41,52		工作的目的和价值,在于能不断地追求美的东西,得到美感的享受。
智力刺激	1,23,38,45		工作的目的和价值,在于不断进行智力的操作,动脑思考、学习以及探索新事物,解决新问题。
成就感	13,17,44,47		工作的目的和价值,在于不断创新,不断取得成就,不断得到领导与同事的赞扬,或不断实现自己想要做的事。
独立性	5,15,21,40		工作的目的和价值,在于能充分发挥自己的独立性和主动性,按自己的方式、步调或想法去做事情,不受他人的干扰。

表 2 - 6(续)

价值观	题号	得分	说明
社会地位	6,28,32,49		工作的目的和价值,在于所从事的工作在人们的心目中有较高的社会地位,从而使自己得到别人的重视与尊敬。
管理	14,24,37,48		工作的目的和价值,在于获得对他人或某事物的管理支配权,能指挥和调遣一定范围内的人或事物。
经济报酬	3,22,39,50		工作的目的和价值,在于获得优厚的报酬,使自己有足够的财力去获得自己想要的东西,使生活过得较为富足。
社会交际	11,18,26,34		工作的目的和价值,在于能和各种人交往,建立比较广泛的社会联系和关系,甚至能和知名人物结识。
安全感	9,16,19,42		不管自己能力怎样,都希望在工作中有一个安稳局面,不会因为奖金、工资、调动工作、领导训斥等经常提心吊胆、心烦意乱。
舒适	12,25,35,51		希望能将工作作为一种消遣、休息或享受的形式,追求比较舒适、轻松、自由、优越的工作条件和环境。
人际关系	8,27,33,43		希望一起工作的大多数同事和领导人品较好,相处在一起感到愉快、自然,认为这就是很有价值的事,是一种极大的满足。
变异性	4,10,29,31		希望工作的内容经常变换,使工作和生活丰富多彩,不单调枯燥。
得分最高和最低的 3 项:			

得分最高的 3 项代表你最看重的 3 个职业价值观。

【测试】

霍兰德职业倾向测验量表

本测验量表将帮助你发现和确定自己的职业兴趣和能力特长,从而更好地做出求职择业的决策。如果你已经考虑好或选择好了自己的职业,本测验将使你的这种考虑或选择具有理论基础,或向你展示其他合适的职业;如果你至今尚未确定职业方向,本测验将帮助你根据自己的情况选择一个恰当的职业目标。

本测验共有七个部分,虽然每部分测验都没有时间限制,但请尽快按要求完成。

第一部分　你心目中的理想职业(专业)

对于未来的职业(或升学进修的专业),你得早有考虑。它可能很抽象、很朦胧,也可能很具体、很清晰。不论是哪种情况,现在都请你把自己最想干的 3 种工作或最想读的 3 个专业,按顺序写下来。

第二部分　你所感兴趣的活动

表 2－7 列举了若干种活动,请就这些活动判断你的好恶。请将喜欢的在"是"栏里打√;反之,在"否"栏里打√。选择"是"计 1 分,选择"否"不计分。请按顺序回答全部问题。

表 2－7　你所感兴趣的活动

	测试项目	是	否
实际型活动（R）	1. 修理电器或玩具		
	2. 修理自行车		
	3. 用木头做东西		
	4. 开汽车或摩托车		

	测试项目	是	否
实际型活动（R）	5. 用机器做东西		
	6. 参加木工技术学习班		
	7. 参加制图描图学习班		
	8. 驾驶卡车或拖拉机		
	9. 参加机械和电器学习班		
	10. 装配修理机器		
	统计"是"一栏得分:		

	测试项目	是	否
艺术型活动（A）	1. 素描/制图/绘画		
	2. 参演话剧/戏剧		
	3. 设计家具或布置室内		
	4. 练习乐器或参加乐队		
	5. 欣赏音乐/戏剧		
	6. 看小说/剧本		
	7. 从事摄影创作		
	8. 写诗/吟诗		
	9. 参加艺术(美术/音乐)培训		
	10. 练习书法		
	统计"是"一栏得分:		

表 2 - 7(续 1)

调研型活动(I)	测试项目	是	否
	1. 读科技图书和杂志		
	2. 在实验室工作		
	3. 改良水果品种,培育新的水果		
	4. 调查了解土和金属等物质的成分		
	5. 研究自己选择的特殊问题		
	6. 解算术或玩数学游戏		
	7. 物理课		
	8. 化学课		
	9. 几何课		
	10. 生物课		
	统计"是"一栏得分:		

社会型活动(S)	测试项目	是	否
	1. 学校或单位组织的正式活动		
	2. 参加某个社会团体或俱乐部活动		
	3. 帮助别人解决困难		
	4. 照顾儿童		
	5. 出席晚会、联欢会、茶话会		
	6. 和大家一起出去郊游		
	7. 想获得关于心理方面的知识		
	8. 参加讲座会或辩论会		
	9. 观看或参加体育比赛和运动会		
	10. 结交新朋友		
	统计"是"一栏得分:		

事业型活动(E)	测试项目	是	否
	1. 说服鼓动他人		
	2. 卖东西		
	3. 谈论政治		
	4. 制订计划、参加会议		
	5. 以自己的意志影响别人的行为		
	6. 在社会团体中担任职务		
	7. 检查与评价别人的工作		
	8. 结交名流		
	9. 指导某种目标的团体		
	10. 参与政治活动		
	统计"是"一栏得分:		

表 2 − 7（续 2）

测试项目	是	否
1. 整理好桌面和房间		
2. 抄写文件和信件		
3. 为领导写报告或公务信函		
4. 检查个人收支情况		
5. 参加打字培训班		
6. 参加珠算、文秘等实务培训		
7. 参加商业会计培训班		
8. 参加情报处理培训班		
9. 整理信件、报告、记录等		
10. 写商业贸易信		
统计"是"一栏得分：		

常规型
活动（C）

第三部分　你所擅长的活动

表 2 − 8 列举了若干种活动,将你能做或大概能做的事在"是"栏里打√;反之,在"否"栏里打√。请回答全部问题。

表 2 − 8　你所擅长的活动

测试项目	是	否
1. 能使用电锯和锉刀等木工工具		
2. 知道万用表的使用方法		
3. 能够修理自行车或其他机械		
4. 能够使用电钻床、磨床或缝纫机		
5. 能给家具和木制品刷漆		
6. 能看建筑设计图		
7. 能够修理简单的电器用品		
8. 能修理家具		
9. 能修理收录机		
10. 能简单地修理水管		
统计"是"一栏得分：		

实际型能力（R）

表 2 - 8（续1）

	测试项目	是	否
艺术型能力（A）	1. 能演奏乐器		
	2. 能参加二部或四部合唱		
	3. 独唱或独奏		
	4. 扮演剧中角色		
	5. 能创作简单的乐曲		
	6. 会跳舞		
	7. 能绘画、素描或书法		
	8. 能雕刻、剪纸或泥塑		
	9. 能设计板报、服装或家具		
	10. 写得一手好文章		
	统计"是"一栏得分：		

	测试项目	是	否
调研型能力（I）	1. 懂得真空管或晶体管的作用		
	2. 能够列举三种蛋白质多的食品		
	3. 理解铀的裂变		
	4. 会使用计算尺、计算器、对数表		
	5. 会使用显微镜		
	6. 能找到三个星座		
	7. 能独立进行调查研究		
	8. 能解释简单的化学		
	9. 能理解人造卫星为什么不落地		
	10. 经常参加学术会议		
	统计"是"一栏得分：		

	测试项目	是	否
社会型能力（S）	1. 有向各种人说明解释的能力		
	2. 常参加社会福利活动		
	3. 能和大家一起友好相处地工作		
	4. 善于与年长者相处		
	5. 会邀请人、招待人		
	6. 能简单易懂地教育儿童		
	7. 能安排会议等活动顺序		
	8. 善于体察人心和帮助他人		
	9. 帮助护理病人和伤员		
	10. 安排社团组织的各种事务		
	统计"是"一栏得分：		

表 2 - 8（续2）

	测试项目	是	否
事业型能力（E）	1. 担任过学生干部并且干得不错		
	2. 工作上能指导和监督他人		
	3. 做事充满活力和热情		
	4. 能够调动他人		
	5. 销售能力强		
	6. 曾作为俱乐部或社团的负责人		
	7. 向领导提出建议或反映意见		
	8. 有开创事业的能力		
	9. 知道怎样做能成为一个优秀的领导者		
	10. 健谈善辩		
	统计"是"一栏得分：		

	测试项目	是	否
常规型能力（C）	1. 会熟练打字		
	2. 会用外文打字机或复印机		
	3. 能快速记笔记或抄写文章		
	4. 善于整理保管文件和资料		
	5. 善于从事事务性的工作		
	6. 会用算盘		
	7. 能在短时间内分类和处理大量文件		
	8. 能使用计算机		
	9. 能搜集数据		
	10. 善于为自己或集体做财务预算表		
	统计"是"一栏得分：		

第四部分　你所喜欢的职业

表 2 - 9列举了多种职业，请逐一认真地看，如果是你有兴趣的工作，请在"是"栏里打√；如果是你不太喜欢、不关心的工作，请在"否"栏里打√。请回答全部问题。

表 2－9　你所喜欢的职业

	测试项目	是	否
实际型职业（R）	1. 飞机机械师		
	2. 野生动物专家		
	3. 汽车维修工		
	4. 木匠		
	5. 测量工程师		
	6. 无线电报务员		
	7. 园艺师		
	8. 长途公共汽车司机		
	9. 机床安装工或钳工		
	10. 电工		
	统计"是"一栏得分：		

	测试项目	是	否
社会型职业（S）	1. 街道、工会或妇联干部		
	2. 小学、中学教师		
	3. 精神病医生		
	4. 婚姻介绍所工作人员		
	5. 体育教练		
	6. 福利机构负责人		
	7. 心理咨询员		
	8. 共青团干部		
	9. 导游		
	10. 国家机关工作人员		
	统计"是"一栏得分：		

	测试项目	是	否
调研型职业（I）	1. 气象学或天文学学者		
	2. 生物学学者		
	3. 医学实验室的技术人员		
	4. 人类学学者		
	5. 动物学学者		
	6. 化学学者		
	7. 数学学者		
	8. 科学杂志的编辑或作家		
	9. 地质学学者		
	10. 物理学学者		
	统计"是"一栏得分：		

表 2 - 9（续）

事业型职业（E）	测试项目	是	否
	1. 厂长		
	2. 影视制片人		
	3. 公司经理		
	4. 销售员		
	5. 不动产推销员		
	6. 广告部长		
	7. 体育活动主办者		
	8. 销售部长		
	9. 个体工商业者		
	10. 企业管理咨询人员		
	统计"是"一栏得分：		

艺术型职业（A）	测试项目	是	否
	1. 乐队指挥		
	2. 演奏家		
	3. 作家		
	4. 摄影家		
	5. 记者		
	6. 画家、书法家		
	7. 歌唱家		
	8. 作曲家		
	9. 影视演员		
	10. 诗人		
	统计"是"一栏得分：		

常规型职业（C）	测试项目	是	否
	1. 会计师		
	2. 银行出纳员		
	3. 税收管理员		
	4. 计算机操作员		
	5. 簿记人员		
	6. 成本核算员		
	7. 文书档案管理员		
	8. 打字员		
	9. 法庭书记员		
	10. 人口普查登记员		
	统计"是"一栏得分：		

第五部分 你的能力类型简评

表 2-10、表 2-11 是你在 6 个职业能力方面的自我评定表。可以先与同龄者比较出自己在每一方面的能力,然后经斟酌后对自己的能力做出评估。请在表中适当的数字上画圈。数字越大,表示你的能力越强。

注意:请勿全部画同样的数字,因为人的每项能力不可能完全一样。

表 2-10 职业能力自我评定表 A

R 型	I 型	A 型	S 型	E 型	C 型
机械操作能力	科学研究能力	艺术创作能力	解释表达能力	商业洽谈能力	事务执行能力
7	7	7	7	7	7
6	6	6	6	6	6
5	5	5	5	5	5
4	4	4	4	4	4
3	3	3	3	3	3
2	2	2	2	2	2
1	1	1	1	1	1

表 2-11 职业能力自我评定表 B

R 型	I 型	A 型	S 型	E 型	C 型
体育技能	数学技能	音乐技能	交际技能	领导技能	办公技能
7	7	7	7	7	7
6	6	6	6	6	6
5	5	5	5	5	5
4	4	4	4	4	4
3	3	3	3	3	3
2	2	2	2	2	2
1	1	1	1	1	1

第六部分 统计和确定你的职业倾向

请将第二部分至第五部分的全部测验分数按前面已统计好的 6 种职业倾向(R 型、I 型、A 型、S 型、E 型和 C 型)得分填入表 2-12,并做纵向累加。

表 2 - 12　统计和确定你的职业倾向

测试	R 型	I 型	A 型	S 型	E 型	C 型
第二部分						
第三部分						
第四部分						
第五部分 A						
第五部分 B						
总分						

请将上表中的 6 种职业倾向总分按大小顺序依次从左到右排列：
_____型、_____型、_____型、_____型、_____型、_____型

对照表 2 - 13，判断一下适合自己的职业类型。做这个测试需要一些耐心。

表 2 - 13　职业索引——职业兴趣代号与其相应的职业对照表

职业倾向	职业类型
R(实际型)	木匠、农民、工程师、飞机机械师、野生动物专家、自动化技师、机械工(车工、钳工等)、电工、无线电报务员、火车司机、长途公共汽车司机、机械制图员、修理机器、电器师。
I(调研型)	气象学者、生物学者、天文学家、药剂师、动物学者、化学家、科学报刊编辑、地质学者、植物学者、物理学者、数学家、实验员、科研人员、科技工作者。
A(艺术型)	室内装饰专家、图书管理员、摄影师、音乐教师、作家、演员、记者、诗人、作曲家、编剧、雕刻家、漫画家。
S(社会型)	社会学者、导游、福利机构工作者、咨询人员、社会工作者、社会科学教师、学校领导、精神病工作者、护士。
E(事业型)	推销员、进货员、商品批发员、旅店经理、饭店经理、广告宣传员、调度员、律师、政治家、零售商。
C(常规型)	记账员、会计、银行出纳、法庭速记员、成本估算员、税务员、核算员、打字员、办公室职员、统计员、计算机操作员、秘书。

下面介绍与你 3 个职业兴趣代号类型一致的职业表(表 2 - 14)，对照的方法如下：

首先根据你的职业兴趣代号，在下表中找出相应的职业，例如你的职业兴趣代号是 RIA，那么牙科技术人员、陶工等职业是适合你兴趣的职业。然后寻找与你职业兴趣代号相近的职业，如你的职业兴趣代号是 RIA，那么，由这 3 个字母组合成的其他编号(IRA、IAR、ARI 等)对应的职业，也较适合你的兴趣。

表 2-14　职业兴趣代号与相应职业对照

职业兴趣代号	职业
RIA	牙科技术员、陶工、建筑设计师、模型工、细木工、制作链条人员。
RIS	厨师、跳水员、潜水员、染色员、电器修理、眼镜制作、电工、纺织机器装配工、服务员、安装玻璃工人、发电厂工人、焊接工。
RIE	建筑和桥梁工程、环境工程、航空工程、公路工程、电力工程、信号工程、电话工程、一般机械工程、自动工程、矿业工程、海洋工程、交通工程技术人员、制图员、家政人员、计量员、农民、农场工人、农业机械操作、清洁工、无线电修理人员、汽车修理人员、手表修理人员、管工、线路装配工、工具仓库管理员。
RIC	船上工作人员、接待员、杂志保管员、牙医助手、制帽工、磨坊工、石匠、机器制造、机车(火车头)制造、农业机器装配、汽车装配工、缝纫机装配工、钟表装配和检验、电动器具装配、鞋匠、锁匠、货物检验员、电梯机修工、幼儿园园长、钢琴调音员、装配工、印刷工、卡车司机。
RAI	手工雕刻人员、玻璃雕刻人员、制作模型人员、家具木工、制作皮革品人员、手工绣花人员、手工钩针纺织人员、排字工作人员、印刷工作人员、图画雕刻人员、装订工。
RSE	消防员、交通巡警、警察、门卫、理发师、房间清洁工、屠夫、开凿工人、管道安装工、出租汽车驾驶员、货物搬运工、送报员、勘探员、娱乐场所的服务员、起卸机操作工、灭害虫者、电梯操作工、厨房助手。
RSI	纺织工、编织工、农业学校教师、某些职业课程教师(诸如艺术、商业、技术、工艺课程)、雨衣上胶工。
REC	抄水表员、保姆、实验室动物饲养员、动物管理员。
REI	轮船船长、航海领航员、大副、试管实验员。
RES	旅馆服务员、家畜饲养员、渔民、渔网修补工、水手长、收割机操作工、搬运行李工、公园服务员、救生员、登山导游、火车工程技术员、建筑工作、铺轨工人。
RCI	测量员、勘测员、仪表操作者、农业工程技术、化学工程技师、民用工程技师、石油工程技师、资料室管理员、探矿工、烧窑工、矿工、保养工、磨床工、取样工、样品检验员、纺纱工、炮手、漂洗工、电焊工、锯木工、刨床工、制帽工、手工缝纫工、油漆工、染色工、按摩工、木匠、农民建筑工作、电影放映员、勘测员助手。
RCS	公共汽车驾驶员、一等水手、游泳池服务员、裁缝、建筑工作、石匠、烟囱修建工、混凝土工、电话修理工、爆炸手、邮递员、矿工、裱糊工人、纺纱工。
RCE	打井工、吊车驾驶员、农场工人、邮件分类员、铲车司机、拖拉机司机。
IAS	普通经济学家、农场经济学家、财政经济学家、国际贸易经济学家、实验心理学家、工程心理学家、哲学家、内科医生、数学家。
IAR	人类学家、化学家、物理学家、医学病理研究者、动物标本剥制者、化石修复者、艺术品管理者。
ISE	营养学家、饮食顾问、火灾检查员、邮政服务检查员。

表 2 – 14　（续 1）

职业兴趣代号	职业
ISC	侦察员、播音室修理员、验尸室人员、编目录者、医学检验师、调查研究者。
ISR	水生生物学者、昆虫学者、微生物学家、配镜师、矫正视力者、细菌学家、牙科医生、骨科医生。
ISA	实验心理学家、普通心理学家、发展心理学家、教育心理学家、社会心理学家、临床心理学家、目标学家、皮肤病学家、精神病学家、妇产科医师、眼科医生、五官科医生、医学实验室技术专家、民航医务人员、护士。
IES	细菌学家、生理学家、化学专家、地质专家、地理学专家、物理学专家、纺织技术专家、医院药剂师、工业药剂师、药房营业员。
IEC	档案保管员、保险统计员。
ICR	质量检验技术员、地质学技师、工程师、法官、图书馆技术辅导员、计算机操作员、医院听诊员、家禽检查员。
IRA	地理学家、地质学家、声学物理学家、矿物学家、古生物学家、石油学家、地震学家、声学物理学家、原子和分子物理学家、电学和磁学物理学家、气象学家、设计审核员、人口统计学家、数学统计学家、外科医生、城市规划家、气象员。
IRS	流体物理学家、物理海洋学家、等离子体物理学家、农业科学家、动物学家、食品科学家、园艺学家、植物学家、细菌学家、解剖学家、动物病理学家、作物病理学家、药物学家、生物化学家、生物物理学家、细胞生物学家、临床化学家、遗传学家、分子生物学家、质量控制工程师、地理学家、兽医、放射性治疗技师。
IRE	化验员、化学工程师、纺织工程师、食品技师、渔业技术专家、材料和测试工程师、电气工程师、土木工程师、航空工程师、行政官员、冶金专家、原子核工程师、陶瓷工程师、地质工程师、电力工程师、口腔科医生、牙科医生。
IRC	飞机领航员、飞行员、物理实验室技师、文献检查员、农业技术专家、动植物技术专家、生物技师、油管检查员、工商业规划者、矿藏安全检查员、纺织品检验员、照相机修理员、工程技术员、计算机编程者、工具设计者、仪器维修工。
CRI	簿记员、会计、计时员、铸造机操作工、打字员、按键操作工、复印机操作工。
CRS	仓库保管员、档案管理员、缝纫工、收款人。
CRE	标价员、实验室工作者、广告管理员、自动打字机操作员、电动机装配工、缝纫机操作工。
CIS	记账员、商场服务员、报刊发行员、土地测量员、保险公司职员、会计师、估价员、邮政检查员、外贸检查员。
CIE	打字员、统计员、支票记录员、订货员、校对员、办公室工作人员。
CIR	校对员、检修计划员、发报员。
CSE	接待员、通信员、电话接线员、售票员、旅馆服务员、私人职员、商学教师、旅游办事员。

表 2-14 （续2）

职业兴趣代号	职业
CSR	运货代理商、铁路职员、交通检查员、办公室通信员、簿记员、出纳员、银行职员。
CSA	秘书、图书管理员、办公室办事员。
CER	邮递员、数据处理员、办公室办事员。
CEI	推销员、经济分析家。
CES	银行会计、记账员、法人秘书、速记员、法院报告人。
ECI	银行行长、审计员、信用管理员、地产管理员、商业管理员。
ECS	信用办事员、保险人员、各类进货员、海关服务经理、售货员、购买员、会计。
ERI	建筑物管理员、工业工程师、农场管理员、护士长、农业经营管理人员。
ERS	仓库管理员、房屋管理员、货栈监督管理员。
ERC	邮政局局长、渔船船长、机械操作领班、木工领班、瓦工领班、驾驶员领班。
EIR	科学、技术和相关出版物的管理员。
EIC	专利代理人、鉴定人、运输服务检查员、安全检查员、废品收购人员。
EIS	警官、侦察员、交通检验员、安全咨询员、合同管理者、商人。
EAS	法官、律师、公证人。
EAR	展览室管理员、舞台管理员、播音员、驯兽员。
ESC	理发师、裁判员、政府行政管理员、财政管理员、IT 程序管理员、职业病防治人员、售货员、商业经理、办公室主任、人事负责人、调度员。
ESR	家具售货员、书店售货员、公共汽车的驾驶员、日用品售货员、护士长、自然科学和工程的行政领导。
ESI	博物馆管理员、图书馆管理员、古迹管理员、饮食业经理、地区安全服务管理员、技术服务咨询者、超级市场管理员、零售商品店店员、批发商、出租汽车服务站调度。
ESA	博物馆馆长、报刊管理员、音乐器材售货员、广告营业员、导游、轮船或班机上的事务长、飞机上的服务员、船长、法官、律师。
ASE	戏剧导演、舞蹈教师、广告撰稿人、报刊、专栏作者、记者、演员、英语翻译。
ASI	音乐教师、乐器教师、美术教师、管弦乐指挥、合唱队指挥、歌星、演奏家、哲学家、作家、广告经理、时装模特。
AER	摄影师、艺术指导、录音指导、丑角演员、魔术师、木偶戏演员、骑士、跳水员。
AEI	音乐指挥、舞台指导、电影导演。
AES	流行歌手、舞蹈演员、电影导演、广播节目主持人、舞蹈教师、口技表演者、喜剧演员、模特。
AIS	画家、剧作家、编辑、评论家、时装艺术大师、新闻摄影师、男演员、文学作者。
AIE	花匠、皮衣设计师、工业产品设计师、剪影艺术家、复制雕刻品大师。

表 2 - 14 　（续3）

职业兴趣代号	职业
AIR	建筑师、画家、摄影师、绘图员、环境美化工、雕刻家、包装设计师、陶器设计师、绣花工、漫画家。
SEC	社会活动家、退伍军人服务官员、工商会事务代表、教育咨询者、宿舍管理员、旅馆经理、饮食服务管理员。
SER	体育教练、游泳指导。
SEI	大学校长、学院院长、医院行政管理员、历史学家、经济学家、职业学校教师、资料员。
SEA	娱乐活动管理员、国外服务办事员、社会服务助理、一般咨询者、宗教教育工作者。
SCE	部长助理、福利机构职员、生产协调人员、环境卫生管理人员、戏院经理、餐馆经理、售票员。
SRI	外科医师助手、医院服务员。
SRE	体育教师、职业病治疗者、体育教练、专业运动员、房管员、儿童家庭教师、警察、引座员、传达员、保姆。
SRC	护理员、护理助理、医院勤杂工、理发师、学校儿童服务人员。
SIA	社会学家、心理咨询者、学校心理学家、大学或学院的系主任、大学或学院的教育学教师、大学农业教师、大学工程和建筑课程的教师、大学法律教师、大学数学、医学、物理、社会科学和生命科学的教师、研究生助教、成人教育教师。
SIE	营养学家、饮食学家、海关检查员、安全检查员、税务稽查员、校长。
SIC	描图员、兽医助手、诊所助理、体检检查员、监督缓刑犯的工作者、娱乐指导者、咨询人员、社会科学教师。
SIR	理疗员、救护队工作人员、手足病医生、职业病治疗助手。

四、职业选择五问

选择职业的判断标准是什么？做职业选择需要结构性地思考与分析,它并不是一个简单问句。在做职业选择前可以先问自己五个问题:

（一）一问:你的工作是否让你由衷地快乐?

固然大多数人都很难自由选择自己最喜爱的工作,但这一条仍应被列为职业选择判断标准之首。如果你从事着一份自以为很重要的工作,却不能从中发现油然而生的乐趣和喜悦。那这里面就存在不对头、不调和的要素了。这时候就必须回归初心,将妨碍乐趣与喜悦的多余部件和不自然的要素一个个抛弃掉。

通常我们都会有这样的体验,做自己由衷快乐的事,哪怕辛苦、烦琐也不觉累乏。它让我们有自觉自愿投入"劳作"的原动力,这种状态也往往能有助于我们做好一项工作。

（二）二问:你的工作是否契合你的天性?

每个人都有自己与生俱来的天性。每一项特质无谓好坏,都蕴含着它自己的势能,在不同的点呈现出不同的效果。很可能是,此处正向,彼处反向。所以顺势而为,做适合自己天性的工作,往往事半功倍,更容易取得理想的成绩。

"做适合自己天性的工作"的前提又是什么? 首先真正了解自己的工作。任何工作都有两面性,在选择职业时,你是否同时看到了两面性?

了解工作的实质、全貌之后,再来看自己的天性,是否适合从事这项工作。正确的选择建立在清晰的自我认知上。人只有明白了自己的长短圆缺,才会明白什么工作不适合自己,什么工作适合自己。

(三)三问:工作对象是否和你有相同的价值观?

一般人们都会慎重选择结婚对象,但是对于工作对象的选择,好像重视程度不够。其实工作对象的选择是非常重要的,一个人与工作对象相处的时间绝对不比结婚对象少多少。对于这样一个需要长久相处的伙伴,如果不是志同道合的人,可能也很难走得长远。

与有相同价值观的人一起工作,更容易达成默契和共识,会使工作变得愉快和轻松,减少很多沟通障碍。这样一来,工作效率与工作质量就会大大提高。如果找到了志同道合的伙伴,即使事情发生了改变,一起工作的人也不会变化。

(四)四问:你选择的职业是否足以让你谋生?

我们都想做一个经济独立的人,那么选择一个职业,自然还要能满足自己的生存与发展需求。因此,除满足以上几点之外,一个职业能否养活自己,是不得不考虑的现实问题。

问自己是否能靠一个职业谋生,其实也是在问具备做这行的核心竞争力吗?

(五)五问:你选择的职业是否可以带来附加价值,而不仅是薪酬待遇?

当然,薪酬待遇是保障我们生活水平的物质条件,但这只是针对目前的状况,对于今后的生活,比较高的薪酬就可以带来保障吗? 答案当然是否定的。毕竟相对高出的薪酬数额终是有限的,无法为今后生活提供保障。

所以,可以给今后生活带来保障的是能力,而不是金钱。要想得到真正的保障,不能靠存钱,是要靠增加能力的储备。如果能力储备提高了,即使由于各种变故要离开所在的岗位或公司,也能马上找到新的工作,继续在一个新的环境里保障自己的生活。

比如有一个月薪 5 000 元的工作和一个月薪 8 000 元的工作,乍一看,很多人都会毫不犹豫地选择后者,但是如果月薪 5 000 元的工作有较高的附加价值,可以提高自己的能力,那么这两个工作的实际价值就发生了重大变化。

所以,一定要关注工作能够带给你的成长空间,也就是要看到"真正意义上的价值"。

💡 思考与练习

1. 人类的气质类型包括哪些?

2. 个性对职业选择有哪些影响?

3. 你了解自己多少?

从下列词语中选出 5 个最能精确描述自己的词,要包括你的主要优点和(主要)缺点(至少一个),看一看你自我认识的准确程度:

积极、平静、脾气平和、自信、可改变的、不善社交、乐观、温和、不好战、爱攻击他人、不负责任、自控力强、易激动、有活力、性格外向、悲观、焦虑、谨慎、易接近、易冲动、喜怒无常、被动、敏感、沉默寡言、紧张、爱说话、可靠、镇静、好交际、烦躁不安、可信、易因小事生气、易受影响、理智、考虑周到、严肃、有紧迫感、有耐心……

实训项目

职业生涯规划团体辅导。

第三章

后疫情时代就业择业

希望是本无所谓有，无所谓无的。这正如地上的路，其实地上本没有路，走的人多了，也便成了路。

——鲁迅

【学习目标】

1. 掌握职业发展新趋势，寻找就业新机会。
2. 改变认知，更新观念，提升就业能力。
3. 学习工匠精神，牢记工匠养成步骤。

【技能要求】

1. 主动查找资料，调查了解未来职业发展趋势。
2. 熟练就业能力提升方法。

引导案例

在最好的年华里，不要辜负最美的自己

"人生总是很累，你现在不累，以后会更累；别在最该奋斗的日子选择了安逸，你不勇敢没人会替你坚强；奋斗吧青年，未来的你一定会感谢现在拼命的自己；路途遥远，勿忘初心，静心知路，方得始终；创业人生，贵在坚持！"

启翰大学生创业团队及广州启翰教育咨询服务有限公司负责人蔡木城，在他的《创业吧青年》一书中这样写道。

蔡木城，男，汕头市澄海区人，中国共产党党员。2012 年毕业于广州华商职业学院计算机专业，后通过自修，于武汉理工大学工商企业管理本科毕业。先后担任东莞市宏盛源环保科技有限公司、广州三创投资管理有限公司等法定代表人，东莞市宏盛源环保科技有限公司、广州启翰教育咨询服务有限公司、广州启励互联网科技有限公司等股东，东莞市宏盛源环保科技有限公司、广州启励互联网科技有限公司、广州三创投资管理有限公司的高管。

蔡木城怀揣创业的梦想，满怀创业的激情，憧憬梦想的蓝图，凭着不安于现状的闯劲、永不服输的韧劲、雷厉风行的干劲，像自强不息的海燕，勇敢地在风雨中搏击。从 2012 年白

手起家,到现在其名下企业年营收超千万元。

他先后受到中国青年网、广东电视台新闻频道、增城电视台、增城日报、搜狐媒体等当地及相关知名媒体报道及采访。

2009年,大一的时候,蔡木城成立了大学生创业团队——KING团队,前期业务是以大学生市场为主,服务校外各大企业商家,他先后做了中国移动、中国电信、驾校、班服、数码产品、旅游DIY、考证服务、回收活动等业务。不久,他的团队从最初的2个核心人物,很快扩展到76人的高峰团队。他本人也从校外的企业那里学习到了一些在校内学不到的知识和体会不到的经验,他和他的团队慢慢成熟壮大起来。

2010年3月,他带领着团队进入其他高校市场,认识了更多志同道合的创业人,结交了许多朋友。他与各大高校团队建立联盟,一起加入拓梦青年创业联盟。平台变大了,梦想也变得更大了。

2010年9月,他的团队受到广东创意产业协会邀请,先后与暨南大学、中山大学等名校的同学一起,学习和讨论大学生自主创业的发展及商业模式主题,借着这个平台和人脉继续拓展。

2011年4月,他和其他几个高校团队的负责人一起,成立注册广州人来职网科技信息有限公司,并参加了当年的全国大学生创业比赛,到2011年底,他先后走访了65所高校,拓展业务,为后来自主创业打下了一定的实力基础。

大三实习期间,他凭自己的努力拿到了SYB创业证和高校大学生自主创业证。

在暑假时间,他把前期阅历和感触进行总结,并出版了书籍,为自己充实的大学生活画上了一个圆满的句号。

大学期间从业教育培训,让他对这个行业又有了深刻的理解和分析。在老师的指导下,他选择了教育培训行业,开始了他的人生创业之旅。

2012年12月,他成为广州启翰教育咨询服务有限公司(简称启翰教育)的创始人。

启翰教育成立初期,蔡木城和另一名负责人陈卫聪带领团队,跑遍本地高校,并逐渐扩展广州地区、珠三角各大高校,以摆地摊、派传单、开设讲座等形式,宣传各种技能证、资格证对大学生就业择业的重要性,帮助大学生做职业规划。

启翰教育团队在广州城建职业学院、广东创新科技职业学院、广东东软学院等院校的举办讲座时向大学生介绍到,"这是一个竞争激烈的时代,'证书'已成为个人才能的某种象征,你拥有几个证书,用人单位或许不一定会对你另眼相看。但是,你拥有一两个有含金量的证书,一旦有更好的机会,将是谋求发展的资本。"

通过团队的努力,在各高校的宣传取得了很好的效果,高校不少临近毕业的大学生在启翰教育报名考证。在初创三年里,参加培训的大学生多达13 000多人次,他们分别考取了教师资格证、企业人力资源师证、会计从业证、银行从业证、证券从业证等相关证书,这些大学生毕业后,相当一部分人顺利进入相关单位、企业就业。

2013年,启翰教育和多所高校及相关单位签订合作培训协议,覆盖广东省内近百所高校市场,设立多处办公教学点。先后被广州华商职业学院确定为重点扶持大学生创业试点单位。被广州市共青团评为"青年就业创业见习基地",被中国大学生就业促进会评为"大学生就业创业实践平台"及"大学生就业促进工程教学基地"。

2014年,启翰教育被中国报关协会指定为"报关水平测试考培中心",成为"增城潮商会会员单位""广东黄埔报关协会会员单位"。

2015 年,发展成为年营业额超过 500 万元,拥有 20 多名职员及 200 多名大学生驻校工作人员的连锁教育培训机构。

2016 年,蔡木城联合增城部分知名企业家及部分高校的创业学院负责人,成立了增城区创新创业协会,希望通过资源共享,用抱团的力量一起打造属于增城青年人的创业氛围及平台。

广州市增城区创新创业协会以"凝聚一批双创青年、形成一套帮扶机制、构筑一个孵化平台、推介一批双创典型、打造一个双创氛围"为宗旨,通过举办多场活动,向增城地区的高校学生和市民群众传递"大众创业、万众创新"的正能量,引领"点燃创业之火,照耀创新之城"的思想风潮。

在蔡木城任会长的三年里,创新创业协会始终以"凝聚一批双创青年、形成一套帮扶机制、构筑一个孵化平台、推介一批双创典型、打造一个双创氛围"为宗旨,先后与低碳总部园、广州彩创孵化器、1978 文化创意园等各大孵化器平台达成合作,举办的活动场数超 80 场次,孵化增城高校团队项目 14 个、社会团队项目 8 个,总共服务增城高校及社会人群多达 12 000 人次。

2018 年 12 月,蔡木城又成立了东莞市宏盛源环保科技有限公司,注册资金 500 万,公司经营研发、生产、销售及技术咨询、技术服务、技术转让:低碳环保材料、生物质材料、生物降解塑料制品、包装制品、塑料制品、塑料、日用品、不干胶制品等。

天行健,君子以自强不息。

创业多年来,蔡木城先后获得了增城区"创新创业"好青年,广州亚运会、亚残运会志愿者先进个人奖,第二届广东大学生"U 势界"创业项目大赛优秀奖,第十四届"创青春·挑战杯"校赛最佳实践奖,北京大学广州创业大讲堂优秀创业者,"青创 100"广东大学生创新创业引领计划成员,2017 年广州青年企业家发展领航计划成员等荣誉。

"大学是人生的第二个摇篮,摇篮里虽然舒适、温暖,但在最好的年华里不要辜负最美的自己。"蔡木城说。

理论指导

第一节　更新就业观　拥抱新业态

一、后疫情时代就业形势

中国过去 40 年实现了伟大的经济崛起和巨大的物质繁荣,中国工厂的地位已经通过 20 年不懈的努力融入了全球化浪潮,建立了以中国为枢纽的全球产业链、供应链甚至价值链。我们抓住了改革开放和全球化的历史机遇,获得了全球化浪潮中丰厚的红利。

2020 年突如其来的一场新冠疫情,使经济延续半个世纪的全球化浪潮发生了断崖式下跌。

真实的中国,有媲美纽约、伦敦的北上广深,也有四五六线小城市,以及广大的乡村。

真实的中国,有阿里、华为这样的世界级公司,也有多达 8 000 万的个体工商户,这些个体工商户,以夫妻店的小作坊为主,雇员超过 5 人的,都是少数。

真实的中国,有马云、马化腾、许家印、何享健等超级富豪,他们位居全球富豪榜单前 100 名,也有"6 亿人每个月的收入仅有 1 000 元"。

......

真实的中国,有令人自豪的,也有令人担忧的。现在,最令人担忧的是——就业!

新冠疫情之下,企业停工停产,没有经济收入,也没有经济流量,全国一季度经济增速为 −6.8%。中央政治局会提出"做好较长时间应对外部环境变化的思想准备和工作准备",备战备荒,深挖洞、广积粮,就是为应对未来巨大的不确定性而休养生息,恢复元气。

2020 年全国两会备受关注,中央政府罕见地未提出 GDP 目标。全球经济不确定性延续,一方面不容易确定经济增长目标,另一方面以底线思维聚焦于民生目标,把工作重心放在保就业、保民生及扶贫脱困上。

中央政府提出优先稳就业保民生,城镇新增就业 900 万人以上,城镇调查失业率 6% 左右,城镇登记失业率 5.5% 左右;居民消费价格涨幅 3.5% 左右;现行标准下农村贫困人口全部脱贫、贫困县全部摘帽;等等。

关于就业,李克强总理说得很实在,"中国有 9 亿劳动力,没有就业那就只是 9 亿张吃饭的口,有了就业就是 9 亿双可以创造巨大财富的手。"

没有就业,何谈消费?

没有消费,何谈需求?

没有需求,何谈供给? 何谈生产? 供给、生产给谁呢?

在全球疫情尚未终结、去全球化加速升温之下,就业压力,压倒一切。就业稳,则经济稳,则社会稳。

中国已进入中等偏上收入国家行列,已成为 GDP 超过 100 万亿的世界第二大经济体,已是制造业第一大国、货物贸易第一大国、商品消费第二大国和外汇储备第一大国。

庞大的经济总量和日益增强的自生能力,不仅使得应对突发事件的能力比历史上任何时期都更强,也使得"保居民就业、保基本民生、保市场主体、保粮食能源安全、保产业链供应链稳定、保基层运转"有了坚实保障。

就业与国民经济发展密切相关,就业难将持续存在。随着连续多年高校扩招,高等教育已从精英教育转变为大众教育,逐年增加的大学毕业生数量令就业竞争更趋激烈。全国各高校毕业生的人数正逐年增加,再加上中职毕业生,回国的海外留学生和农村富余劳动力进城务工,"三峰叠加"使就业竞争压力增大。据报道,对高校毕业生的需求仅占新增岗位总量的 22%,实在是"僧多粥少"。

我国就业市场总体的求职倍率始终高于 1,说明我国就业市场早已经由供不应求转向供过于求的状态,出现了根本性的转折。

2012 年以来,中国劳动年龄人口呈现总量持续下降的趋势,但是由于受教育等因素的影响,劳动者进入劳动力市场存在滞后期,城镇新增劳动力仍然处于高位,农业转移劳动力仍然保持一定的规模。

从周期性因素来看,2015 年以来就业市场景气度一直在下降。特别是 2020 年,新冠疫情之下,不少人失去了收入和工作,其中一部分人转战直播带货。直播带货的兴起,犹如口红效应,是一种"低价产品偏爱趋势",预示着经济不景气。部分失业者加入直播大军,也是在寻求新机会,谋求新出路。

二、新职业与新业态

随着社会经济和技术的发展,新的消费业态和消费场景不断出现,催生了许多新行业,比如电子竞技运营师、电子竞技员、无人机驾驶员等。同时人工智能技术、区块链技术的发展也促成了大量人才需求。

新职业、新业态已经成为吸纳就业的重要蓄水池。相对于传统职业,新职业、新业态发展仍有一个逐步成熟的过程,在发展过程中,不可避免地会遇到"成长中的烦恼"。

同时,面对新的就业环境,高职大学生的就业观也需要与时俱进,只有全面提升自身能力,才能获得最适合自己的就业机会。

从"公司+雇员"到"平台+个人",互联网时代,正在为个人职业发展提供无限可能。国家发展改革委等13个部门发文支持新业态、新模式健康发展,旨在激活消费市场带动扩大就业,亮出支持15种新业态新模式发展"硬招",为稳就业注入新动能。

受新冠疫情等因素影响,2020年,我国就业形势更加复杂严峻。在餐饮、住宿、旅游等服务行业一度按下"暂停键"的同时,"宅经济""云经济"等新业态却在疫情期间异军突起,让不少人为之一振。

人工智能人才缺口超过500万,云计算产业面临150万人才需求,数字化管理师从业人员已超过200万……可以说,在做好"六稳"工作,落实"六保"要求的形势下,新职业、新业态已经成为吸纳就业的重要蓄水池。

从"一二三"到"三二一",就业结构发生的巨大"位移",也能说明新经济正在成为创造新就业岗位的"发动机"。

从2019年以来,人社部联合有关部门已先后发布三批共计38个新职业。大多集中在高新技术领域,包括人工智能工程技术人员、物联网工程技术人员、大数据工程技术人员、云计算工程技术人员、数字化管理师、建筑信息模型技术员等。

其中,2020年发布的两批新职业,集中在新兴产业和现代服务业。自2011年第三产业就业占比首超第一产业后,第三产业吸纳就业从2011年的35.7%到2019年的47.4%,近10年间增加了10多个百分点。

在数字经济大潮下,社会的个性化、多样化需求不断催生新业态,这样的情形我们喜闻乐见,下一步要做的就是顺势而为,让新业态在健康发展中孕育更多的就业"风向标"。

诸如带货视频主播这样的新工作,能够成为社会关注的"新风口",在一定程度上,也反映了多数年轻人的择业观。

当然,相对于传统职业,新职业、新业态发展仍有一个逐步成熟的过程。由于新职业、新业态打破了旧有行业和秩序下的利益关系和管理规范,因而对传统就业群体、管理手段、劳动法律体系、就业服务管理、社会保障政策等形成了冲击。

此外,部分新职业发展的上升通道还不够清晰,不少新职业还面临着人才需求旺盛与缺乏统一培训标准之间的矛盾。如何在创新与监管之间找到平衡点,为新业态发展提供制度保障,让新业态从业者无后顾之忧地工作,这是相关政府职能部门必须进一步关注和思考的问题。

观念一变天地宽。由于高职大学生的专业能力参差不齐,对于新业态的接受程度还有差异。对有志于投身体验新业态的同学来说,还要发挥主观能动性,全面评估自身条件,知己知彼,在专业、技术、能力等方面不断提高自己,这样才能获得最适合自己的就业机会。

三、未来职业发展新趋势

中国是当今世界上唯一拥有联合国产业分类当中全部工业门类的国家,拥有全球最完整的工业体系,有全世界规模最大、品类最齐全的生产体系,有完整的产业链,完备的基础设施、强大的供应链网络,拥有兼具效率和弹性的产业集群和协同高效的生产能力,几乎可以生产生活中所需的任何物资。

察势者智,驭势者赢。当今世界正经历百年未有之大变局,新一轮科技革命和产业变革蓬勃兴起。在经济全球化深入发展的外部环境下,市场和资源"两头在外"对我国快速发展发挥了重要作用。

疫情冲击下的世界正在经历着深刻变化,面临着更多不稳定、不确定因素,经济全球化遭遇逆风和回头浪。因此,我们要做好较长时间应对外部环境变化的思想准备和工作准备,推动我国经济乘风破浪、行稳致远。

把扩大和满足国内需求作为发展的战略基点,充分发挥自身优势,通过繁荣国内经济、畅通国内大循环,为我国经济发展增添动力,从而带动世界经济复苏。

党中央审时度势,明确提出坚定实施扩大内需战略,这是应对疫情冲击下的需要,是保持我国经济长期持续健康发展的需要,也是满足人民日益增长的美好生活的需要。

我国正经历经济增速放缓、产业结构优化升级、增长动力由要素驱动转为创新驱动的新常态时期。在此期间,传统行业不断优化升级,新经济行业纷纷创新涌现,"互联网+"跨界融合快速发展,带来了我国就业市场中职业结构的一些新特点,"互联网+"、信息通信、数字技术、人工智能、健康养老等新兴产业用人需求持续上升,企业用工需求的行业分化明显。

未来职业发展的新趋势,主要表现在以下几个方面:

(一)高新技术行业优势领先,知识型劳动者比例直线攀升

信息科技时代,未来企业将朝着通信技术、人工智能、新材料领域等高技术产品的产业群发展,这些行业具有知识技术密集、资源能耗较少、产值贡献率高等特点,是推动经济繁荣和增长的重要引擎。

以传统产业数字化为特征的复合型数字经济加速发展,助力传统行业产业与数字经济的深度融合,使以电商为代表的"平台经济"成为面向消费者终端行业的主流。

疫情后,线上线下融合运营的行业平台型商业模式(OMO)将大行其道,特别是互联网医疗、线上办公、直播、远程协助、云游戏、线上教育、视频会议、知识付费、C端免费电影、自助零售、生鲜电商、自助配送等线上服务业,可望迎来井喷式发展。

同时,提高了对从业人员的技能要求,即未来脑力劳动职业发展将越来越多,体力劳动职业将越来越少,新兴职业技术含量不断提高。

(二)职业更新速度逐步加快,职业发展边界逐渐趋于模糊

随着网络设施不断完善、海量数据快速产生,以及信息处理技术不断提高而诞生的信息革命,带来了社会经济结构质的飞跃,加速了新旧职业的替代和更新。

同时,社会对未来人才知识的综合性结构提出了更高的要求,职业发展的边界在逐渐模糊,劳动者不仅要成为本专业领域技能人才,而且能够顺应环境变化转换职业角色,成为掌握多种知识和技能的高素质复合型人才。

（三）人工智能逐渐取代劳力工作，企业人才争夺战将愈演愈烈

以"无人驾驶""农用机器人"以及"机器仓管员"等为代表的人工智能技术崭露头角，正逐步取代着基础的劳力工作。一些科技巨头公司，诸如谷歌、微软和百度争相开拓着各自的人工智能领域，抢占行业制高点，推出重金招聘、大量并购人工智能小公司、人工智能团队进驻在各个部门等策略吸引人才。全球范围内的人才争夺战也将愈演愈烈。

从中长期看，此次疫情将成为中国经济结构调整进程中一个具有标志性的时间节点。疫情催生若干新业态，倒逼生产生活方式，加速朝着数字化、信息化、网络化、智能化方向发展。从这种意义上讲，经济全域全方位的数字化转型升级，是中国经济最大的"机遇"。在企业或者行业层面来看，未来有以下具体领域或行业机遇，是值得去抓住的。

一是医疗器械产品和以医疗卫生防疫为主的生物医药产业，以及健康养生保健产业的大发展，保险业也将升级发展。公共卫生领域值得高度关切并牢牢抓住。

二是中国数字丝绸之路，"一带一路"数字设施建设将会给中国企业带来新机会。

三是新一代信息基础设施和新型智慧城市建设。像上海、北京、广州、深圳这样的超大型城市，需要加快智慧城市建设，加速大数据中心和5G基站建设，加速以高速、移动、安全为特征的新一代信息基础条件建设，加快推进诸如新能源汽车、充电桩等基本设施建设。

四是制造业的产业互联网化和数字化、智能化升级。人工智能、智能制造、工业互联网、机器人、无人机等新技术、新业态将加速应用和普及。

四、高职大学生就业新机遇

职业教育已经成为我国国民教育体系和人力资源开发的重要组成部分，高职院校毕业生就业状况和就业质量问题也得到全社会高度重视。高职大学生就业形势复杂，挑战不少、压力较大，但机遇同样前所未有。

（一）未来机遇分析

1. 绿色发展机遇

根据中央会议精神再次对绿色发展进行全面发动和部署，绿色发展方式和生活方式将成为经济社会发展的新引擎，绿色生活、绿色家电、绿色建材、绿色建筑、新能源汽车、节能节水节电等相关专业将迎来宽广舞台，毕业生将大展宏图。

2. 新动能机遇

新经济催生了新动能。从动能转换看，新经济新动能茁壮成长，传统动能调整改造加速，以云计算、大数据、物联网、人工智能等为代表的新经济正在茁壮成长，正引领人类社会由工业经济时代进入数字经济时代。信息、通信等相关专业会继续火爆，智能制造、数字设备、数字采集、数字技术等相关专业将异军突起。

3. 健康服务机遇

国务院办公厅印发了《关于支持社会力量提供多层次多样化医疗服务的意见》极大地推动了健康服务业发展。如果将民营医疗机构纳入医保范围，民营医疗机构将会"井喷式"发展，医疗卫生专业和健康、养老等相关专业则供不应求。

4. 丝路机遇

"一带一路"国际合作高峰论坛达成包括基础设施、贸易、金融等270多项具体成果，涉及交通运输、能源环保、通信、高铁、港口、电力、农业等诸多领域，投入资金超过7 800亿人

民币,巨大的商业机会将创造巨大的就业岗位。

(二)高职学生遇到的困境

1. 就业起薪低,退出就业市场的学生增多

高职毕业生就业的起薪平均值,可以体现社会和用人单位对毕业生价值水平的认可度。这也是大学生就业质量的重要参考指标。据了解,高职毕业生的起薪平均值与民工之间薪酬差异不相上下,甚至有少数学生无法享受"五险一金"、无法执行带薪休假等国家规定的相关保障。面对这样的起薪线,很多毕业生宁愿退出就业市场,要么在城市漂流,要么在家里待业当个"啃老族"。

2. 学生就业满意度较低,违约数量较多

据了解,企业对高职毕业生的满意度相对较高,用人单位对高职毕业生基本认可。然而由于就业单位层次较低、薪水不高、专业就业不对口等情况的影响,高职毕业生的就业满意度比较低,有半数以上对自己的就业情况不满意,很多毕业生到某个单位工作没多久就离开,少数学生在没有毕业之前就已经违约了。

第二节　理智规划职业生涯

一、职业与职业生涯

(一)职业

职业是参与社会分工,利用专门的知识和技能,为社会创造物质财富和精神财富,获取合理报酬作为物质生活来源,并满足精神需求的工作。

职业由三个基本要素构成,一是劳动,二是有固定的报酬收入,三是要承担一定的责任并得到社会的承认。

《中华人民共和国职业分类大典》把我国职业划分为由大到小、由粗到细的四个层次:大类(8 个)、中类(66 个)、小类(413 个)、细类(1 838 个)。细类为最小类别,即职业。

8 个大类分别是:

第 1 大类:国家机关、党群组织、企业、事业单位负责人,其中包括 5 个中类,16 个小类,25 个细类;

第 2 大类:专业技术人员,其中包括 14 个中类,115 个小类,379 个细类;

第 3 大类:办事人员和有关人员,其中包括 4 个中类,12 个小类,45 个细类;

第 4 大类:商业、服务业人员,其中包括 8 个中类,43 个小类,147 个细类;

第 5 大类:农、林、牧、渔、水利业生产人员,其中包括 6 个中类,30 个小类,121 个细类;

第 6 大类:生产、运输设备操作人员及有关人员,包括 27 个中类,195 个小类,1 119 个细类;

第 7 大类:军人,其中包括 1 个中类,1 个小类,1 个细类;

第 8 大类:不便分类的其他从业人员,其中包括 1 个中类,1 个小类,1 个细类。

(二)职业生涯

生涯是一个人依据自己的人生理想,为了自我实现而逐渐展开的一种独特的生命历程。美国著名职业生涯规划大师舒伯将"生涯"定义为,一个人终生经历所有职位的整个历程。生涯既包含了一个人终其一生所从事的工作,也包含了与工作有关的各种角色。

一般认为,职业生涯是一个人一生中与其职业相关的活动和经验,它起始于任职前的职业学习和培训,终止于退休。

中国学者吴国存认为:广义的职业生涯是指从职业能力的获得、职业兴趣的培养、职业选择、就职,直至最后完全退出职业劳动这样一个完整的职业发展过程。

狭义的职业生涯是指从职业学习开始,到踏入社会、从事工作直到职业劳动的最后结束、离开工作岗位为止的这段人生职业工作历程。

职业生涯是一个动态的过程,包括一个人一生在职业岗位上与工作活动相关的连续经历。也就是说,不论职位高低,不论成功与否,每个工作着的人都有自己的职业生涯。

因此,职业生涯是人一生中最重要的历程,是追求自我、实现自我的重要人生阶段,对人生价值起着决定性作用。

从总体上看,职业生涯具有四个基本特征:

1. 职业生涯的独特性

不同的个体有不同的生涯,个体在职业理想、职业条件、职业选择等方面都不同,加上每个人为实现自己的职业理想所做的种种努力的不同,构成了人与人相区别的、独特的职业生涯历程。

2. 职业生涯的整合性

职业生涯不仅局限于"工作"或"职业",还包含了个人的"生活风格",即包含一个人在其一生中所从事的所有活动,它还涵盖了人一生所从事的各种活动的集合。

人的一生扮演着不同的角色,从孩童、学生、上班族直到为人父母,不同社会角色的组合就形成了人的"生活风格",这样的发展过程就构成了"生涯"。

3. 职业生涯的终生性

职业生涯是一种动态发展的历程,学者们已经将"终其一生"作为职业生涯的时间限定。每个人在不同阶段有着不同的职业规划和追求,表现为在每个人生阶段,都要不断积极实施并形成连续不断的活动。

即使在晚年阶段,个人也会不同程度地扮演好自己的角色,发挥余热,"老骥伏枥,志在千里"正是人生晚年对职业生涯的追求。

4. 职业生涯的互动性

职业生涯是一种发展、演进的动态过程。

从整体来看,每个人的职业生涯都在个人与他人、个人与环境、个人与社会的互动中,根据自己所掌握的社会职业信息、职业决策技术,做出与该阶段相符的职业生涯规划。这种个人与外部环境的互动对于其职业生涯有着重要的影响。

二、职业生涯智慧设计

职业生涯规划是指个人根据自身的主观因素和客观环境的分析,确立自己的职业生涯发展目标,选择实现这一目标的职业,以及制订相应的工作、培训和教育计划,并按照一定的时间安排,采取必要的行动以实现职业生涯目标的过程。

有了职业生涯规划,准确地定位职业方向,也就有了评价个体职业行为的标准。只有这样,大学生才会有选择地学习与职业发展相关的课程和技能,获得更多选择职业和取得成就的机会,提高职业竞争力。

职业生涯的发展是一个过程,随个体对职业生涯认知的深入和对自我的再认识,在职业生涯规划大目标确认以后,个体对具体的行为进行评价和调整的过程。因此,职业生涯规划一般包括自我分析、目标设定、选择实现目标的策略、反馈与修正4方面的内容。

（一）自我分析

是指全面、深入、客观地分析和了解自己的过程,包括对个性的分析、对能力的分析及自我角色与地位的分析等。

（二）目标设定

在自我分析与定位的基础上设立明确的职业目标,这个目标是建立在自我分析基础上,与自己的能力相匹配的。

（三）选择实现目标的策略

在目标设定后通过各种积极的具体行动与措施去争取职业目标的实现。

（四）反馈与修正

在实现职业生涯目标的过程中,根据实际情况自觉地总结经验和教训,修正对自我的认知和对最终职业目标的界定。

职业生涯规划的基本步骤包括自我评估、职业机会评估、确定职业生涯目标、职业生涯路径的选择、制订行动计划与措施等多个环节。其中职业生涯目标的设定是职业生涯规划的核心,按照时间顺序,职业生涯目标可以分为短期目标、中期目标和长期目标:

首先是短期目标。通常,短期目标是指时间在一至两年内的目标。短期目标是中长目标中的一个阶段,必须清楚、具体、现实、可行。短期目标不仅要落实到实践层面,还必须可以评估。

其次是中期目标。中期目标一般为三到五年,它比长期目标更为具体。中期目标是结合自己的志愿和组织的环境及要求来设定的目标。中期目标应与长期目标保持一致。与短期目标一样,中期目标也必须是可以评估的。

最后是长期目标。长期目标的时间一般为五年以上。通常,长期目标比较粗略,是一个总的方向。长期目标只有一个时间范围,可能会随着组织内外部形势的变化而变化。

目标确定之后,要设定实现职业生涯目标的策略。具体的策略与行动是实现职业生涯目标的保障。行动是指落实目标的具体措施,主要包括工作、训练、教育、轮岗等措施。

随着个体人格的发展与对职业生涯的领悟与认知,以及外部环境条件的变化,职业生涯规划也需要做相应的修改与调试。这一过程是职业生涯规划日趋成熟的过程。

经过一段时间的实践以后,个体可以有意识地对已经走过的道路进行回顾与总结,检验自己的职业定位与职业方向是否合适。通过反馈与修正,纠正最终职业目标与分阶段职业目标的偏差,保证职业生涯规划的行之有效。修订职业生涯规划需要重新选择职业、重新选择生涯路线、修正生涯目标、变更实施策略计划等。

在这个过程中,可以将相关的信息记录在一个表格中,以便分析和总结,见表3-1。

表 3 - 1 　个人职业生涯规划表

姓名		性别	
年龄		学历	
所学专业		职业类别	
目前所在部门		目前任职岗位	

<table>
<tr><td colspan="4" align="center">人生目标</td></tr>
<tr><td colspan="4">
1.岗位目标

2.技术等级目标

3.收入目标

4.社会影响目标

5.重大成果目标

6.其他目标

人生观简要文字说明：
现实目标的战略要点：
</td></tr>
<tr><td colspan="4" align="center">长期目标</td></tr>
<tr><td colspan="4">
1.岗位目标

2.技术等级目标

3.收入目标
</td></tr>
</table>

表 3 −1(续 1)

4. 社会影响目标

5. 重大成果目标

6. 其他目标

人生观简要文字说明：
实现人生目标的战略要点：

中期目标

1. 岗位目标

2. 技术等级目标

3. 收入目标

实现中期目标的战略要点：

短期目标

1. 岗位目标

2. 技术等级目标

3. 收入目标

表 3 - 1(续2)

短期的计划细节：

(1)短期内完成的主要任务

(2)有利条件

(3)主要障碍及其对策

(4)可能出现的意外和应急措施

年度目标及年度计划的细节通常另行安排，以保持生涯计划的相对稳定性和保存性。

职业生涯规划人(签字)：

年　月　日

扩展阅读

七步缓解职业生涯目标带来的压力

第一步：明确职业目标——价值观和人生定位。

自我的人生价值和角色定位、人生主要目标的设定等，简单地说就是：准备做什么样的人？人生准备达成哪些目标？这些看似与具体压力无关的东西，其实影响是十分巨大的，对很多压力的反思，往往都要归结到这个方面。

第二步：心态调整——以积极乐观的心态拥抱压力。

要认识到危机即是转机，遇到困难，产生压力，一方面，可能是自己的能力不足，整个问题的处理过程就成为增强自己能力、发展成长的重要机会。

另一方面，也可能是环境或他人的因素，则可以理性沟通解决，如果无法解决，也可宽恕一切，尽量以正向乐观的态度去面对每一件事。

第三步：理性反思——自我反省和压力日记。

对于一个积极进取的人而言，面对压力时可以自问："如果没做成又如何?"这样的想法并非找借口，而是一种有效疏解压力的方式。但如果本身个性趋向于逃避，则应该要求自己以积极的态度面对压力，告诉自己，适度的压力能够帮助自我成长。

同时记压力日记也是一种简单有效的理性反思方法。可以帮助确定是什么刺激引起了压力，通过检查日记，可以发现如何应对压力。

第四步：建立平衡——留出休整的空间。

要主动管理自己的情绪，注重业余生活。留出休整的空间与他人共享时光，交谈、倾诉、阅读、冥想、听音乐、参与体力劳动，都是获得内心安宁的绝佳方式，选择适宜的运动，锻炼忍耐力、灵敏度或体力……持之以恒地交替选择应用喜爱的方式，并建立理性的习惯。

第五步:时间管理——关键是不被安排左右自己,要自己安排自己的事。

压力的产生往往与时间的紧张感相生相伴,总是觉得很多事情十分紧迫,时间不够用。解决这种紧迫感的有效方法就是时间管理。在进行时间安排时,应权衡各种事情的优先顺序,要学会"弹钢琴"。

对工作要有前瞻能力,把重要但不一定紧急的事放到首位,防患于未然。如果总是在忙于救火,那将使我们的工作永远处于被动之中。

第六步:加强沟通——不要试图一个人把所有压力都承担下来。

平时要积极改善人际关系,特别是要加强沟通,要切记,压力过大时要寻求主管的协助,不要试图一个人把所有压力都承担下来。同时在压力到来时,还可采取主动寻求心理援助,如与家人、朋友倾诉交流、进行心理咨询等方式积极应对。

第七步,提升能力——疏解压力最直接有效的方法。

既然压力的来源是自身对事物的不熟悉、不确定感,或是对于目标的达成感到力不从心所致。那么,疏解压力最直接有效的方法便是去了解、掌握状况,并且设法提升自身的能力。

通过自学、参加培训等途径解决。一旦"会了""熟了"或"清楚了",压力自然就会减低或消除。可见,压力并不是一件可怕的事。逃避之所以不能疏解压力,则是因为本身的能力并未提升,使得既有的压力依旧存在,强度也未减弱。

第三节　树立正确的就业观

大学生就业难并不意味着大学生过剩。据统计,大学毕业生占从业人员的比例仅有发达国家的1/8,一些大学生找工作时一心奔向大城市、大单位,甚至数千人竞争一个岗位,边远地区、基层单位虽急需人才但应聘者却寥寥无几。因此,大学生就业难更重要的原因是一些大学生就业观念存在问题。

一、树立普通劳动者的观念

认识自我,合理定位,树立普通劳动者的观念。在就业形势日趋严峻的今天,降低期望值,拓宽就业领域。不同工作岗位只是社会分工不同,并无高低贵贱之别,大学生也是社会阶层的普通成员,要以普通劳动者的心态和定位选择工作。不要一味追求物质待遇,重地位、重名利,缺少吃苦精神、奉献精神。

(一)想就业,不要设下限

有迹象表明,年轻人开始务实了,北大、复旦等名校毕业的,愿意去做房产中介了,双语女硕士选择去做家政保姆了……这丢人吗? 不丢人! 对工作挑挑拣拣,在家啃老的,那才叫丢人。

近年来,各种私营企业接受应届高校毕业生的数量大幅度提高,在很多高校招聘会上,民企和私企的比例达到90%以上。市场中毕业生需求主体不再是外企、大型国企或政府事业单位,而是数量众多的中小企业,特别是一些民企、私企。毕业生在毕业前应清楚认识到这一点,积极转变观念。

进高职院校招聘的企事业单位大部分都属于生产型或动手能力强的企业,其需求的人才是专业知识强、技能水平高、上岗适应快、能吃苦耐劳的一线专业技术人员,从基层做起,脚踏实地,这正是高职院校毕业生的优势所在。

（二）想不失业,先把活干好

2020年因为新冠疫情会减少许多需求,减少消费需求则会减少就业需求,更可怕的是,疫情让经济运行变得更加直达本质。简言之,以后的经济运营,能够在线上解决的,尽量不在线下解决;能够让机器做的,尽量不要让人去做。就业需求的降低无疑是更为长远且更具结构性的。所以,珍惜现有的工作吧!

重新全面客观地认识自我,扬长避短,正确选择职业目标,通过对自己的知识结构、专业能力、个性、特长、兴趣、爱好等进行客观全面的分析。然后,为自己合理定位,更多从自身实际、发展空间考虑,不仅要考虑"我想从事什么",更要考虑"我适合干什么,我能做什么"。

一些高职大学生毕业后,一时找不到称心的工作,就"漂"在校园或待在家里,经济上完全依赖父母。因此,认清形势,转变观念,理性择业,降低要求,先找份工作干起来,以减轻父母负担。

在工作中,对自己的个性、能力、优缺点,以及能够胜任什么工作,会逐渐有比较理智与成熟的看法,工作经历让人发现了自己的多个侧面,从而发现更多的潜力,即使几年后从事其他职业,现在的工作经历也不是没有用处,因为隔行不隔理,所以现在的职业经历对个人成长是极为有益的。

事实上,工作并没有想象中那样难找,遇到就业障碍并不可怕,可怕的是观念陈旧、眼界狭隘或心存偏见、缺乏灵活性,不能理性地对待客观现实。

二、职业发展是择业关键

机会多、待遇优、个人发展空间广、企业体制完善等,已成为现代求职者选择就业职位时的综合考虑因素。个人发展空间和行业发展前景,成为当今求职者择业首要考虑因素,薪资不再是职业首要标准。应该用发展的眼光看待择业与就业,正确对待薪酬和就业、发展的关系。

高职大学生要了解自己的专业,明确自己所学专业的培养目标及适合方向,树立专业思想。主动将个人发展与社会需求结合起来,跟上社会发展变化的步伐,变被动为主动,提高自己的综合素质,提升自己的竞争力。

大学毕业,只能说明具备了一定的学习能力和专业理论知识,并不能说明一定就是人才,一定能够被社会接受。社会是大课堂,对高职大学毕业生来说,要能够适应社会,把课本上所学的东西运用到实践中,同时,还有一个再学习的过程。

从事什么工作并不重要,重要的是要树立终身学习的理念,充分利用碎片时间,坚持边工作、边学习、边提高。

如果自以为是,不注重知识的更新、吃老本,用不了多长时间,同样会被社会淘汰。即使所从事的不是本专业的工作,只要埋下头来,坚持向书本学、向实践学、向身边的同事学,同样可以干出一番事业,得到社会认可。这才是成功就业、择业乃至立业、展业的关键。

三、淡化地域观念

随着经济社会的飞速发展,国家优惠政策的出台,中、西部地区及二线城市对人力资源的需求急剧增加,所提供的就业岗位大大增加了大学生在这些地域中的就业机会。

放宽视野,把目光从竞争激烈的热门城市、热门岗位移开,敢于"下基层""自主创业",积极响应国家鼓励大学生到基层就业的方针。

在基层能得到多方面锻炼,增加社会阅历,增强实际工作能力,积累实践经验。这样不仅可克服择业求职中的盲目从众和不切实际的选择,也可增强自信。大学生应该积极顺应这一变化,淡化地域观念,勇于到中、西部地区或中、小城市去发展。

四、及时就业

在整体就业环境不容乐观的情况下,先就业后择业应该是智者的选择。树立"先就业,后择业,先生存,后发展"的心态。职业是可以变化的,就业是一个动态过程,即使初次就业不理想,以后也可以重新择业。

对于应届毕业生来说,对社会了解甚少,受专业限制以及社会工作经验等因素的影响,很难一次性找到真正适合自己的工作。

比较实际的办法,还是先找份工作做,然后再寻找新的机会,分步到位。否则,就容易失去许多起步的机会。毕竟先要有工作岗位才能锻炼工作能力,工作能力强了才能更好地发展事业。

一个人参加工作,只是职业生涯的开始,并不表示他的一生只能在这个岗位上工作。随着人才市场的日趋完善,人才流动渠道逐步畅通无阻,就业以后再择业优点更多。根据自身的实际情况和所处的环境条件,因势利导,为我所用。

比如,有的大学生学的是"热门"专业,他愿意也有可能在适合自己专业的诸多单位进行选择,先择业、后就业,这当然很好。有的大学生一时找不到适合自己专业的工作,且苦于生计原因,先找份工作,积累经验,然后再图发展,这种"先就业,后择业"也有其合理性。

有的大学生面对严峻的就业形势,降低门槛,到民营企业、私立学校工作,既人尽其才,学用结合,又能为企业、学校贡献智力,"既就业,又择业",可谓两全其美。

人类社会发展证明,先生存才能发展。大学生作为社会的一员,首先考虑的应该是生存,要先考虑就业,然后再在条件成熟时,选择自己喜欢的职业。

在就业过程中,大学毕业生面临的是复杂的就业择业问题,摆正自己的位置,客观地进入求职状态,认识社会,了解社会,树立正确的就业观,是大学毕业生成功就业的关键。

第四节　提升就业能力

随着当代中国社会经济发展对职场产生的深远影响,就业能力被赋予了更多的内涵。

首先,社会的发展使得整体人才素质大幅提高,就业市场竞争日益激烈。如何赢在职业的起跑点,如何打造适应当代职场特点的就业能力,成为人们关注的热点。

其次,全球化进程的加速,给职场环境带来了重大变革。身处多元化、国际化的工作环境,职场人士需要不断提升能力素质,开阔视野,以获得更广阔的发展空间。

再者,随着人才测评理论的发展,企业越来越重视针对不同的岗位选择不同类型的人才。人力资源管理的核心也从单纯对"事"的管理,即强调工作绩效,转变为重视对"人"的管理。员工的流动率、工作满意度、职业生涯发展、组织忠诚度等,成为企业人力资源管理中重要的部分。

一、主动提升就业能力

(一)就业能力内涵

就业能力主要包括基本工作能力、专业知识能力、环境适应能力、心理调适能力、创新及创业能力和社会认知能力等。

1. 基本工作能力

实现顺利、充分就业的首要标准是基本工作能力,既包括阅读、写作、计算、倾听表达等基础能力,也包括人际交往、组织管理、协调沟通、统筹规划、外语和计算机运用及操作等能力,这是大学生区别一般普通劳动者必须要具备的能力。

优秀的职业精神、意识和职业道德,再加上基本的工作能力等,构成了高职大学生成功就业的基本素质,这是用人单位要求高职大学生必须具备的。基本工作能力越来越所用人单位看重,因为它是就业后个人、单位的发展有活力的关键所在。

2. 专业知识能力

专业知识能力是运用基本理论和方法解决实践活动中所遇到问题的能力,是通过在学校经过系统的专业课程讲授、培训和考核而形成的。

专业知识能力包括动手能力、分析能力和解决问题的能力、学习与专业相关的新知识、新技能的能力等。

专业能力从广义上讲包括专业知识、技能两个层面,前者是基础,后者是核心。

通过严格的专业训练,高职学生可以系统全面地掌握了本专业、本学科的基本理论和方法,分析解决实际操作过程中遇到的问题,与实际相结合创造性地开展工作,并不断与新情况相结合,学习新知识、技能,解决新问题。高职大学生就业的核心竞争力就是专业知识能力。

3. 环境适应能力

环境适应能力是指大学生对其现阶段或即将面临的新环境、新事物能否全方位、多角度融入,并能够与之和谐相处。作为人的一种心理特性的环境适应能力,是综合性的,是人适应周围环境的能力。

走向社会之前,高职大学生无一不抱有远大理想。当真正处在社会大环境的滚滚洪流中奋勇向前时,常常不能适应现实社会,看到现实生活大多不尽如人意,甚至残酷无情。此时,应当不断调整自己,使自己能够快速地与社会要求相适应,尽早地融入现实生活中。

要想正确的选择职业,要想事业、生活取得成功,必须了解自己的适应能力,在学习、生活实践中积极地锻炼、培养自己的适应能力。

从某种程度上讲,环境适应能力是关系到高职大学生成功就业的决定因素之一,只有充分融入所处的新环境,才能在职场中立于不败之地。

4. 心理调适能力

心理调适能力是指大学生在求职过程中所面临的各种挫折和压力时,产生对自身发展不利的心理状态的情况下,能够及时迅速地做出反应、做好自身的自我调整及恢复的能力。

没有正式就业之前,生活的空间相对来说较为简单,除了父母亲属之外,相处最多的人群是同学和学校老师,实际接触社会人群、与人沟通交流的机会不多,遇到的困难和挫折相对来说比较少。当步入社会,走上求职之路时,会慢慢意识到社会及人际关系的复杂性,困难和挫折也会随之而来。

如果不能妥善处理,就会给自身带来消极情绪的影响,具备良好的心理调适能力就变得尤为重要,通过心理调适能力的不断调整和恢复,消除不良情绪。良好的心理调适能力是大学生顺利就业的助推器。

5. 创新及创业能力

创新能力是各种智力因素和能力品质在新的层面上融为一体、互相制约、有机结合所形成的合力,它是一项综合能力。

创业能力是指创立基业、开创事业、开拓事业、开拓业绩、创建新企业、新行业、新岗位的能力。创办企业、开创职业的能力从狭义上讲就是创业能力。

社会为高职大学生创业提供了良好的经济环境,创业机会和选择越来越多。同时,也为创业提供了良好的教育条件,新兴职业的不断涌现,为大学生创业提供了广阔天地。

6. 社会认知能力

社会认知能力是指在就业时,能够对现阶段的国情有一个具体深刻的认识,对当前社会经济发展情况全面性地把握。了解社会转型时期大学生就业能力的新要求,明确就业定位,实现角色转换,快速实现就业,并能根据经济社会形势变化,不断调整自己的就业目标,改善自己的就业状况。

(二)提升就业能力的方式

1. 日积月累,提升基本能力

作为社会人,就业能力是劳动者的职场必需。在现实社会生活中,基本能力是行为处世的基础,综合素质也与就业能力的顺利展现息息相关。这里谈到的基本能力,也可以认为是指一个人的综合素质,一个就业者的实力名片。

综合素质包括道德素质、文化素质、业务素质和身体素质等,这些素质会综合体现在心理素质、沟通能力、创新能力、运用知识能力等方面。

一般来说,毕业生能否顺利就业并取得成就,在很大程度上取决于本人的职业综合素质。综合素质越高的人,获得成功的机会就越大。

2. 提高个人内在素质

目标职业对应的就业能力除对从业者有专业技能要求、通用技能要求外,也对个人素质提出了要求。事实上,面临就业时,无论是学校的供需见面会,还是社会上的人才招聘会,招聘职位都以基层工作人员为主,一般的用人单位大多根据基层需要进行招聘,这是合情合理的。

换言之,用人单位在招聘人才的时候,主要着眼点在于,应聘者是否具备做好一个普通员工的素质。专业基础知识、工作态度、道德修养和责任心是最重要的考核指标,尤其是自信、自立、责任心、诚信、主动、勤奋等,这些个人素质是用人单位非常重视的因素。

(1)自信

自信无论在个人发展上,还是在人际交往、事业工作上都非常重要,它是成功的必要条件。自信不能停留在想象上,要成为自信者,就要像自信者一样去行动。在生活中自信地讲了话,自信地做了事,自信就能真正确立起来。

面对社会环境,每一个自信的表情、手势,每一句自信的言语,都能在内心中树立起自信。只要自己相信自己,他人就会相信你。

不能正确认识自己,不能正确评价自己,盲目自信,过分自信,也会碰壁。但是,自信绝非自负,更非痴妄,自信建立在踏实和自强不息的基础之上,才有意义。

(2)自立

不依赖别人,靠自己而生活,此乃自立。自立是为人必要的品质,唯有自立自强,才能赢得尊严和权利。

任何时候都要把命运抓在自己手里,中国有句老话:"自己动手,丰衣足食。"易卜生曾经说过:"世界上最坚强的人就是独立的人。"因为自立的个人才会有所作为;自立的国家才会不受欺辱,实现繁荣富强。陶行知先生也说过:"滴自己的汗,吃自己的饭,靠人、靠天、靠祖上,不算好汉。"这些无疑都说明了人要学会自立,更要懂得自立。许多事情都要自己解决,自己面对。不能事事都依赖于他人,不懂得自立就会被社会所淘汰。

(3)责任心

责任心是指个人对自己和他人,对家庭和集体,对国家和社会负责任的认识、情感和信念,以及相应的遵守规范、承担责任和履行义务的自觉态度。责任心是为人处世的基本要求。

一个人的责任心如何,决定着他在工作中的态度,决定着其工作的好坏和成败。如果一个人没有责任心,即使他有再强的能力,也不一定能做出好的成绩来。

一个有责任心的人,一定会认真地思考,勤奋地工作,细致踏实,实事求是;一个有责任心的人,做每一件事都会坚持到底,按时、按质、按量完成任务,圆满解决问题;一个有责任心的人,一定能主动处理好分内与分外的相关工作,有人监督与无人监督都能主动承担责任而不推卸责任;一个有责任心的人,一定会从事业出发,以工作为重,而不会只把精力放在揣摩领导的意图、了解领导的好恶上。

责任心可以养德,责任心更可以树德。责任心一旦成为一种群体行为,形成气候,其含义就不仅仅是"责任"二字本身,它会形成一种社会精神。责任心代表的是理性,是积极的精神。

(4)诚信

"诚信"就是诚实、守信。诚实是真实不欺,既不自欺,亦不欺人,包含着忠诚于自己和诚实地对待别人的双重意义。

诚实不自欺,就是要加强个人的道德修养,存善去恶,言行一致,表里如一,心口如一,忠于自己所承担的使命,这是赢得他人信任和尊重的条件;诚实不欺人,就是不存诈伪之心,不说假话,不办假事,开诚布公,以诚相待,不滥用别人的信任。没有对他人的忠实、正直、善意,没有可靠的坚定信念,就根本谈不上信任。

守信强调的是言行,是诚实的外在表现。如果说"诚"偏重自我行为,那么"信"则强调与人交往时的言行,强调的是言行一致,说了就要做。

一个食言而肥、轻诺寡信的人,很难得到人们的信赖,最终必将为他人和社会所抛弃。诚实是守信的思想基础,信出于诚,不诚则无信;信是诚的集中表现,信体现诚,守信方能见诚,即信以诚为本,诚以信为用。

"明礼诚信"作为新时期每个公民的基本道德规范之一,也是当代大学生的道德准则。加强道德修养,通过道德的"自律"来倡导诚信。加强法制学习,通过法律的"他律"规范诚信。加强政治理论学习,树立"信用至上"的人生观和价值观。

（5）主动

主动相对被动而言,是不待外力推动而行动。积极主动是人类的天性,如若不然,那就表示一个人在有意无意间选择消极被动。消极被动的人,易被自然环境所左右。积极主动的人,心中自有一片天地,天气的变化不会发生太大的作用,自身的原则、价值观才是关键。

要想获得成功,必须努力培养自己的主动意识:在工作中要勇于承担责任,主动为自己设定工作目标,并不断改进方式和方法。

此外,还应当培养推销自己的能力,在领导或同事面前善于表现自己的优点。不能只是被动地等待别人告诉做什么,而要主动了解自己想做什么并制订计划,然后全力以赴地去完成。对待自己的学业和研究项目,要全力投入、不断努力。只要有了积极主动的态度,没有什么目标不能达到。

每一个年轻人都要拥有一颗积极、主动的心,要善于规划和管理自己的事业,为自己的人生做出最为重要的抉择。没有人比你更在乎自己的事业,没有什么东西像积极主动的态度一样更能体现独立人格。

（6）勤奋

勤奋就是不懈地努力工作、学习。勤奋是一种工作态度,更是一种不懈努力、勤思进取的精神状态。勤奋是通往成功的阶梯,而成功是勤奋的结果。只要勤奋探索、勤奋实践、勤奋创新,做任何事情都更有可能成功。"成功 = 99%的勤奋汗水 + 1%的灵感"。

勤奋是一种工作态度,更是一种精神状态。事事想在前头、准备在先,主动想问题、找办法。勤奋,就要多思考问题、多研究问题,对工作中可能出现的情况和问题有所预测、有所准备,这样才能做到全局在心,增强对复杂事件的处理能力。

带"勤"的词语总给人一种积极向上的感觉,工作勤奋的人总能赢得人们赞许;"勤能补拙、笨鸟先飞",相当自然地反映出社会生活中追求成功的一种普遍心态。诚然,一个生性懒散、毫不用心的人,是不会取得什么成就的。

3. 加强实践个人能力

个人素质的提升不仅仅需要具备一定的品质,也需要这样的品质在实践中真正体现出来,成为毕业生就业时的底气。

在个人素质的实践锻炼方面可从以下几点入手:

（1）学会与人沟通、学会做人

这是最基本的素质。毕业生进入职场以后,就不能像在大学那样娇气或者时常发发小脾气,而要学会关爱他人,团结互助。因为只有这样,所在的团队才会充满温馨,所有的团队成员才能够拿出更多的精力去发展事业,从而促进事业和个人的发展。

（2）重视专业技能的实践

这是毕业生提高职业素质的必要环节。例如,实验、实习、进入职场前的简单工作和实践、毕业设计等都是大学生为自己的就业做好准备的好机会。

（3）践行个人内在素质

无论是社会调查还是假期打工,或是参加各类社团活动,这些都是毕业生的"财富",因为用人单位需要那些有社会实践经验并能吃苦耐劳的员工。通过这些实践,能够或多或少地知道作为一名职业人的基本要求,也具备了一定的吃苦耐劳的心理准备,无形中就增加了在就业竞争中取胜的筹码。

4.学会时间管理

……

转眼又到期末考试了,时间都去哪儿了?

永远在忙,永远不知道自己忙些什么?

晚上十点爬上床,几乎到凌晨才睡着

学累了,看会儿手机放松下,然后半天就过去了

计划是一回事,完成又是另一回事

……

生涯,就是一个时间消费的过程。"时间管理"和能力管理、素质管理、道德品质管理等一同成为社会人适应生活所必需的"管理才能"。

时间管理就是如何更有效地安排自己的工作计划,掌握重点,合理有效地利用工作时间,其本质是自我管理。时间是一种资源,花费时间是一种投资。对投资,必须加强管理。时间管理的方法是通过良好的计划来完成的。

首先,从时间管理的目的上,要做到三"效":

效果——确定的期待结果;

效率——以最小的代价或浪费获得结果;

效能——以最小的代价和浪费获得最佳的期待结果。时间管理的目的就是要同时获得效果、效率、效能。

生活中80%的结果源于20%的行动;20%的客户带来80%的业绩,创造80%的利润,尽力把精力放在"20%重要的事情"上。

其次,时间管理不善,是导致时间浪费的主要原因。

从主观方面来看,浪费时间至少有这样一些原因:缺乏明确的目标;拖延;缺乏优先顺序;想做的事情太多,而且做事有头无尾;缺乏条理;不懂授权;不会拒绝别人的请求;仓促决策;懒惰与消极;行动缓慢。

从客观方面来看,浪费时间也是有原因的,如上级领导浪费时间(开会、电话、不懂授权);工作系统浪费时间(访客、模板文件、审批程序等);生活条件浪费时间(通信、环境、交通、朋友闲聊、家住郊区等)……

最后,从浪费时间的表现上看,是因为对生命没有紧迫感,对时间不够重视,没有养成"遇事马上做,日清日新"的好习惯,总把今天的事情推到明天去做,"明日复明日,明日何其多;我生待明日,万事成蹉跎。世间若被明日累,春去秋来老将至"。

(三)厚积薄发,腾飞就业能力

提高就业能力主要是针对自己的专业能力、基础能力、差异性能力而进行的。

1.提高专业能力

一是要掌握专业的基本概况和发展动态。在学好专业知识前,多向老师、学长、同学请教,多通过图书馆、资料室等查阅相关资料,了解专业基础课、专业课、主要技能、行业发展现状、发展趋势和就业方向等,只有做到心中有数,在学习的过程中才能做到有的放矢。

二是学好专业基础课。学好任何一门专业都必须有一定的基础知识积淀。专业基础课是指同专业知识、技能直接联系的基本课程。包括专业理论基础课和专业技术基础课。它们均是学习专业课程的基础课程,只有先掌握了这些知识,才能更好地学习专业理论和实践知识。

三是学好专业必修课程。专业必修课是指某一专业必须学习掌握的课程。此类课程是培养专门人才的根本。另外,根据自己的爱好、就业意向、人才市场需求等,综合考虑并挑选出专业必修课中的主要理论知识和实践技能,通过暑期社会实践和兼职等形式,提高对专业必修课中的主要理论知识和实践技能的掌握程度。

2. 提高基础能力

用人单位将大学生的环境适应能力、人际交往能力、自我表达能力等基础性的能力素质表现排在了前三名,甚至排在了专业能力和外语能力等专业素质前面;强调态度、合作技能、基本性格、创造力、信心等基础素质的重要性。基础素质的培养和基础能力的提高,要发挥个人的主观能动性,充分利用学校提供的环境和机会,实现全面发展的目的。

(1)积极参加社会实践,强化个人爱好

在社会实践方面,大学生活是一个五彩缤纷的世界,各种社团异彩纷呈,大学生应该在认识自我的基础上,挑选一到两个学生社团,锻炼交际能力、沟通能力、表达能力、组织管理能力,在活动参与过程中要注意气质的培养、形象的塑造。

另外,平时还要利用课余时间、节假日加强演讲、口才、社交、礼仪、管理学、心理学等方面理论知识的学习,从而做到理论与实践相结合。

在个人爱好上,歌曲、舞蹈等个人才艺是社会交往的必备,也是招聘单位考查大学生的重要方面。因此大学生应该有意识地培养几个爱好,并强化训练,特别是针对自己的薄弱环节,弥补自己才艺方面的不足,不少才艺能力是完全可以在短期内出效果的。

(2)注重品格培养,塑造迷人风采

一个人的品格由道德品格、健康品格和文化品格三方面来展现。

一是道德品格的培养。没有规矩不成方圆。大学生作为国家公民,应该遵守公民基本道德规范,这是实现人生价值、奉献社会的基础。道德品格不是与生俱来的,要靠接受教育,要靠理性的力量,更要靠大学生本人的身体力行。古人云:"勿以恶小而为之,勿以善小而不为。"作为当代大学生,更应严格要求自己,把自己锻炼成为一个道德高尚的人。

二是健康品格的培养。现代意义的健康,已经不仅仅局限于身体,它还包括心理,更包括对社会环境的适应,要能够与别人和睦相处、和谐生活。在我们的生活中,有竞争就有成功与失败,做选择就会有得有失。心理的不健康无非就是忧成败、患得失。

大学生就应该在加强身体锻炼的同时,自强不息,多向先进优秀的榜样学习,严格要求自己,树立正确的世界观、人生观,做到仁者不忧、勇者不惧。

三是文化品格的培养。文化品格是指一个人接受和继承人类文明成果的广度和深度。几千年来,人类在科学、技术、哲学、文学、艺术上的成就博大精深、浩瀚如海,在现在这样的一个知识经济时代,最糟糕的、带有侮辱性的称谓,莫过于"没有文化"。大学生应该珍惜青春,通过图书馆、网络等媒介汲取文化营养,充实自己的人生。

(3)合理规划职业生涯

如果把一个人的职业生涯比作一次旅行,那么出发之前最好先设定旅游线路,确保既不会错过梦想已久的地方,也不会千辛万苦却到了并不喜欢的景点。大学生中普遍存在对自身职业规划的盲点,导致在就业过程中的盲目和挫折。

必须明白,专业不等于职业,职业不等于行业,应主动参加职前教育和培训,做好自我评估,了解自己感兴趣的行业,选择职业目标,规划职业生涯。

3.提高差异性能力

拥有差异性能力的人,主要是指那些具备丰富的社会实践经验、大赛获奖经历、文体特长、综合的知识背景的人,也包括那些拥有较高基本能力和专业能力的求职者,是那些具备"人无我有,人有我优"能力的人。

可以从以下几个方面培养和提高自己的差异性能力:

(1)培养自己的广泛爱好特长

一个兴趣爱好广泛的人,获得差异性能力的机会自然会比别人多。在广泛的兴趣爱好中,通过自己长期的培养、积累,可以形成自己的特长。这些特长在一定程度上,是被用人单位看重的差异性能力。

在一些岗位的招聘启事中,还可以看到这样的要求——"有文体特长者优先",在这种情况下,多才多艺的人更容易获得该职位。因此,在校期间,要积极培养自己的兴趣爱好,在能力控制范围内,兴趣爱好越多越好,某方面能力越突出越好。

(2)努力拓展自己的知识面

综合的知识背景是近年来用人单位提出的新要求,知识背景的多样化,已逐渐成为取得就业优势的一个重要方面。比如,一些用人单位要求具备专业基础的人担任管理人员,如果是理工类背景兼修管理类课程,就具备了某种程度的优势。

在校期间,利用大学里专业学科门类多的优势勤奋博学,多自学或参加其他专业课程的选修,如果条件许可甚至可以辅修第二专业。通过学习既拓展了自己的知识面,又增加了自己在择业竞争中的选择面和竞争力,何乐而不为呢?

(3)积累丰富的实践经验

从已经毕业学生的反馈来看,多数人认为,社会实践有利于求职,因为社会实践是锻炼和培养自己能力的一个重要途径,丰富的实践经验,既可以证明学生的实践能力,也能显示出一个学生的学习能力和实践能力方面的差异性。

例如,在校担任校、院学生干部的大学生,由于经常组织参加各类活动,一方面通过实践锻炼获得了组织和协调能力,另一方面,通过积极参与这些活动(含比赛),锻炼展示了优于他人的某种实力,这些还会给大学生求职带来积极的效果。

(4)积极参加各种创业尝试

树立创新意识,提高自己的创业意识与能力。通过创业尝试和锻炼,既增长了自己的阅历,以及对行业、对社会的了解;又实实在在地提高了自己的能力,为自己积累了工作经验。

当然,差异性能力还包括多方面的内容,提高差异性能力的途径也非常多,无法穷举。但是,只要把握住差异性能力的特点和培养方法,就能在自己学习和生活中,主动地用自己的方式去培养和提高,增强就业能力,赢得就业竞争中的优势。

二、工匠精神养成

党的十八大以来,习近平总书记多次强调要弘扬工匠精神。党的十九大报告提出要"弘扬劳模精神和工匠精神",党的十九届四中全会提出要"弘扬科学精神和工匠精神",中共中央、国务院印发的《新时期产业工人队伍建设改革方案》也提出"用正确的世界观、人生观、价值观引领产业工人,大力弘扬劳模精神、劳动精神、工匠精神"。

大力弘扬工匠精神,对推动经济高质量发展、实现"两个一百年"奋斗目标具有重要意义。高职教育是高等教育的重要组成部分,数以亿计的高素质劳动者是国家发展和社会进步的人才保障,培养德智体美劳全面发展的社会主义建设者和接班人,高职院校责无旁贷。

中国历史上,工匠延绵不绝。技艺精湛的鲁班,"游刃有余"的庖丁,一直都是工匠的代表。有学者云:"于国,工匠是重器;于家,工匠是栋梁;于人,工匠是楷模。"

2015年央视纪录片《大国工匠》里,介绍了许多拥有顶尖技艺的一线技术工人。

2016年3月,工匠精神首次出现在政府工作报告中,要"鼓励企业开展个性化定制、柔性化生产,培育精益求精的工匠精神,增品种、提品质、创品牌。"党的十九大报告指出,要"弘扬劳模精神和工匠精神,营造劳动光荣的社会风尚和精益求精的敬业风气"。

那么,何为工匠精神?

工匠以极致的态度对自己的工作或产品精雕细琢,精益求精、追求更完美的精神理念。现代意义的工匠精神的核心内涵是,劳动者对工作所秉持的职业操守、精品意识和卓越追求。

工匠精神的共性特质在于,劳动者立足职业岗位,不断提升个人职业素养,孜孜以求地追求产品的质量。工匠精神既是一种技能,也是一种精神品质,既是对劳动者"才"的要求,更是对劳动者"德"的考验。

匠德,爱岗敬业,懂得尊重和关爱他人。

匠心,静下心来只为了能做好一件事,做精一件事。

匠艺,具备全面的专业知识,精湛的技艺。

工匠精神要求:做事先做人;第一次把事情做对;有因果思维、精进思维、利他思维。

(一)先做人,后做事

要改变三种思维:交差思维、差不多思维、走捷径思维。做人是做事的开始,做事是做人的结果。人生的成功＝价值观×人品×能力。其中,价值观是"发动机",人品是"方向盘",能力是"燃料"。

(二)先专注,后专业

人这一生,如果用1%的力气去选择,99%的力气用心重复,每一次都能感受到新鲜的力量;如果用99%的力气选择,1%的气重复,只能不断地重复失败。简单的事情重复做,就是专家;重复的事情用心做,就是赢家。

专注的自我修炼方法:

方法一:保持对工作的兴趣;

方法二:学会自我激励;

方法三:练习静坐和冥想。

(三)先增值,后回报

财富是每个人都希望拥有的,但一个人只有明白了财富必须通过自己的努力才能获得这个真理,才能真正拥有财富。能够帮助人一辈子获得财富的东西,只能是个人的能力。

如果把企业比作火炉,员工的劳动能力就如同木柴。获得的回报如同燃烧后的热量。木柴需要放在火炉里,才能燃烧得更好,就像员工需要企业作为展现能力的平台。

在工作中,先增值需要做到:把领导当作老师,把岗位看作舞台,把任务当成作品。

(四)先沉淀,后成才

不是每个人都能幸运地做自己喜欢的工作,但成功的人会在任何工作中都能找到成才的机会。很多时候，人们之所以懒散、逃避、得过且过，是因为手头上的工作看上去并不能带来人生的希望和意义，以及证明自己想要的价值。却忘了自己需要的，只是一个安静的心情、沉淀的工作态度。

沉淀心态的养成，首先要有自信的心态，信任自己、信任工作，真正把工作的过程当作是人生经验的积累。其次，要有重视心态、重视自己，要时刻想到将来如果取得更大成就时，应该拥有什么样的素质，并不断用这样的标准要求自己。最后，要有求知的心态。一个懂得沉淀的求知者，看待学习的态度是：不论以后是否从事这个行业，都要在工作的过程中，学会对自己有利的东西。

一个真正想成才的人，不会只关心如何用一个眼前的结果去换取直接的利益，会考虑过程带来的收益。

（五）先有为，后有位

先有为后有位，是一种双赢原则的体现。即你有了作为，为组织做出了贡献，组织就给你更好的位置，让你施展你的才能。

成功者的成绩、地位不是凭空喊出来的，也不是上天的恩赐，而是靠脚踏实地干出来的。从有为到有位，重要的是保持一颗平常心。

不论你以前从事过什么职业，或者家庭背景与出身如何，都要意识到：每天都是从零开始的积累与收获。

扩展阅读

匠守初心，追逐梦想

廖志略，男，汉族，中共党员，广东茂名化州人。广州华商职业学院2015届毕业生，现任广东培林化橘红茶业有限公司创始人。国家励志奖学金、校园十大自强之星、优秀毕业生等获奖者。

播种梦想：志当存高远。

他是在一个浓郁的化橘红文化氛围下长大的，对化橘红有着颇深的感情，但化橘红却一直未被大众所知，看到家乡果农种果难、销果难，因此他在高考填写志愿时，果断选择了广州华商职业学院市场营销专业，准备学成之后为家乡做贡献。

他怀着满腔热血踏上了向梦想前行的道路。市场营销专业必须理论加实际不断地循环学习，对于静不下心来看书、从未有过创新创业经历的他，是一个极大挑战。

幸运的是，在这时，他最感激的人——市场营销专业的老师和辅导员及时向他伸出了援助之手。老师们向他讲述专业知识的学习方法，让他尝试各种技能大赛，同时在国家励志奖学金的资助下，他感受到了国家和学校的温暖。老师鼓励他一定要坚持心中的梦想，他努力学习营销知识，经常在图书馆的里自学。

2014年，大三顶岗实习期间，他满怀信心地回到家乡平定镇，开始跟着外公深入细致地学习嫁培种苗、果树种植管理，渐渐地他又开始钻研化橘红烘干、切片等深加工，不断地提高自己对化橘红行业更加系统的认识，让自己成为内行，成为专家里手。

他为人忠厚诚实，勤劳刻苦，乡亲们也经常找他请教。廖志略为乡亲们耐心细致地解答技术难题,赢得了乡亲们的信任。

所以他始终期待着以一个能将梦想变成现实的契机,每天脚踏实地的努力与进步。在老师和外公的鼓励下,他创立化州市培林橘红种植专业合作社。这是一家集种植、收购、深加工、品牌销售于一体的创新型企业。他感恩外公的教育与培养,以外公名字注册申请"培林橘品"品牌,专业开发化橘红和橘红普洱茶产品。产品主要分为两大类:一是化橘红(橘红果,切片,七爪,五爪,乳果,切丝,橘红花);二是橘红普洱茶(一字饼,小方砖,瓜茶,七爪茶饼,橘红普洱茶)等。

合作社主要服务于家乡广大种植化橘红果农,为果农提供相关的种植技术支持,解决果农销果难问题。先后与40多户果农建立购销合作关系,其中有8户是贫困户、五保户。经过几年的努力,合作社发展了100多户果农种植化橘红,扩种化橘红,同时自己也不断扩大种植范围。

创业之初,廖志略就暗自下决心,精心打造专业的销售团队和品牌。他带领合作成员集种植、生产、加工及科研为一体,严格选取化州北部山区——平定镇产区的老树化橘红为主要原料,与传统的加工工艺结合,保证了产品从果园采摘最后送到消费者手上的都是地道、健康、无添加的化橘红系列产品。

2017年12月,廖志略以新研发的化橘红普洱茶为代表作品,参加首届"粤西创业创新大赛",与来自湛江、茂名、阳江、罗定等地200多家企业同台竞技,最终脱颖而出,获得大赛二等奖,化州市第一名的成绩。他的创业项目引起了茂名市领导的重视。

2018年,通过国家食品药品监督局颁发的SC认证,成为化橘红正规的生产企业。

2019年,为了使产品开发更新和推广为强有力的保障,公司成立了定位研发与销售化橘红和化橘红茶的事业部。并于当年研发了由化橘红和云南普洱茶合二为一的烘焙工艺再生茶,廖志略给它取名"小化橘"。

2020年,合作社成为国家农业产业强镇示范建设实施主体。

他的公司引进了多条定制的化橘红茶生产线,成为当地首家具备可以自主生产多种形态化橘红茶的厂家。同年,首创了"橘红小饼茶"概念,确立"烟酒常备,一饼一泡"的市场定位,并推出了首款由化橘红和福鼎白茶制作的橘红小饼茶,将化橘红和白茶的药用保健价值完美融合在一起。

今天,廖志略的事业不断壮大,不仅种植、收购、加工、销售茶叶、化橘红、中药材、土特产、农副产品(不含棉花、粮食、烟草);还批发零售化橘红制品、茶、食品、保健品、药品等。

他实现了自己的创业梦想,带富了一批家乡的父老乡亲。但他始终不忘初心,回馈社会。2020年面对突如其来的新冠疫情,他第一时间分别向湖北省武汉市、黑龙江省捐赠了价值超60万元的化橘红物资。

廖志略的目标是传播化橘红文化,并以此为终身事业去奋斗,以品牌和资本的力量,带动化州地区广大种植化橘红的农户发展,让化橘红文化能焕发新的生机并传承下去,让化橘红造福更多有需要的人们。

三、生涯发展迷思自我澄清

第一,我以前没有好好学习,许多基础知识都不扎实,而这会成为我职业选择的阻力。并且,这些已经都是历史,现在再努力也无法弥补,但决定了我未来的职业发展很糟糕。

自我澄清:

无论对谁来说,最重要的都是现在而非过去。固然,你可能曾经没有好好努力,许多基础知识都不够扎实,但是只要你现在认识到这是一个发展的屏障,你就应该去寻求弥补的方法:或者去再学习,或者去回避某些领域。

总之,你需要全面衡量自己的现状,而不是把现在当成历史不可替代的"恶果"。你现在要做的是选择改写历史的方法。

第二,我以前犯过严重的错误,是挥之不去的阴影,它将阻碍我的职业发展。

自我澄清:

人都难免都会犯错误,对于自己,也不必过于苛刻。曾经可能真的犯过什么"不可宽恕"的错误,但是它也应该是你生活的经验积累,你应该在克服这些"错误"中成长,成就自己的职业发展。也就是说,你是一个变化中的人,你要主宰着自己朝着积极的方向迈进。

第三,如果让我分别用一句话来概括自己的兴趣、价值观和技能,我会说不上来。我感觉自己永远无法充分地理解自己,在职业规划方面,我也一直没有一个非常确定的方向。

自我澄清:

在职业规划方面要有一个恰当的匹配,第一步就是对自己有切实的了解:了解自己的个性倾向性、兴趣指向、价值观、技能特征,以及自己学习新知识的特点等方面的信息。

只有了解了这些信息,你对自己在职业追求方面的需要才能比较明确,选择的主动性和针对性才能更强。也许了解自己最全面的特征和倾向会让你感到不可能。

但如果你的决策问题都因此表现出一种逃避状态,把"自己永远无法理解自己"作为无所事事的借口。"对自己充分了解"固然重要,但永远不会是百分之百。现在就需要打破这种自我设限,开始行动!

第四,我想不出有哪个职业会适合我,我好像什么都不擅长,但又好像什么都可以。

自我澄清:

你感到有些失落,这也许会使你放弃努力。仔细分析一下,为什么会这么想呢?

首先要问一下,你对可能选择的(职业)是否了解,你知道这些职业都要做什么、对人有什么要求、会有怎么样的发展吗?

现在可能需要做的是:选择一种了解你未来可能从事工作的方法。人的潜力的确是无限的,但是大部分只能以潜力存在,无法变成实力。所以,你现在要去探索自己的实力在哪里,以此为基清晰自己应该为之努力的方向与目标。

第五,我总是希望任何事物都应按我自己的意愿发展,如果不能获得我希望的职位,我一定无法忍受这种失败。

自我澄清:

相信你也明白事事不可能尽如人意的道理。任何事情的发生、发展都有理由。有时即使你已经充分准备,也有可能发生意外。

但面对这种"意外",你需要做的是去分析"为什么",而不是去否认它的存在或者把"意外"都归因于自己。可能从这种分析中,你会得到对自己的发展更有利的东西。

下一次就去想想,你下一步行动成功的条件是什么,失败的原因有哪些,如果你做了但是没有成功,那到底会怎样。也许,失败并不那么可怕,它不会一下子把你击溃;也许成功并不那么难以企及,也许一下子你就成功了。所以,最重要的是行动的过程。

第六,我相信,将来走向社会和职场,我做什么工作决定了我的社会地位,如果工作好,我也显得有价值;反之,我就会处于社会底层。

自我澄清:

一个人的社会身份固然受职业的影响非常大,但是这种身份的认识还是根基于自己对自己的认识。即使一个人在高档的写字楼里工作,被大众认为是受羡慕的白领群体,但他(她)也有可能并不认可这种状态。自己的价值其实决定于自己对自己状态的认识、自己对自己职业的认识。

因此,现在要做的是发现和承认自己的不可替代的价值所在,这是最基本的生命观念。在现实生活里,你也需要体察自己的角色潜力,为自己"安置"一个最最适合自我发挥发展的位置。

第七,我一定要找到这样的职业,它能获得于我而言重要的人的喜爱和赞许,比如使我母亲引以为荣、使父亲自豪、获得某位老师的夸奖等。

自我澄清:

一心想着如何得到他人的肯定,你的行为将不能自主而由他人导向。往往难以完全对自己的行为负起责任,这将会使你无法全身心地投入到对目标的追求中去。这样你就会特别在乎他人的评价,即使得到了他人的肯定和赞许,还是会担心赞许的多少、程度。

其实,人最重要的是做自己认为值得去做的事。他人的观点都只是在自我了解基础上的参照。

第八,我不习惯在别人手下工作,做事情都要看老板的眼色,所以我打定主意只要一毕业就自己当老板,当老板只要会发号施令就可以了。

自我澄清:

人们往往只看到老板发号施令的那一面,其实老板发展到这一天也同样经历了被发号施令的阶段;只有经历了那样的阶段,才能够很好地把握发号施令的内涵。

另外,对自己的职业目标,应该把握自己当下的具体情况。有时人们逃避现实挑战,就给自己设定一个遥不可及的目标。

因此,改进的方向就是不要回避问题,在生活中、在行动中、在当下认真进行自我分析与探索。

第九,这个世界上一定存在一个最适合我的职业,能完美地匹配我,符合我的兴趣和对收入等各方面的期待。我一定要找到这个职业,我不希望在其他的职业上浪费时间和精力。

自我澄清:

持有这种观念,会使人忽视那些现实可行但不够完美的解决问题的途径,从而拖延进程,丧失机会。世上的事往往很难得到"最好的",理性的人懂得如何选择"较好的"。职业的选择与发展正是在这种一次次变得"更好"的轨迹上得到自我实现的。

另外,理想的完美是每一个人追求的目标,但是绝对的理想和完美是不存在的,理想与现实往往需要平衡。

所以,你要发挥你的主动性:一是认清自己,选择适合自己的生涯环境,二是可以适当改变自己以适应环境的要求。

第十,选择好一个方向或职业之后就不能再回头了。如果做出了决定,就难以更改。

自我澄清:

一个人选定一个方向或职业之所以有"从一而终"的观念,原因之一是惋惜过去曾经投注下去的时间、精力与金钱,而又害怕面对新方向或职业,其所隐含的损失可能远超过对于新方向"投资"的收获。

另外,一个人不管多么仔细地去计划未来或职业,总是或多或少地要冒一些风险。

第十一,一想到职业选择问题,我就胸闷,总觉得无法左右。我的情绪经常波动,我对自己情绪的控制无能为力。

自我澄清:

把情绪低落的原因归结为外界因素,实际上是放弃了改变情绪的努力,完全被情绪所控制。其实,每个人都应该对自己的情绪负责。

也就是说,你才是你自己情绪的主人,除了你自己,谁也无法为你的情绪负责。如果对一件事情做了充分的准备,可以预期可能的结局,并准备好应对的措施,那么你自己完全可以控制好自己的情绪。而且,即使情绪表现出来了,你也完全可以用各种方式进行调节。

第十二,在对职业进行选择时,我会对父母、朋友等一些我生活里重要人物的观点优先考虑。但很多时候,他们的观点与我的并不相符,这让我非常焦虑,使我经常举棋难定。

自我澄清:

生活中,长者、智者、亲密的朋友,往往都会成为我们不可替代的宝贵资源。但有时资源太多了也让人左右为难。如果在这种"丰裕"的资源中选择,其实最核心的一点就是首先把握好自己追求的东西是什么——反复思量一下你的职业价值观。

然后,在这个主线下,对重要他人的观点进行选择和取舍。同时,也要好好衡量这个过程中的"舍-得",因为最重要的一点是:你自己要为你自己的选择负责。你需要做的就是寻求对自己内心目标的清晰,然后实现与周围人要求之间的平衡。

第十三,任何时候我都感觉自己做事情没有底,尤其在面临自己职业选择的时候,我更期待有一个比我强的人来做我的后盾。

自我澄清:

现代社会的人是相互依赖的,但这种依赖又以独立自主为前提。单纯的依赖,失去自主,失去自我价值,被依赖者也会觉得是负担,是不会长久的。只有自己以独立的态度去认识自己面临的问题,才能够很好地发现自己的潜力,从而突破原有的限制并得以发展。

所谓"机遇垂青有准备的头脑",指的是先要使自己处于充分的"准备状态"。这个状态就是自己付出努力的过程。当然,一个强者在背后的支持也会给你巨大的力量,但这一定要建立在你已经有力量的基础上。

第十四,"技多不压身"是我的信条,我觉得有价值的人应该各方面都比别人强。我希望在实践之前不断地学习和补充自己,直到觉得自己足够强大再出击。

自我澄清:

一个人对自己的要求过于严格完美,往往会使自己变得紧张、焦虑,害怕尝试。这种信念会使你总是处于资料收集阶段,而不敢去实践;而且这种信念放大了自己暂时的落后,影响自己的信心。

要相信,人无完人,与过去相比自己能不断提高、充实、进步,就应该感到欣慰了;另外只有开始做了,并且做成功了,才会一步步树立自己的信心。

第十五,我发现很多时候我都是在逃避它,回避职业规划的挑战与责任。

自我澄清:

逃避可能会得到片刻的轻松,但许多时候勇敢面对才是良策。"困难像弹簧,你强它就弱,你弱它就强"。有时候,职业规划作为人生不可忽略的发展阶段,你的逃避可能注定未来更加艰难。

现在就开始将面临的问题细分,分化后逐一解决,分解后的困难也许会比你想象中的小得多。

第十六,我感觉现在有许多门课完全可以不用上,因为这些课对我职业目标和职业发展没什么用处。

自我澄清:

大学任何一门专业的设置都是经过慎重研究分析的,不同的课程对于专业的发展都是非常重要的。但是,也不否认,一些课程只是侧重了专业的完整性,并没有关注到职业或市场导向。对此,你需要做深入分析,了解一下各门课程的作用是什么,在此基础上再做出取舍。

另外,即使是没有用的课程,如果在学校的"游戏规则"中规定它是必须完成的,那么,也请你在这个"游戏规则"的允许下进行取舍。

第十七,我什么事情也做不好,我有过很多糟糕的经历,不管我怎么努力地去找工作,结果也是失败。

自我澄清:

世界上没有"一无是处"的人。当人们第一次失败时,会认为是运气不好。但是,当人们面临的失败多了,往往就会认为是自己的固有的问题。此时,如果不去寻求突破,往往会陷入不能自拔的境地。

突破点,首先就是要相信自己还没有到万劫不复的境地;其次就是尝试做一些迈向自己目标,而且能够成功的事情,无论这个事情多么微不足道,都要增加自己的信心;再则从以往失败的经验中探索自己的不足之处,并且依据自己情况做合理的调整。

第十八,通过一步步的探索,我已经大致了解了自己的特点,明确了自己的方向。但是我无法制订实现这个目标的计划,我不知道如何去做!

自我澄清:

这样的情况也是非常普遍的,但是要看到你已经在实现自己生涯规划的道路上取得了很大的进步。行动的策略虽然还不明确,那说明你需要对目标进行细致化分解,从而明确出一个个的小目标。

同时,你也可以寻求一个有经验的人的帮助,共同来确定你的行动计划,并且邀请别人来监督你的行动和进展。

第十九,我无法忍受面试频频受挫的打击。

自我澄清:

常言道人生不顺十之八九,成功与失败最大的区别就在于对这些"不顺"、这些"挫折"如何运用。如果你用它们来伤害自己的信心,那么挫折会让你渐失斗志。

如果能够从挫折中发现自己可以改进的道路,那么,挫折就会成为不断成长的催化剂。很多时候,一个人总是受挫,可能普遍的原因是自己的目标设定不当。是否也需要反思一下自己的目标呢? 毕竟,获得工作其实就是在一次次的面试中听到无数次的"No"之后得到的一个"Yes"。

经过了以上的想法辨析,是否对你的一些固有迷思有了一些澄清?

有时候,我们并不是缺乏信息,而是受到了一些非理性想法的束缚。建议多反思一下自己是否受到了一些自身成见的干扰。

思考与练习

1. 如何提升自我的就业能力?

2. 总结分析自己的就业观念。

3. 请按照下列格式编制一份自我职业规划书

(1)序言。为什么要规划自己的职业生涯?

(2)自我评估。总结自己的兴趣爱好;优势和劣势;成功的经验;失败的教训。

(3)解决问题的办法。需要利用哪些资源;朝什么方向转变或过渡;参加什么教育或培训;采取什么具体措施和方法?

(4)职业目标。总体目标(职业发展历程,职业发展踏线图);具体目标(事业、学习、家庭、健康等分项发展目标);近期目标(3~5年发展目标);年度目标;可变因素分析及相应调整办法。

(5)实施措施。列举职业发展的知识结构;每一阶段的时间安排;可能遇到的困难;当前要做的工作;必要的调整和反馈。

(6)结束语。

实训项目

"企业开放日"——参观式学习与研讨式学习。

第 四 章

细致周密的求职准备

宜未雨而绸缪,毋临渴而掘井。

——清·朱柏庐《朱子家训》

【学习目标】

1. 了解就业前的心理困境及调节方法。

2. 了解并掌握求职信息收集的种类、要求、特点、内容、途径、方法等,明确收集求职信息途径和有效筛选。

3. 掌握求职材料的作用,有效制作求职材料。

【技能要求】

1. 调整就业心态,为择业就业做好心理准备。

2. 对就业信息进行分析、整理、加工和利用。

3. 能制作完善、精美的求职材料。

> 引导案例

用成果证明能力

2019 年,对即将大学毕业的小刘来说,是一个幸运年。因为,他是全班同学中第一个成功找到工作的人。

小刘是市场营销专业的学生,在校期间一直担任班级的学习委员,学习认真刻苦,多次获得奖学金。

新年伊始,已进入大学最后阶段的他,和众多同学一样开始寻找工作。在人才市场大型招聘会上,他选择了市内某大型商场品牌家电的销售岗位,为了成功应聘,他利用招聘会前的一周时间,对该品牌的家电产品做了细致的市场调查。从市场份额、产品性能,到竞争对手等各方面的情况,都做了详细的了解,并在招聘时拿出了一份翔实的市场调研报告。

最后,他击败了众多高学历的竞聘者,被该单位录用。

117

小刘针对目标公司和岗位,结合自己的专业知识,提供了可行性调研报告。用人单位最希望的就是能招聘到实实在在干工作,能给单位创造价值的人。

求职是一项系统工程,在人力资源供过于求的市场背景下,竞争变得尤为激烈。高职大学生求职,不仅要经历一个持久的过程,而且要通过复杂的选拔程序。

古人云:"未雨绸缪""凡事预则立,不预则废"。求职亦然,面对复杂的求职环境,高职大学生必须根据自己的实际情况和人才市场的需求,在充分做好心理准备、信息准备、材料准备的同时,熟练掌握相关求职技巧,才能使自己在求职过程中得心应手、游刃有余。

迷迷糊糊的常同学

同学小常,第一次去一个外资企业面试,不知道要准备哪些东西,就迷迷糊糊去了。结果可想而知,失败了。

当他真正有点紧张的时候,是发现班级的多数学生基本有单位落实了。

一周后,一家单位通知他去进行面试。在面试的前一天,他把专业书拿出来看了看,背了一些概念性的知识。面试的时候,回答问题也是吞吞吐吐的,有些问题根本无从下手,不知怎么回答。

过了一个星期,同学收到了被录取的好消息,而他又失败了,他开始慌了,感觉前途一片黑暗。

而后,他就一个人奔波于各种招聘会,但都没有他想要的工作,要么是学历达不到,要么是专业不对口,心里很是着急,也不知道向谁倾诉,只好一个人默默承受。当他找到工作的时候,其他同学已经工作近五个月了。

分析:小常求职失败的原因有很多。

首先,作为一个即将走上工作岗位的学生,没有及时做好自己的求职材料,面试是求职成功的必经之路,一份好的求职材料将是照亮这条道路的指明灯,具有说服力和吸引力的求职材料是成功的第一步。求职材料的准备,是我们任何一位求职的学生需要认真准备的。

其次,小常每次面试都抱着试试看的态度,对于即将面试的单位不做任何了解,这也是我们很多同学当前情况下面试的通病,当然肯定都会以失败告终。

认真对待每次面试,通过面试不仅能考核一个人的业务水平,而且可以直观地了解应试者的应变能力等状况,具有较强的直观性,减少了招聘过程中的很多环节。所以,一定要事前做好认真的准备。

再次,基础知识的储备不够,不是到面试前,再把专业课的书拿出来看。高职院校以培养学生的职业能力为主,这也是高职院校区别于其他普通学校的优势所在。目前,高职大学生学习的主动性不够,目的性也不明确。这需要学生具备一定的主动学习的能力。

最后,长期的求职失败,会造成一定的心理压力,毕业生在求职过程中,遇到的困难和暂时的失利,应当正确对待,做好积极的心理调适。

求职是一项系统工程,在人力资源供过于求的市场背景下,竞争变得尤为激烈。高职学生求职不仅要经历一个持久的过程,而且还要通过更为复杂的选拔程序。古人云,未雨绸缪,不打无准备之仗。凡事预则立,不预则废,求职亦然。

面对复杂的求职环境,大学生必须根据自己的实际情况和人才市场的需求,在充分做好信息准备、心理准备、资料准备的同时,熟练掌握相关求职技巧,才能使自己在求职过程中得心应手,做到游刃有余。

理论指导

第一节　充分的心理准备

就业心理是指择业者在择业前所表现出来的与职业认识、职业选择、择业途径、择业态度等方面的心理状态,或思想认识。有什么样的就业心理,就有什么样的就业途径和职业选择。目前,双向选择的就业模式,既为高职大学生提供了平等的竞争机会,同时,也带来了极大的思想和心理压力。

毕业前做好就业心理准备,需要了解影响就业的心理因素,自觉加强就业心理准备,努力提高自我的就业心理调适能力,塑造积极的就业心态,为顺利就业做好准备。塑造积极的就业和择业心理,是高职学生就业成功的内在条件。

一、求职过程中的心理困境

就业心理困境是指毕业生在就业压力和心理承受力的相互作用下,失去了应有的心理平衡,在择业前,产生的一些不健康的心理现象或心理倾向。

就业心理困境的表现形式多种多样,常见的有以下几种。

(一)心理冲突与挫折感

在求职择业的过程中,常面临着种种两难选择,以致产生激烈的心理冲突。如,渴望竞争,又缺乏竞争的勇气;希望自主择业,但又不愿承担风险;胸怀远大理想,却不敢正视现实;注重专业能力的发展,但又互相攀比、爱慕虚荣;重事业、重发展,但又无法舍弃眼前物质利益;既崇尚个人奋斗、自我实现,又有较强的依赖感等。这些心理冲突给毕业生择业带来了困境,使得部分学生在就业中感到十分迷茫和困惑。

高职大学生一直生活在校园,生活条件优越,经历比较简单。没有经受过挫折的考验,心理承受能力和自我调节能力普遍较差,情绪波动较大,情感较为脆弱,缺乏对待挫折的准备。

在择业过程中,大多毕业生希望一蹴而就,能够顺利就业。一旦受到挫折,往往心灰意冷,悲观失望,自惭形秽,对自己、对未来失去信心,或不思进取、消极等待,或怨天尤人、顾影自怜。

(二)自卑与自负心理

自卑是一种轻视自己或低估自己能力的一种心理倾向。

自卑心理在毕业生求职过程中,表现得较为普遍。面对就业艰难,部分高职大学生看不清自己的优势和优点,往往形成脆弱、优柔寡断、怯弱的性格。

在择业过程中,对自己缺乏自信,缺乏勇气,谨小慎微,缩手缩脚,不敢主动向用人单位推销自己,不敢主动参与就业竞争,陷入不战自败的困境中。

这些学生可分四类：

一是性格内向的学生，他们不善交际，在面试过程中，面对用人单位的面试交谈，紧张得面红耳赤，语无伦次，准备好的说辞也忘得一干二净。不能充分展示自己的才华，也就不能很好地推销自己；

二是择业受挫的学生，他们在就业中经过几轮拼杀后败下阵来，从此一蹶不振，开始怀疑自己的能力，有的甚至产生了轻生的念头；

三是女生，部分女生在面对择业时，对存在的性别歧视感到束手无策，表现出自卑气馁；

四是在校期间降级的学生，或受过处分的学生，他们明显感觉到低人一等，不能坦然面对择业。

有自卑心理的大学生面对激烈的竞争，胆小、畏缩、悲观失望，不能很好地表现自己，往往错失良机。

与自卑心理相反，自负心理是缺乏客观地自我分析和自我评价的表现。

许多高职大学生无意中会流露出优越感。在职业选择时，往往体现出对职业的过高期望，择业条件苛刻，追求完美。追求最优工作，把工作地域、工作环境、工资待遇等作为自己的择业标准，从中满足自我实现的需要。

不切实际地自我欣赏，在求职中期望值偏高，好高骛远，择业脱离实际，总认为自己什么工作都能胜任。"是我去择业，而非职业择我"的错误观念根深蒂固，自负武断。一旦未能如愿，情绪一落千丈，最终易导致孤独、失落、抑郁等心理现象。

（三）攀比与嫉妒心理

攀比心理指大学生在求职过程中，不从自身实际出发，不考虑所选单位是否适合自己，而是盲目攀比，攀比工作的地点与环境，攀比收入和待遇，攀比职位和行业等。

在激烈的竞争中，有的学生自认为，自己条件优越，比别人强，希望自己的工作比其他同学好，待遇比其他同学高。在求职过程中，把目标定位与别的同学比较，只对那些条件高于其他同学的职位有兴趣。这种攀比心理，导致很多学生迟迟没有签约就业，结果错过很多好机会。

同时，遇到同学找到待遇好的工作时，只会一味产生嫉妒心理，认为自己肯定会找到更好的工作，迟迟没有实际行动。

（四）焦虑与恐惧心理

焦虑是一种紧张不安并带有恐惧体验的情绪状态，多半是由于不能实现目标，或是不能避免某些威胁而引起的。一般学生表现的焦虑程度较轻，主要有不安、烦躁、忧虑及某些心理反应。

择业、就业是高职大学生走出校门走向社会的第一步，是人生中的一次重大转折。在职业选择过程中，国家需要、个人意向、有限的供职岗位、多样的工作环境等多种因素，令每一位涉世不深、社会经验缺乏的学生深感困惑。

面对纷繁复杂的社会，以及日趋严峻的就业形势，日益激烈的就业竞争，更加觉得自己身心承受着巨大的压力。

一方面，理想的职业无法轻易获得，需要自己合理定位，不懈努力；另一方面，用人单位在选择人才时，也不是一锤定音，要多方面地了解与考察。在等待就业的过程中，很多同学就产生了焦虑心理。

成绩优秀的同学,担心找不到理想的工作,体现不出自己的价值;成绩较差的同学,担心没有单位接收自己;女同学担心自己受到性别歧视;年龄大的同学,担心自己没有竞争优势;冷门专业的同学,担心根本找不到用武之地;等等。

这些毕业生在面对理想与现实、就业与失业、签约与违约、就业与升学等矛盾,以及各种选择和诱惑时,常会感到难以取舍、无所适从、焦虑烦躁。

轻度的焦虑是正常的,适度的焦虑,还可以使人产生压力感,催人奋进。但过度的焦虑,就会影响人的正常生活。

就业焦虑发展到严重阶段,可能产生"就业恐惧"。

有的同学平时的知识与经验积累不足,求职的知识、能力和心理准备不充分,在求职屡屡受挫后,产生了恐惧感,一提到就业就心理紧张,怀疑自己,否定自己,逃避现实,个别人甚至产生绝望的心情,出现极端行为。

二、择业时的心理倾向

受社会环境、传统观念及心理困境的制约,高职大学生在择业与就业过程中,常常产生一些不正确的心理倾向,影响就业路径的选择和就业成功的概率,也影响未来职业的发展,每一个毕业生都应该对此有一个清楚的认识。

(一)依赖倾向

很多高职大学生缺乏主动参与意识和竞争意识,信心和勇气不足,不能主动参与竞争,等、靠、要的依赖心理严重。

他们不是主动向用人单价展示自我、推销自我,依靠自身的努力去赢得竞争、获取职位;而是寄希望于学校,寄希望于政府,寄希望于家人。等待政府、学校帮助解决就业,坐等家人及亲属帮忙,等企业上门招聘。这种严重的依赖意识,使得毕业生在市场竞争中十分被动。

(二)从众心理

从众表现为随大流、人云亦云,是行为主体缺乏主见的心理表现。高职大学生由于社会阅历较浅,社会认知不足,在毕业择业时,表现出的"从众"十分普遍。

一个单位来校招聘,同一专业的同学要么一拥而上,要么都不去。对自己没有正确的定位,认为大家都去,肯定好;没有人去,肯定不好,表现出明显地从众倾向。

求职的从众倾向还表现在对社会认知和家人认知的顺从上。社会认同较好的行业,大家都去竞争;社会认同较差的行业,大家都避而远之。或是家人认为好的职业就选择,家人认为不理想的职业就回避。

从众心理加剧了就业的竞争,也使很多毕业生错失许多就业机会。

(三)求稳倾向

求稳的心理倾向是指高职大学生担心未来工作的不稳定,择业时从职业的稳定性出发去选择那些国企、事业单位或公务员职位。这是保守心理的一种表现,受传统观念影响较大。

(四)名利倾向

名利倾向是指高职大学生在求职过程中,一味地注重高收入、高地位、好行业、名单位等,把名利作为求职的第一标准,忽略了自己的特长和未来职业的发展。

(五)侥幸心理

随着毕业生人数的逐年增加,用人单位对人才的选择余地越来越大,就业竞争越来越激烈。高职大学生为了提升自己在就业竞争中的砝码,心怀侥幸,希望通过夸大自己的业绩、能力等手段,来提升竞争能力。于是,出现简历注水、成绩造假、学历造假等现象。

事实上,这种侥幸在求职中不仅不能得逞,反而还会给自己求职和职业发展带来很大障碍,甚至影响到其他同学求职以及学校的声誉。

三、学会就业心理调适

择业时,不可避免地会遇到很多困难或挫折,引起许多心理矛盾和心理障碍。这既不利于择业,也不利于身心健康。应该做好充分的心理准备,消除择业心理困境,克服不良心理倾向,塑造健康的心理模式。

择业的心理困境人人皆有,只是程度不同。高职学生要塑造良好的就业观,通过自我调适,克服各种心理困境和障碍。

(一)理智思考

在遇到困难和挫折时,要保持健康的心理,很重要的一点是能够理智思考,正确面对和接受现实。并能保持灵活变通的思维方式,随时修正自己不合理的想法,不固守原有的僵化观念。

首先要理智地分析自己,明确自己的长处和不足,增强信心,相信凭真才实学一定能找到合适的单位。

其次,遇到困难和挫折时,要冷静分析原因,根据原因,对症下药,适时调整,而不怨天尤人。

(二)学会放松

求职时,如果心情紧张,可通过自我放松练习进行缓解。常见的放松方法有两种:

第一种是肌肉松弛训练。

先紧张某些肌肉群,然后放松。例如,用力握紧拳头,坚持10秒钟左右,然后彻底放松双手,体验放松的感觉;将脚尖使劲向上翘,脚跟向下紧压地面,绷紧小腿肌肉,坚持10秒钟,然后彻底放松,体会小腿放松的感觉。

第二种是意念放松训练。

先稳定情绪,静下心来,闭上眼睛,排除杂念,把注意力集中到下丹田,用腹式呼吸法慢慢呼吸。

(三)适度自我激励

求职择业时,信心不足,会紧张胆怯,甚至自卑。可以通过自我激励进行调节。具体的做法有两种:

一是进行积极的自我心理暗示,自己给自己打气、加油、壮胆。比如,择业或面试前,对自己说,不要紧张、放松,我一定会成功,紧张什么? 别人未必比我强,我是最棒的! 等暗示语言,能缓解过分紧张的情绪,增强自信心。

二是大胆实践。择业时主动出击,用每一次小的成功来激励自己。例如,要求自己主动与用人单位的代表打招呼,握手问好,把心里的想法坦率地说出来等,以此来激励自我。

（四）适当宣泄

宣泄是心理调适常见的一种方法。是通过一定渠道把人内心深处的冲突和压抑的情绪发泄出来，以求内心的平衡。比如：哭泣、向熟悉的人倾诉、剧烈运动、发泄等，都可以缓解内心冲突，消除心理矛盾与痛苦，释怀心理压力。当然，宣泄情绪一定要注意场合、身份、气氛，且无破坏性。

（五）自我安慰

遇到挫折是正常的，应该进行适当的自我安慰，以缓解心理矛盾冲突。消除焦虑、抑郁、烦恼和失望情绪。如面试后落选了，可以安慰自己：失败乃成功之母；跟有的人比，我算好的了；车到山前必有路。

（六）心理咨询

为了消除焦虑、烦恼、抑郁等心理障碍，毕业生可以向专门的心理咨询机构寻求帮助。每所学校都建立了心理咨询机构，社会上的心理辅导服务也纷纷兴起。

心理辅导老师或心理医生也都能帮助毕业生迅速有效地消除各种不情良绪，以及帮助毕业生更加客观正确地认识自我，进行心理训练，提高择业技能技巧。

第二节　内部求职信息

求职信息是指通过各种媒介传递的有关求职就业方面的消息和情况，如就业政策、就业机构、供需双方的情况及用人信息等。

求职不仅取决于一个人的知识、能力、体力、社会和经济的因素，也取决于求职信息。求职信息对于每一位谋求工作的毕业生来说至关重要。

择业决策的过程，实质上就是一个与择业有关的信息搜集、处理和转换的过程。在择业过程中，无论是职业目标的确定、求职计划的设计，还是决策方案的选择，求职信息的搜集和处理都是基础。

一、求职信息的分类

按照信息内容的范围，求职信息可分为广义和狭义两种。

从广义的角度来说，高职学生从入学起，陆陆续续接收到的各种有关求职的信息和所学的知识（因为对将来的就业有价值）都属于求职就业信息；狭义的求职信息则集中于毕业前夕获得的大量对求职者有价值的信息。

按照信息的来源，求职信息可以分为外部求职信息和内部求职信息。

内部求职信息通过大学三年学习和锻炼，毕业生的各项能力日渐趋向稳定成熟，兴趣、爱好、专业特长也逐渐形成，根据这些具体因素，可以了解到自己最适合做什么种类的工作。其实，这种对自身情况的了解、分析过程，也是一种获取求职信息的过程，即掌握内部求职信息的过程。只有认真了解自己的内部需求信息，才能为更好地运用外部求职信息，为将来就业打下良好的基础。因此，在求职择业的准备过程之中，每一位毕业生不应该忽视来自自己的内部信息。

外部求职信息是指毕业生通过各种途径获取的关于宏观的就业政策、地区的用人政策和企业的发展状况、用人单位的性质、人才需求等信息。这部分即为大多数人所定义的求职信息,正在受到求职者的日益重视。

无论是广义的求职信息或狭义的求职信息,还是外部的求职信息或内部的求职信息,因素都可以划分为两种:可控因素和不可控因素。在大学学习期间,来自外部的求职信息主要是被动的、零散的,属于不可控制因素。

同时,由于自身条件即内部信息正在形成之中,尚可改变、把握,使之人为地、有目的地向某一个方向努力。所以,此时的内部信息还是可控信息,可见职业生涯的设计越早越好。

由此可见,在求职择业期间,有两大因素起着决定作用,求职操作的方法是在了解自身特点的基础上,积极搜寻外部求职信息。

(一)政策类信息

政策类信息是毕业生要掌握的首要信息。主要包括国家关于毕业生就业指导的政策、就业优惠政策、自主创业政策、学校和地方关于大学生就业的各种政策和规定。如西部计划、三支一扶、各地区制订的大学生接收计划等。

(二)专业状况信息

主要包括专业特色、课程设置、专业发展前景、专业适用范围、专业市场需求状况等。

(三)宏观经济状况及市场供需情况

宏观经济状况及市场供需情况是指国内外及地区经济发展总体现状与趋势,就业市场的整体状况、本届毕业生就业市场总体形势,供需比例与结构等。

1.用人单位信息

招聘单位的准确全称、隶属关系,它的上级主管部门是谁(指人事管理权限),此次招聘中所需要的专业、人才的数量、使用意图、具体工作岗位及要求。

招聘单位的性质及在行业中、地区中的地位,以及发展前景。

招聘单位的发展历史,目前的硬件设施、发展规模、经济效益、职工收入状况及其他福利待遇(奖金、住房等)情况。

招聘单位的管理体制、岗位设置、技术人员、管理人员、职工培训机会、个人发展前景等方面情况。

招聘单位的人事管理制度、人才使用情况,如劳动合同签订的年限等。

招聘单位的地理环境、文化生活、办公条件等。

招聘单位的联系方式,如通信地址、联系电话、邮政编码、联系人、传真、E-mail等。

2.招聘活动信息

学校和政府及各社会机构举办的各种招聘活动,包括招聘单位的数量、地域分布、招聘活动的性质、特点、类别、举办地点等。

3.其他与求职相关的信息

包括择业技能、教师资格考试等方面的相关信息。

了解求职信息的分类,可以为全面地收集信息,合理地利用信息奠定基础。

二、收集求职信息的途径

毕业生收集就业信息的渠道有很多,常用的途径有以下几个:

（一）政府和学校各级就业主管部门或就业指导服务中心

这是毕业生收集就业信息的主渠道。就业主管部门负责毕业生就业管理工作，不仅能宣传相关就业政策、制定相应的就业管理办法，同时也能为学生提供必要的就业指导和帮助，可提供大量就业信息供毕业生选择。

校内大学生就业指导服务中心是连接毕业生与社会的桥梁，与上级主管部门和社会各界及很多用人单位都保持着密切的联系，也是用人单位选择毕业生所依赖的一个重要窗口。

通过学校就业指导机构获得的信息具有以下几个特点：

针对性强。一般用人单位是在掌握了该校的生源情况、专业设置、教学质量等信息之后，才向学校发出需求信息的，这些信息完全针对该校应届毕业生。而在人才市场和报纸杂志上获得的需求信息，是面向全社会的。

可靠性高。在用人单位给高等学校的需求信息公布给学生之前，各高校学生就业指导机构要先审核，保证信息的可靠性之后，才向学生进行信息发布，择业效率大大提高。

成功率大。学校提供用人单位信息和召开供需见面会的时间，一般都会安排在省、市应届大学毕业生大型招聘会以前，这段时间学校掌握用人单位的需求信息最为集中，量也最大，一般毕业生只要符合条件，并善于把握好自己的话，在学校召开供需见面会时，供需双方面谈合适，马上就能签订协议。

（二）新闻媒体

新闻媒体形式多样，涉及面广，传播速度快，信息量大，且真实性相对较高，是毕业生收集就业信息的重要途径。

在传媒业高速发展的今天，报纸、杂志、广播、电视、网络等各种新闻媒介和新媒体平台，都从不同的侧面和角度反映大学毕业生的就业状况，为毕业生就业提供各种服务。通过新闻媒介可以了解就业政策、不同行业的就业现状和职业发展前景，以及用人单位的人才需求信息等。

（三）供需见面会和人才招聘会

毕业生供需见面会一般由省市就业主管部门或各高校组织。

供需见面会组织正规，参会的用人单位及提供的职位比较多，毕业生通过供需见面会，可以与用人单位面对面交流洽谈，能够全面了解用人单位的信息，进行双向自由选择，达成就业意向，进而签订就业协议。供需见面会和人才招聘会具有信息量大、直接的特点。

另外，社会各级人才市场举办的与大学毕业生有关的招聘会，也能提供很多就业信息。据悉，约有16%的成功求职者是通过人才市场的供需见面会达成就业意向、获得职位的。

例如有些人才交流专场，几乎每次都有近千家招聘机构设摊招聘，面向应届大学毕业生的大型招聘活动。毕业生直接面对招聘单位，通过彼此的交流，可以获得更为丰富和全面的信息，有利于毕业生正确地做好择业决策。

由于这些招聘会多以营利为目的，参会单位成分较复杂，毕业生求职的成功率较低，大学生收集信息时应谨慎。

（四）网络求职

信息时代，互联网已经成为人们获取信息的基本途径，网络求职已经成为大学生求职比较流行的方式。大学生可以通过专门的人才交流网站，如中华英才网、智联人才网、中国人才热线等,轻松快捷地获取与自己相关的求职信息,也可以通过企业的人力资源网站,了解企业的具体招聘信息,从互联网上获取就业信息可谓多、快、好、省,既可降低择业成本,又能提高求职效率。

目前,教育部和各省都已经开通了"高校毕业生就业服务信息网"或相关服务网站,包括以下几个主要功能:介绍就业政策信息、发布最新信息、提供信息服务、进行就业指导和推荐访问网站等。

该网站将连接各地区就业部门与高校的子网,形成覆盖全国的高校毕业生就业信息网络。许多省市陆续建立了自己的网站,很多高校也建立了校园信息网。

因此,网上求职已经成为一条为大学生所重视的求职捷径。

但是在利用互联网获取就业信息时,毕业生应清楚认识到网络的负面影响,注意网络中的无效信息、虚假信息、欺诈性信息等。这些信息不仅会干扰学生正常择业,甚至还会给毕业生带来不必要的经济或精神损失。

所以,大学生求职不可以过分依赖网络,在利用网络寻找信息时应该选择那些正规的、声誉较好的网站。同时,对网上的信息要加以辨别,不可盲目轻信。

(五)人际关系网

天然的和后天建立起来的人际关系网,对每一个人来说都是一笔巨大的财富。人际关系中的人脉资源,不仅可以为毕业生提供很多可靠的就业信息,很多时候还可以直接推荐,推动大学生求职成功。

因此,毕业生在收集就业信息时,千万不要忘记自己周围的亲戚、朋友、老师、同学和校友等,要学会利用各种社会关系,拓宽信息来源,让更多的人帮助自己获取就业信息。

(六)社会实践和实习

学校组织的社会实践和实习等活动,也是毕业生收集就业信息的一个有效途径。在实践与实习活动中,毕业生有机会了解到单位的用人需求信息和对毕业生的具体要求。

同时,还可以和实习单位进行沟通交流、充分展示自己。通过实践和实习获得的信息准确可靠,且毕业生已与这些单位有先期沟通,彼此了解,效率较高。

(七)直接获取信息

如果毕业生未来职业方向已经明确,择业目标范围已经确定,则可以采用登门拜访的方式毛遂自荐,直接到自己中意或与自己专业有密切关系的用人单位,当面递交个人简历资料进行咨询交流,以此了解用人单位的具体信息。通过这种方式收集到的就业信息最直接、最准确,也最具体、最可靠。

三、求职信息的有效利用

收集求职信息固然非常重要,但是求职信息的整理、分析、筛选同样不容忽视。

这是因为毕业生在求职择业过程中,需要了解的就业信息很多,获取的信息数量也很大,因为途径各不相同,收集到的这些需求信息也并非为某个人提供,所以需要求职者结合自己的实际情况,对求职信息做出合理的分析并为自己所用。

由于求职信息的来源和获得的方式不尽相同,内容必然杂乱无章,甚至模棱两可、真假难分,如果不进行分析和选择,就很可能受到误导,妨碍就业。

（一）求职信息的筛选

1.求职信息的分析

（1）对求职信息要进行定性、定量、定时分析

求职信息的定性分析是指对求职信息进行质的分析，如求职信息的条件、岗位特点、招聘对象等。假如招聘信息的条件之一是要求本科生以上学历，那么，这条求职信息对于高职毕业生来说就没有意义。

定量分析则是指从数量关系上，对就业信息进行分析。如某一招聘岗位所需的人数与参加应聘人数之间的关系。

定时分析是指对一定时间内的就业信息发展趋势进行分析。比如，一条求职信息的有效时间等。

分析就业信息的方法通常有三种：对比分析法、综合归纳法以及典型分析法。

对比分析法是选出一些性质、类别相同的就业信息，然后进行优劣主次对比。这种方法在应用时要注意全面比较，将所有可比的因素全面考虑进去。

综合归纳法则是把各种不同类型的就业信息进行归纳，形成一定的观点之后，再进行分析。归纳时，应该注意对各种数据分析，因为在一系列系统化的数据中，可以发现很多意想不到的问题。

典型分析法，是指组织有关专家对典型的职业信息加以分析、论证并得出结论，这种分析法一般要由学校大学生就业主管部门或各级人事部门组织进行。

（2）单独用人单位信息具体分析

在毕业生选择单位时，往往会出现这样一些错误：对用人单位情况不甚了解，又没有一定的对比。于是，在择业时带有很大的随意性和盲目性。如只挑选大城市，而不问用人单位的性质、业务范围；盯着有"关系"的单位，企图靠"关系"得到提拔和重；还有的只贪图单位名称好听就盲目拍板等等，而这都是片面的。

那么，如何才能避免这些假象，做到对用人单位有个客观的评价呢？

关键取决于掌握用人单位的信息。

掌握用人单位的信息，不仅指在招聘广告和职业信息中，选择出最适合自己的求职机会，而且还应包括在初步确定了自己想应聘的职业或岗位后，对该招聘单位及应聘岗位工作要求有所了解。

对招聘信息多掌握一点，求职的选择机会就多一点，对招聘单位多了解一点，求职的成功希望则会多一点，掌握和了解用人单位的信息量越大，判断准确率越高，反之，则越低。

对于用人单位的信息可以从该单位的介绍资料中获得，也可以到当地的工商管理部门或企业的主管单位那里了解到。

当然，如果能认识一些该单位就职的人员，从他们那里，也许能获得更多更有价值的信息。亲自到企业去社会实践、生产实习与参观考察，将会对企业有更多的感性认识，以便做出适合自己的职业选择。

有关用人单位资料的调查提纲如下：

（1）企业是否得到工商部门认可；

（2）企业的性质、规模、占地面积、固定资产总额、职工人数、人均收入等；

（3）主导产品、产品的市场占有率、生产总量与销售总额；

（4）企业内是否有适合自己兴趣的工作岗位；

（5）企业的福利、工资、津贴、住房、医疗保险、养老保险、生活设施等；

（6）晋升的机会；

（7）企业领导的学历与人品；

（8）现企业职工对企业的评价；

（9）企业的社会知名度；

（10）企业效益是呈增长趋势，还是下降趋势；

（11）企业有没有濒临倒闭的风险；

（12）工作的劳动强度；

（13）工作环境，包括设备条件、安全保护、污染等。

2. 求职信息的鉴别

一条比较好的求职信息，应该包括以下几个要素：

用人单位的全称、性质及上级主管部门名称；用人单位的实力、远景规划、在行业中以及社会上的地位；对求职者年龄、身高、相貌、性别、体力等生理条件方面的要求；对求职者敬业精神、工作态度等方面的要求；对求职者学历、职业技能和其他才能的特殊要求；对求职者价值观、兴趣、气质等心理特征方面的要求；个人发展的机会、工资收入、福利待遇等。

对求职信息进行鉴别的目的，主要是辨别其真伪及可靠性、实用价值等，鉴别的对象主要是前面阶段加工整理的资料。

通常从以下几个方面进行鉴别：

（1）求职信息的真伪性

真实性是就业信息是否可靠的基本前提。了解求职信息的真伪，一定要弄清楚求职信息的来源渠道，信息的提供者是谁，提供者提出该求职信息的依据是什么。

（2）求职信息的权威性

判断就业信息权威性的方法有：了解就业信息的来源与质量，掌握信息提供者的背景，比较同类信息。

如从国家政府部门得到的就业信息，人事部门最有权威；从学校得到的信息，毕业生分配（或就业指导）办公室最有发言权。对于小报上发布的信息则要仔细斟酌。

（3）求职信息的相对性

任何求职信息都是在一定的时间、地点下产生的，而事物又是不断发展变化的。今天有用的就业信息，明天就有可能没有任何价值，因为岗位可能已经被他人抢先占据。所以，应该注意就业信息的相对性，就业信息是动态的信息，它具有一定的时效性。

（4）求职信息的适合性

搜集求职信息的目的，就是为自己找一个合适的岗位。可以从专业性、兴趣爱好及性格特征三个方面鉴别求职信息的适合性。

第一，专业适合性。专业对口往往是用人单位与应聘者的共同目标。专业对口可以缩短个人进入职业岗位后的适应期，使个人更容易发挥专业特长，避免自己专业资源的浪费，也可以减少单位在职业培训中的投入。因此，应该选择专业对口的求职信息加以考虑。

第二，兴趣爱好的适合性。兴趣爱好是一个人在职业中取得成功的重要条件，对所从事的工作感兴趣，不仅可以促使从业者投入大量的精力，而且对其身心健康有益。

在大多数情况下，一个人的专业特长与兴趣爱好是基本一致的，不过也有两者发生矛盾的情况。此时，一定要权衡利弊，做出决策。

第三,性格特征的适合性。一个人的性格特征本身无所谓好坏。但是,就具体的工作职位而言,性格特征是有适合与不适合之分的。在考虑专业性和兴趣爱好的同时,也要兼顾求职信息与自己性格之间的吻和度。

第四,如果自己是一个性格内向、不善言谈的人,那么,营销类等需要口才好、善于交际的招聘信息,则对自己没有多大价值。

3.求职信息的科学筛选

当对收集到的求职信息进行鉴别之后,就要结合自己的实际情况,依据国家有关政策、法规,以及社会常识对它们进行去伪存真、去粗取精的筛选。

一般有以下几种筛选方法。

对比剔除法。从各种不同渠道、方式获得的求职信息,难免会有相同的,将收集到的求职信息进行对比之后,剔除重复的信息。

排序法。对所收集到的求职信息资料逐一分析,按照时间顺序进行排列。在同一时期内,选取较新的信息,舍弃过时的信息,使就业信息在时间上更有价值。

类比法。将求职信息按照用人单位的地域、性质、待遇等分类进行对比,接近自己需求、自身条件的保存,否则摈弃。

评估法。需要有一定的专业知识、有经验的人士做出评估。毕业生可以请教这方面的专业人士,如人事部门的工作人员,学校大学生就业主管部门及主管毕业分配的教师等。

在运用上述方法时,还要把握以下几点。

(1)分清主次,掌握重点

求职择业是一个复杂的过程,求职信息可以全面收集,但在比较筛选之后,就要把那些从"小道"得来的,或几经转达得来的信息,与经证实的、有根据的信息区别开来。

前者有待于进一步证实,后者则应重点选出、标明注意留存,并付诸实施。即使在真实的信息里面,也不是每条都适合毕业生自己的实际情况。

因此,毕业生要对自己掌握的求职信息进行比较和选择,分析它所需要的人才特点,对人才使用的方向,以及该单位未来发展的前景等。

有些用人单位虽然目前可能条件差一些,但从长远看能够给求职者比较大的发展空间,这就要求毕业生独具慧眼。

(2)善于鉴别,去伪存真

信息的价值首先在于真实性。从不同的渠道收集到的大量的需求信息,首先要对其进行分析,以确定它的真实可靠程度。

信息既蕴藏着机会,也可能包含着陷阱。

有的用人单位真心求才,所发布的就业信息也真实可靠;有的用人单位因实力不济,又想招到优秀人才,于是浮夸粉饰,真假参半;还有一些中介机构,利用大学毕业生涉世未深、求职心切的心理,以诈骗毕业生钱财为目的,发布虚假信息。

这就要求每一位毕业生在求职过程中提高警惕,分析和鉴别所收集求职信息的真伪性,通过一切可能的知情人,从不同角度分析和澄清疑点,识别其真伪,去伪存真,全面了解求职信息内容,尽可能地掌握更多的情况,避免上当受骗。

(3)不耻多问,了解全面

收集到一些需求信息后,为了全面了解信息,弄清楚其可靠程度,应当通过各种办法,通过有关知情人士去证实澄清,以确定信息的可靠程度。对于重要的信息要寻根究底,以求了解透彻,不能一知半解。

（4）适合自己,避免盲从

对自己应该有一个全面而准确的评价,不但要清楚自己想干什么,更要弄明白自己能干什么。要清楚自己的兴趣爱好、气质特点、性格特点、基本素质、专业知识、技术能力等,在此基础上,才可以判断就业信息是否适合自己。

（5）选择决策、处理及时

信息社会是一个节奏快、变化快的社会,信息传播的速度快、共享度极高。如果毕业生不积极主动地去把握,机会则稍纵即逝。

因此,毕业生得到求职信息之后,一定要尽快分析、及时处理,并向信息发布者反馈信息。早点行动未必一定能得到这个岗位,拖延时间就有可能失去这个机会。

如果一次求职就业失败,就应该认真而冷静地分析原因,及时修正择业方向,避免再犯同样的错误。假如有几个求职机会同时可供选择,那么,就要选择最能满足自己主要期望的就业机会。

总之,求职者对得来的一切信息都要对照衡量一下,看看是否适合于自己。千万不要好高骛远,挑选不适合自己发展的工作岗位。而且,在获取用人单位信息以后,不能一味盲从。

事实上,即使是准确的信息,也存在时效性的问题,绝不能未经筛选,就轻率地做出选择,影响甚至耽误了自己的求职择业。

（二）求职信息的整理

由于求职信息时效快、数量大、范围广,所以在对其进行处理时,必须做到以下几点:

1. 正确选择

首先能在较短的时间内,查阅大量的信息,以便从中迅速发现最有用、最重要的信息;其次,要进行鉴别、判断,善于识别信息的准确性、有效性和可行性。

信息在传递过程中,由于信息来源和人为的一些因素,造成有些信息的失真或污染,这是在所难免的。必须通过查询、核实加以修正、充实,这是信息的实效性;同时,要依据各自实际情况和有关方针政策,找到最适合自己的信息,这是信息的可行性。

2. 善于开拓

许多求职信息的价值须经过求职者深入思考,加以引证之后才能发现。信息的价值会用则有,不会用则无。

如何才能使用好收集到的求职信息呢?

由于经过最初的收集、筛选的信息,在很大程度上具有简明扼要的特点,有限的文字不包括需要深入了解的细节。当缩小了范围之后,就应该尽快针对目标单位主动地、有意识地寻找更多的相关资料。

例如,可以通过亲朋好友、宣传书籍、网络等多种方法,了解求职单位的背景、文化、精神等,还可以针对具体的职位,做进一步的实地调查。这一步骤,既能帮助求职者坚定自己的选择,也会对将来的面试起到积极的作用。

3. 迅速反馈

当求职者收集到广泛的求职信息,并加以分析处理之后,就应该尽早决断,并向用人单位及时反馈信息。因为招工、应聘都有一定的时限,一旦超过用人单位的招聘时间,信息则会毫无用处。条件比较好的职业人人都会被吸引,录用指标却是有限的,犹豫不决会使求职者错失良机。

在求职过程中,要保存原始材料,这是一个被许多人忽略的环节,却往往会起到不可忽视的作用。

毕业生为了增加应聘机会,在求职时,会将求职简历投给多家单位。因为单位数量多,且反馈时间比较长,求职信息在本人头脑中容易发生混淆、模糊。

一等到面试通知,兴高采烈地去了,却会被类似"请谈谈您对本公司的了解""您为什么要选择我们公司?"等问题难住。如果保留好相关材料,在面试之前做好充分的准备,其结果则会大不一样。

（三）求职信息的利用

1. 研究分析求职信息,确定合适的择业目标

设定切实可行的择业目标,除对自身条件有很清楚的认识外,还必须通过丰富多样的求职信息,明确择业范围,熟悉行业特点,以及与自身条件相关的行业状况,从而找出合适的择业目标选择区域。

然后,根据社会需求信息与用人单位的岗位要求,确定择业目标。当在实施过程之中,发现有偏差时,应及时根据信息反馈,调整择业目标,使之可行。

2. 应用求职信息,锻炼和评估自己的择业能力

抓住机会,运用用人单位需求信息,主动与用人单位交往,通过面试、测试,锻炼自己的应变能力和求职技能,并运用面试效果,对自己的择业能力进行监测、评估,不断提高择业水平。

3. 应用各种具体的用人信息,选择就业岗位

选择确定职业岗位时,充分重视和应用通过各种途径收集的具体用人单位的就业信息。不放过任何一个与自己有关的用人信息,高质量的就业信息常常存在于大量的具体用人信息之中,不失时机地对各种具体的用人信息进行考证、核实,抓住适合自己的有效信息,争取成功就业。

总之,一个毕业生收集、利用求职信息,在其求职择业过程中起到关键的作用。收集到的求职就业信息越多,就业的机会就多;对求职信息处理得恰当,就能够事半功倍。

四、毕业生就业政策枚举

当前,国家实施"双向选择,自主择业"的高校毕业生就业制度,以开展各级各类供需见面活动为具体落实方式,建立了市场导向、政府调控、学校推荐、学生与用人单位双向选择的就业保障机制。

了解当前我国的就业政策是非常必要的。其中,国家人事制度、大中专毕业生就业制度、国有企事业单位用工制度、人事代理制度、就业准入制度等,更是与大学生的就业息息相关,应该重点学习,准确把握。

（一）《中华人民共和国就业促进法》

《中华人民共和国就业促进法》(以下简称《就业促进法》)2008 年 1 月 1 日起实施。

《就业促进法》第二条明确规定,国家坚持劳动者自主择业、市场调节就业、政府促进就业的方针。

"劳动者自主择业",指的是充分调动劳动者就业的主动性和能动性,促进他们发挥就业潜能和提高职业技能,依靠自身努力,自谋职业和自主创业,尽快实现就业。

"市场调节就业",指的是充分发挥人力资源市场在促进就业中的基础性作用。通过市场职业供求信息,引导劳动者合理流动和就业;通过用人单位,自主用人和劳动者自主择业,实现供求双方相互选择;通过市场工资价位信息,调节劳动力的供求。

"政府促进就业",指的是充分发挥政府在促进就业中的重要职责。

《就业促进法》颁布实施的意义如下:

第一,《就业促进法》是促进社会主义和谐社会建设的一部重要法律。

就业不仅是每一位劳动者生存的经济基础和基本保障,也是其融入社会、共享社会经济发展成果的基本条件。因此,就业是民生之本。

促进就业,关系到亿万劳动者及其家庭的切身利益,是社会和谐发展、长治久安的重要基础,因此,促进就业是安国之策。

就业问题历来是各国经济和社会发展的核心问题之一。我国劳动力资源丰富,劳动力供大于求的格局将长期存在;就业的结构性矛盾越来越突出;新成长劳动力就业、农业富余劳动力转移就业和经济结构调整中失业人员再就业的矛盾交织,使得就业问题具有长期性、艰巨性和复杂性。促进就业是我国长期的战略任务。

党的十六届六中全会把实现社会就业比较充分作为构建和谐社会的重要目标之一。通过法制化的手段确立国家推动经济发展同扩大就业相协调,把扩大就业放在经济社会发展的突出位置,实现社会和谐稳定,是我国做好促进就业工作、构建和谐社会的必然选择和重要内容。

第二,《就业促进法》为我国实施积极的就业政策提供了法律保障。

党中央、国务院高度重视就业问题,针对我国的具体情况,借鉴世界各国成功经验,制定和实施了积极的就业政策。

通过小额担保贷款、财政贴息、减免税费等措施,积极扶持劳动者自主创业、自谋职业;通过定额税收减免、优惠贷款等措施,鼓励企业吸纳下岗失业人员就业;通过开发公益性岗位和社会保险补贴等措施,建立健全就业援助制度,帮助困难人员实现就业。

2003 年以来,通过实施积极的就业政策,在经济发展中,实现了新增就业的不断扩大,并基本解决了体制转轨过程中出现的下岗失业人员的再就业问题,有力保持了就业局势稳定,有效维护了改革发展稳定大局。为促进经济持续较快增长和社会和谐稳定发挥了重要作用。

《就业促进法》将经过实践检验的积极的就业政策措施上升为法律规范,使促进就业的工作机制和工作体系制度化,使促进就业的各项政策措施和资金投入法制化,有利于建立促进就业的长效机制,保障我国积极的就业政策长期实施和有效运行。

第三,《就业促进法》进一步完善了我国劳动保障法律体系。

立法是世界各国促进就业最普遍、最重要的手段。《中华人民共和国宪法》(以下简称《宪法》)和《中华人民共和国劳动法》(以下简称《劳动法》)中,都对促进就业做了原则性规定,对促进就业发挥了积极作用。

解决我国长期、艰巨而复杂的就业问题,不仅需要有综合大法的原则性要求,更需要专门的有具体规定的就业促进立法。特别是随着我国城镇化、工业化、市场化和国际化进程的加快,就业工作、劳动关系工作、社会保障工作都出现了许多新情况和新问题,亟须形成健全的劳动保障法律体系,使整个劳动保障工作尽快走上法制化轨道。

《就业促进法》是我国就业领域第一部基本法律。它的颁布施行标志着我国在建设以《宪法》为依据、以《劳动法》为基础、以《就业促进法》和《中华人民共和国劳动合同法》以及正在起草的《中华人民共和国社会保险法》为主干,以相关法律法规为配套的劳动保障法律体系方面,迈出了至关重要的一步。

《就业促进法》主要内容如下:

为了建立促进就业的长效机制,《就业促进法》将经过实践检验行之有效的积极的就业政策上升为法律规范,并按照促进就业的工作要求,规定了政策支持的法律内容。包括十个方面:

一是实行有利于促进就业的产业政策。明确规定县级以上政府统筹协调产业政策与就业政策。鼓励各类企业在法律、法规规定的范围内,通过兴办产业或者拓展经营,增加就业岗位。国家鼓励发展劳动密集型产业、服务业,扶持中小企业,鼓励、支持、引导非公有制经济发展,扩大就业机会,增加就业岗位。

在安排政府投资和确定重大建设项目时,应当发挥投资和重大建设项目带动就业的作用,增加就业岗位。国家发展国内外贸易和国际经济合作,拓宽就业渠道。

二是实行有利于促进就业的财政政策。明确规定国家加大资金投入,改善就业环境,扩大就业。县级以上人民政府,应当根据就业状况和就业工作目标,在财政预算中,安排就业专项资金用于促进就业工作。就业专项资金用于职业介绍、职业培训、公益性岗位、职业技能鉴定、特定就业政策和社会保险等补贴,小额贷款担保基金和微利项目的小额担保贷款贴息,以及扶持公共就业服务等。审计机关、财政部门应当依法对就业专项资金的管理和使用情况进行监督检查。

三是实行有利于促进就业的税收政策。明确规定国家鼓励企业增加就业岗位,扶持失业人员和残疾人就业,对符合法定条件的企业和人员依法给予税收优惠。具体包括:吸纳符合国家规定条件的失业人员达到规定要求的企业;失业人员创办的中小企业;安置残疾人员达到规定比例,或者集中使用残疾人的企业;从事个体经营的符合国家规定条件的失业人员;从事个体经营的残疾人;国务院规定给予税收优惠的其他企业、人员。同时,对从事个体经营的失业人员和残疾人免除行政事业性收费。

四是实行有利于促进就业的金融政策。明确规定增加中小企业的融资渠道;鼓励金融机构改进金融服务,加大对中小企业的信贷支持,并对自主创业人员在一定期限内给予小额信贷等扶持。

五是实行城乡统筹的就业政策。明确规定国家建立健全城乡劳动者平等就业的制度,引导农业富余劳动力有序转移就业。

六是实行区域统筹的就业政策。国家支持区域经济发展,鼓励区域协作,统筹协调不同地区就业的均衡增长;支持民族地区发展经济,扩大就业。

七是实行群体统筹的就业政策。各级人民政府统筹做好城镇新增劳动力、农业富余劳动力转移就业和失业人员就业工作。当前,要统筹做好下岗失业人员、大学生、复转军人、残疾人、农民工等群体的就业工作。

八是实行有利于灵活就业的劳动和社会保险政策。明确规定各级人民政府采取措施,逐步完善和实施与非全日制用工等灵活就业相适应的劳动和社会保险政策,为灵活就业人员提供帮助和服务。

九是实行就业援助制度。明确规定国家建立健全就业援助制度,对就业困难人员给予扶持和帮助。

十是实行失业保险促进就业政策。明确规定失业保险制度保障基本生活和促进就业的功能,并要求加强对大规模失业的预防、调节和控制。

(二)就业准入制度

近年来,我国实行了就业准入制度,这是落实党中央、国务院提出的"科教兴国"战略方针的重要举措,是规范我国劳动就业市场,保证从业人员质量,促进我国人力资源开发的一项战略措施,同时也是贯彻《劳动法》《中华人民共和国职业教育法》(以下简称《职业教育法》)的重要表现。

就业准入是指根据我国职业资格证书制度的要求,依据《劳动法》和《职业教育法》的有关规定,对从事技术复杂、通用性广、涉及国家财产、人民生命安全和消费者利益的职业(工种)的劳动者,要求必须经过培训,并取得职业资格证书后方可就业上岗。

就业准入制度包含了一系列就业指标,促使劳动者通过学习和培训提高素质层次,在整个社会营造了一个尊重人才、尊重技能、尊重文化和素质的良好氛围。也为大学毕业生特别是高职高专毕业生努力拓展能力,提高职业素质创造了良好的条件。

因此,当代大学生应该注重在获得毕业证书的同时,考取相应的职业资格证书,这不仅可以增强自身的就业竞争力,也进一步拓宽了就业和创业的渠道。

依据《中华人民共和国职业分类大典》,国家规定实行就业准入的职业项目共有:

车工、铣工、磨工、焊工、镗工、管工、秘书、话务员、铸造工、锻造工、涂装工、砌筑工、钢筋工、架子工、防水工、推销员、调酒师、美容师、美发师、摄影师、装配钳工、工具钳工、机修钳工、维修电工、手工木工、精细木工、混凝土工、冷作钣金工、汽车修理工、装饰装修工、汽车驾驶员、音响调音员、沼气生产工、中药购销员、中式面点师、中式烹调师、西式面点师、西式烹调师、保健按摩师、职业指导员、物业管理员、锅炉操作工、眼镜定配工、眼镜验光员、钟表维修工、鉴定估价师、金属热处理工、摩托车维修工、计算机操作员、办公设备维修工、加工中心操作工、锅炉设备安装工、电气设备安装工、纺织纤维检验工、动物疫病防治员、动物检疫检验员、医药商品购销员、组合机床操作工、电子计算机维修工、土石方机械操作工、起重装卸机械操作工、家用电子产品维修工、家用电器产品维修工、用户通信终端维修员、贵金属首饰手工制作工、贵金属首饰钻石宝玉石检验员等职业和工种。

(三)国家鼓励毕业生到基层就业的优惠政策

基层就业就是到城乡基层工作,一般来讲,"基层"既包括广大农村,也包括城市街道社区;既涵盖县级以下党政机关、企事业单位,也包括社会团体、非公有制组织和中小企业;既包含单位就业,也包括自主创业、自谋职业。

1.高校毕业生到基层就业的专门项目

中央各有关部门主要组织实施了5个引导高校毕业生到基层就业的专门项目,包括:

(1)大学生志愿服务西部计划

中国共产主义青年团中央委员会、教育部、财政部、人力资源社会保障部等四部门从2003年起组织实施的"大学生志愿服务西部计划"。

(2)"三支一扶"计划

中共中央组织部、人力资源社会保障部、教育部等八部门从2006年开始组织实施的"三支一扶"(支教、支农、支医和扶贫)计划。

(3)教师特设岗位计划

教育部、财政部、人力资源社会保障部、中央编办等四部门从2006年开始组织实施的"农村义务教育阶段学校教师特设岗位计划"。

(4)选聘高校毕业生到村任职

中组部、教育部、财政部、人力资源社会保障部等部门从2008年起组织实施的"选聘高校毕业生到村任职工作"。

(5)农业技术推广服务特设岗位计划

农业部、人力资源社会保障部、教育部等部门从2013年起组织实施的"农业技术推广服务特设岗位计划";

2.国家鼓励毕业生到基层就业的主要优惠政策

(1)完善工资待遇进一步向基层倾斜的办法,健全高校毕业生到基层工作的服务保障机制,鼓励毕业生到乡镇特别是困难乡镇机关事业单位工作。

(2)对高校毕业生到中西部地区、艰苦边远地区和老工业基地县以下基层单位就业,履行一定服务期限的,按规定给予学费补偿和国家助学贷款代偿(本专科学生每人每年最高不超过8 000元、研究生每人每年最高不超过12 000元)。

(3)结合政府购买服务工作的推进,在基层特别是街道(乡镇)、社区(村)购买一批公共管理和社会服务岗位,优先用于吸纳高校毕业生就业。

(4)落实完善见习补贴政策,对见习期满留用率达到50%以上的见习单位,适当提高见习补贴标准,允许就业见习补贴用于见习单位为见习人员办理人身意外伤害保险,以及对见习人员的指导管理费用。

(5)将求职补贴调整为求职创业补贴,对象范围扩展到已获得国家助学贷款的毕业年度高校毕业生及贫困残疾人家庭、建档立卡贫困家庭高校毕业生和特困人员中的高校毕业生。

(6)艰苦边远地区基层机关招录高校毕业生可适当放宽学历、专业等条件,降低开考比例,可设置一定数量的职位面向具有本市、县户籍,或在本市、县长期生活的高校毕业生。

另外,各地区要结合城镇化进程和公共服务均等化要求,充分挖掘教育、劳动就业、社会保障、医疗卫生、住房保障、社会工作、文化体育及残疾人服务、农技推广等基层公共管理和服务领域的就业潜力,吸纳高校毕业生就业。

要结合推进农业科技创新、健全农业社会化服务体系等,引导更多高校毕业生投身现代农业。

第三节　求职材料准备

在双向选择过程中,大部分用人单位安排面试的依据是有关反映毕业生情况的求职材料,通过这些求职材料来判断和评价毕业生的学习成绩、实践技能、工作潜力。怎样让用人单位认识自己、了解自己、选择自己,从而实现自身就业愿望,就必须利用各种途径和方法正确地宣传自己和展示自己。

一、求职材料的构成

对于应届毕业生来说,求职材料通常包括求职信、个人简历、毕业生推荐表、学习成绩单、各类证明材料,如在校期间参加各类比赛获奖证书、各类荣誉证书、英语、计算机、普通话等各种技能等级证书和其他辅助材料。

(一)求职信

求职信是毕业生在收集需要的信息后,有目的地向用人单位做的自我介绍。针对特定单位(岗位)而写,表述求职者的主观愿望和特长,以求吸引招聘者的注意力,取得面试机会。求职信在求职过程中作用重大,是学生自我推销、展示自己公关能力的重要一环。

(二)个人简历

反映求职者个人的简要经历,是一个人生活、学习、工作的经历与成绩的概括和总结。用人单位从求职者的简历中,能够看出该求职者在业绩、能力、性格、经验方面的综合表现。用人单位通过简历来了解求职者的经历,如受教育程度、兴趣、特长等。留下一个初步的印象,从而决定求职者能否参加下轮的面试。从某种意义上说,简历决定着求职者的前程。

(三)毕业生就业推荐表

毕业生就业推荐表是学校就业指导中心发给每位毕业生填写的,并附有学校意见(鉴定、评价等)的书面推荐表格。该表一般由三部分组成,一是毕业生本人的情况介绍;二是毕业生所在院系的推荐意见;三是毕业生所在学校就业主管部门的推荐意见。

一般来讲,这个表格是学校正式向用人单位推荐毕业生的书面材料,具有较大的权威性和可靠性。用人单位往往对该表比较重视,因此,毕业生要认真填写,妥善保管。

(四)学习成绩单

毕业生学习成绩的证明,通常为表格形式,由学校教务部门出具并盖章。

(五)各类证明材料

包括毕业生参加社会实践、实习的鉴定材料,外语等级证书、计算机等级证书、各类奖学金及其他如三好学生等各种获奖证书、各种技能证书、各种职业证书等,公开发表的论文、文章及其他成果复印件或证明等,是毕业生求职、任职、开业的资格证,是企业招聘、录用人才的主要依据。

(六)推荐信

推荐信也是大学生求职过程中不可忽视的环节,是权威人士的实事求是、认真负责的推荐。有的单位比较重视推荐信,写推荐信的权威人士也十分珍惜自己的声望的,真正的学者、教授或某一领域的权威,不会滥用别人对自己的信任,做不负责任的推荐。

二、求职材料的设计

(一)材料准确齐全

有些毕业生片面地认为,求职材料就是一份简历。实际上,简历只是个人求职材料的一个组成部分,只有齐全完整的求职材料,才能更全面地展示自我。

所以,毕业生在准备求职材料时,应力求全面、准确,把个人认真细致的做事态度和强烈的责任心,透过求职材料直接传递给用人单位,给对方留下良好的印象。对于招聘单位要求提供的相关材料,更是不能遗漏,以免招聘单位产生误解。

(二)内容翔实,装订规范有序

求职材料要求资料全面,各种资料能全面地反映出自身的条件状况,让用人单位全面了解自己,展示出综合实力。因为求职材料内容较多,所以装订要规范、有序,体现出层次性,不要给招聘人员以杂乱的感觉。

重要的资料放在前面。通常是推荐信单独放在第一页,其次是求职信、简历、就业推荐表,最后是各种获奖证书、论文等证明材料的复印件。如果证书、论文及其他证明材料的复印件太多,可以单独装订,作为附件。

(三)注重针对性,讲究个性

有些毕业生认为,个人求职材料只需准备好一份,然后再复印,分投到其他的用人单位就行了,其实不然。

在求职过程中,应聘的单位与职位的不同,根据不同单位与职位,对求职者的不同要求,有针对性地制作每一份求职材料。这样,才能让用人单位感受到求职的诚意,提高求职成功的概率。

因此,毕业生在制作个人求职材料时,从内容到编排形式等方面,都应注重体现自己的个性、特长和创意。

(四)设计美观,杜绝错误

一份整洁美观的求职材料,看起来赏心悦目,容易引起招聘方的好感和兴趣。对于求职信要认真设计,封面要简洁、有视觉冲击力,字体大小要适中,编排要大方。

另外,无论是语法错误、字词错误、标点符号的错误,都会让对方对你的印象大打折扣,对求职不利。因此,求职材料制作完成后,要认真审阅、校对,杜绝错误。

三、求职信的写作技巧

求职信又称自荐信或自我推荐书,是指求职者以书信的方式自我推荐、表达求职意向、阐述求职理由、提出求职要求的一种应用性信函,是用人单位了解求职者基本情况的一个窗口。

俗话说,"文如其人"。流畅得体的求职信,会让看信者过目难忘,进而对求职者产生浓厚的兴趣。一封好的求职信是开就业之门的"敲门砖",可以向阅读者全面展示自己的才干,让自己以最佳候选人的形象出现,从而赢得面试机会。

求职信是简历的附信,属于商业信函,可放在简历的前面,也可放在简历的后面。求职信能够很好地补充简历本身缺乏描述性词语的不足。

（一）求职信的格式与内容

1. 求职信的写作格式

（1）称呼。要顶格写,如"尊敬的招聘主管""尊敬的单位领导"等。

（2）开头。以问候语为开头。

（3）正文。介绍你应聘工作条件,要注意表现你的成绩,突出你的优势。

（4）结尾。强调你的愿望并致敬。

（5）附件。选用的证明材料要有盖章和签名。

（6）署名日期。

2. 求职信内容

求职信通常为一页,有开头、主题和结尾三部分。求职信内容格式并不固定,一般包括三到五个简短的段落。下面按五段的书写格式,介绍一下求职信格式写作要点:

第一段应该能够引起招聘人员对你作为候选人的兴趣,并激发招聘人员的热情。招聘人员为什么要读这封信? 你能够为他(她)做什么?

第二段必须推销你的价值。你那些能够满足招聘人员需要和工作要求的技能、能力、资质和自信是什么?

第三段展示你突出的成就、成果和教育背景,它们必须能够直接有力地支持第二段的内容。如果可能的话,量化这些成就。

第四段必须发动将来的行动。请求安排面试,或者告诉招聘人员你将在一周内打电话给他们,商谈下一步进程。

第五段应该是非常简短的一段,结束这封信并表示感谢。

（二）求职信的写作技巧

1. 开头

在求职信的开头部分,除了称呼和问候语外,还需要自我介绍、是从什么渠道得知该招聘信息的,以及所要应聘的具体职位等内容。求职信的第一句话很重要,如果写得好,不仅可以让受信人愿意继续阅读,有时还能够在第一时间给他留下极佳的印象。

求职信的第一句话有很多可取的写法,归纳起来,主要有以下几种形式:

（1）概述式。用一句话概述你所具备的任职资格及工作能力。如:"在完成了会计学专业的学习,并取得了注册会计师资格以后,我相信自己能够卓有成效地为贵公司的发展做出贡献。"

（2）提名式。如果条件允许的话,可以提及一位建议你到用人单位求职的人,并且此人为该单位所熟悉或尊崇的人。必须书写这个人的全名,后面加上职衔或官衔,也可以简单地称"先生"或"女士"。如"贵公司企划部的王先生告诉我,你们需要一位优秀的策划人员。"

（3）提问式。针对用人单位的需要,先提出一个设问或是假设,然后用一句话表述你诚挚地希望自己能够帮助对方实现目标。如:"如果贵公司需要每分钟能打 100 个字以上的秘书,本人是绝佳人选。"

（4）赞扬式。先赞扬用人单位最近一段时间所取得的显著成就,或发生的明显变化,然后再表示自己愿意为其效力。如:"贵公司近期公布了本年度业绩,赢利之高为业内人士所津津乐道,本人真诚地希望为公司效力。"但是,要记住,语气千万不要过度热情,否则就会有奉承之感。

(5)应征式。先说明通过什么途径了解到用人单位的招聘信息,并肯定自己的条件符合用人单位的要求。如:"本人的教育程度和工作经验符合贵公司在网上公布的招聘条件。"

(6)独创式。用一个比较新奇的,能表现你在某些方面过人才华的句子开头。但是,这种开头只能用于申请需要丰富想象力的职位,如广告文案、装潢设计、平面设计、工业设计等。

2.正文

求职信的正文部分一般分为三方面内容:对招聘单位的认识和理解、个人的综合能力即求职资格、能为公司做出什么样的贡献。

(1)描述对招聘单位的理解和认识

通常是说招聘单位有什么好的方面吸引你,进行适当的赞赏,让招聘单位知道,你很愿意在此服务。如果对方是一家大公司,可以说说他们的名声、销售业绩、影响力、公司文化,或其他任何让他们感到骄傲的地方;如果对方是一家中小企业,那么可以说说所处行业及公司前景。

这一部分的内容不是必需的。如果对招聘单位及行业背景有清楚的认识,最好能有自己的独特见解,避免千篇一律。如果对招聘单位及所处行业的情况不是十分了解,最好不要班门弄斧。

(2)描述个人综合能力

这是求职信的核心部分。需要有的放矢地说明个人技能和个性特征如何能满足公司的要求,要让招聘单位明白为什么你是最好的人选。

教育背景、知识技能、工作经验等,通常在简历中会做翔实的介绍。在求职信中,只需要针对与招聘单位及所应聘岗位的应聘要求,围绕简历中的两三个要点进行发挥,突出知识技能和工作能力,以引起招聘单位的兴趣。

切记,这部分的内容一定要有针对性,一定要突出与所申请职位有联系的内容,所陈列的每一方面的知识技能和实践经历,要能够表明胜任该职位,让招聘人员觉得你是最好的人选,通过筛选进入面试程序。

(3)强调能为招聘单位做出什么贡献

招聘单位更为看重的是能为公司做出什么样的贡献。这里有一个误区,很多求职者为了表示自己的谦虚,在求职信中大书特写自己的不足,并表示希望能够在将来的工作中得到学习、提高的机会。

事实上,这种谦虚是没有必要的,每个公司都会对自己的员工进行培训。但是,这并不是公司招聘员工的初衷,他们招聘你,是看重你能为公司带来贡献。

3.结尾

求职信结尾部分的内容,可以包括以下几方面:

再次强调对于此职位的兴趣。在求职信的结尾,可以再次强调你对于此职位的兴趣,不过点到为此,不必啰唆,语气也不必太过于"乞求"。

表明希望得到面试机会。呈递求职信和简历,只是为了能得到面试机会,并非为了马上就能得到工作机会。没有一个招聘单位会因为求职信和简历写得好,就免去面试环节,直接与你签约。

为此,只需要表明希望能得到面试机会,或者告知招聘单位你将在什么时间打电话确认资料是否安全到达,以及询问面试事宜。

向对方表示谢意和祝福。求职信结尾可以写上一些诸如"顺祝愉快安康""深表谢意""顺颂商琪"之类的通用祝福词语。

署名。按照中国人的习惯,在求职信的右下角,直接写上自己的名字即可。

日期。写在署名下方,应用阿拉伯数字书写,年、月、日都要写全。

联系方式。在求职信的结尾,也写明自己的详细通信地址、邮政编码和联系电话,以让招聘人员在繁忙之中,能够快速找到你的联系方式。

(三)写求职信的注意事项

1. 为每家公司(或每一类公司)调整措辞

不要发适合任何职位的通用求职信,要确保信中的语气适合申请的公司的氛围。公司在找张扬的人还是严肃的人？找出招聘要求,调整求职信让它适合应聘公司。

2. 写具体事例

用事例证明你为什么适合这份工作,以及为什么想来这家公司。推销自己的一个好方法是把经历和职位描述联系起来。列出和公司想招的人才相匹配的技能和经历。

3. 求职信要短

不仅要短,一定要引人入胜。要重点突出背景材料中与未来雇主最有关系的内容,通常招聘人员对与其企业有关的信息是最敏感的了。所以,把你与企业和职位之间最重要的信息表达清楚。

4. 切忌过分吹嘘

从求职信中看到的不只是一个人的经历,还有品格。

5. 内容要和简历不一样

不要在求职信里重复简历上的一切。求职信是展示亮点和个性的机会。重复的内容只会浪费宝贵的空间。

6. 不要提到弱点

如果没人问你最大的缺点是什么,不要急着把它说出来。求职信不是反思自我的时间,面试被问到弱点时再考虑吧。

7. 关注该公司而不是自己

尽量表现出对公司的关心,以及如何想要帮它成长。别用过多的"我要",而是体现你对公司会如何有用。

8. 严格遵守求职信格式

求职信一定只能一页,尽量有四到五个段落。

第一段应该有自我介绍、想申请的职位并且一句话总结喜欢这份工作以及适合的原因。接下来的两个段落应该写工作需要的技能,以及能深入体现自身素质的成就。

如果需要更多细节的话,可以用些篇幅解释你有多合适,最后简短强调为什么对这个职位充满期待,以及感谢招聘方花时间看这封求职信。可以礼貌地让他们知道能随时联系到你。

9. 语句无错,前后一致

一份好的求职信不仅能体现清晰的思路和良好的表达能力,还能考察出你的性格特征和职业化程度。一定要注意措辞和语言,写完之后要通读几篇,精雕细琢,切忌有错字、别字、病句及逻辑欠通顺的现象发生。要反复修改求职信,至少让一个小伙伴检查。检查语法、断句和拼写有无错误,确保前后一致。

10.针对性和个性化

有不少招聘单位反映,现在求职信中最常见的问题是"千人一面"。的确,网络给求职提供了更多的方便,但面对着互联网上成千上万的职位,有些求职者采用了"天女散花"式发求职信的方式,事实证明它的命中率很低。针对性已成为求职信奏效与否的"生命线"。

另外,个性化也很重要。有的求职信没有任何豪言壮语,也没有使用任何华丽的词汇,却使人读来觉得亲切、自然、实实在在。

(四)求职信模板

尊敬的招聘主管:

您好!请恕打扰。

我是一名刚从××学院会计专业毕业的大学生,很荣幸有机会向您呈上我的个人资料。在投身社会之际,为了找到符合自己专业和兴趣的工作,更好地发挥自己的才能,实现自己的人生价值,谨向各位领导做一下自我推荐。

现将自己的情况简要介绍如下:

作为一名会计专业的大学生,我热爱自己的专业并为其投入了巨大的热情和精力。在几年的学习生活中,我所学习的内容包括了会计学从基础知识到运用等许多方面。通过学习这些知识,我对这一领域有了一定的理解和掌握。此专业是一种工具,而利用此工具的能力是最重要的,我在与课程同步进行的各种相关实践和实习中,具有了一定的实践操作能力和技术,并在学校工作中锻炼处事能力,学习管理知识,吸收管理经验。

我知道计算机和网络是将来工作中的重要工具,在学好本专业的前提下,我对计算机产生了浓厚的兴趣并阅读了大量的相关书籍,能够熟练操作 Windows XP、Office、金蝶财务、用友财务等应用软件,并通晓 VC 语言等程序语言。

我正处于人生中精力充沛的时期,我渴望在广阔的天地里展露自己的才能,我不满足于现有的知识水平,期望在实践中得到锻炼和提高,因此我希望能够加入贵单位。我会踏踏实实地做好属于自己的一份工作,竭尽全力在工作中取得好的成绩。我相信经过自己的勤奋和努力,一定会做出应有的贡献。

感谢您在百忙之中所给予我的关注,愿贵单位事业蒸蒸日上,屡创佳绩,祝您的事业百尺竿头,更进一步!

希望各位领导能够对我予以考虑,我热切期盼你们的回音。谢谢!

此致

敬礼!

自荐人:××

×年×月×日

四、制作个性化简历

简历最好能在15秒内给招聘人员留下深刻印象。在求职中,个性突出、特色鲜明的大学毕业生容易在竞争中取胜。与众不同的简历,容易吸引招聘人员的目光。一份好的简历,对于找到工作至关重要,有时甚至起到决定性的作用。

一般常用个人简历的格式有三种:表格式、时间顺序式、学习工作经历式。

表格式是用表格的形式列出自己的基本情况和学习、工作经历,使人一目了然;时间。顺序式是按年月顺序,列出自己的学习工作经历,条理清楚学习工作经历式则是根据需要有选择地列出自己的学习、工作经历,充分表现自己的技能、品德。对于刚从大学毕业的求职者来说,宜采用第一种格式。

(一)个人简历的内容

1. 个人的基本情况

姓名、年龄、性别、籍贯、学历、政治面貌、联系方式等。个人信息要简单、直观、清晰并且没有冗余信息。

2. 教育背景

按照次序,写清所读学校名称、专业、学习年限及相关证明等,让招聘单位迅速了解求职者的学习背景,以判断与应聘职位的相关性。

3. 社团经验

大学生经常会利用假期等时间勤工俭学、兼职或积极参加各类性质的社团活动,可充分提供在校期间的打工经验、社团经验,说明自己担任的工作、组织的活动以及特长等经验,供招聘单位参考。

4. 爱好特长

无论是所学的专业还是单纯的个人兴趣发展出来的特长,只要与工作性质有关的才艺,都应在简历上写出来。有助于招聘单位评估求职者的所长与应聘工作的要求是否相符。

5. 知识、技能水平

知识结构(主要课程和从事的科研活动)、外语和计算机水平,以及其他技能方面的证书等。

6. 求职意向

清楚地表明自己倾向就业的地域、行业、具体岗位等,以便招聘单位了解求职者的志向与追求,从而做出正确的选择。

7. 联系方式

清楚地表明怎样才能找到求职者的电话,要确保招聘单位能通过简历中的联系方式迅速联系到求职者。

(二)简历的撰写原则

对于公司方面来说,在没有看到人的情况下,简历实际上就是第一筛选关。一份格式完美、内容翔实、重点突出的简历,明显会得到更多的面试机会。

1. 真实性

求职材料内容必须真实,切忌弄虚作假。

2. 规范性

规范是对毕业生所有文字材料的基本要求,材料既要全面反映自身的基本情况,例如姓名、性别、出生日期、政治面貌、生源地、学习成绩等等,又要反映自身优势、特长、爱好,突出自己的优点、成绩。说明自己对用人单位或职位感兴趣的原因,表达自己努力工作的决心。格式规范、术语要规范。例如在健康状况一档,应填写"健康",不能填写优秀、良好、一般、健壮等。

3. 个性化

求职材料要体现求职者个性,不能"千人一面",更不能"张冠李戴"。由于不同的用人单位对求职者的要求不尽相同,求职材料准备应根据不同的单位有所差异。

4. 突出重点

求职材料必须讲求简明扼要、突出重点,要让想了解你的人能很快地、明确地看到你的基本情况。

5. 全面展示

在突出重点的情况下,还可以全面展示自己。应包括几方面内容:封面(写有姓名和联系电话)、照片、个人简历、求职信、推荐表、成绩单、外语等级证书复印件、技能证书复印证(计算机、驾照等)、获奖证书复印件。

6. 设计美观原则

准备求职材料的目的之一是吸引用人单位对求职者的注意力,如果要让用人单位对求职者感兴趣,那么求职择业材料设计就显得尤其重要。求职择业材料,无论是文字的,还是表格的,都应采用 A4 复印纸打印或复印,复印件不要放大或缩小,进行必要的版面设计。

7. 杜绝错误

要杜绝一切错误。杜绝语法、文字、用词、标点符号、打印等错误。

(三)简历撰写要求

1. 简洁明了

个人简历通常简短,一般不超过一页纸。因为招聘单位会收到许多份材料,招聘人员不可能仔细研读每份简历,所以一般花的时间较短。因此简历用词要简练,不能巨细无遗地描述求职者的全部信息。把自己一些有价值的闪光点展示出来。

2. 真实客观

一定要按照实际情况填写,真实客观地描绘自己,不能有任何虚假。当然,简历中不写任何虚假的内容并不等于把自己的一切,包括弱项都写进去。

3. 整洁清晰

段落与段落之间、语句与语句之间、纸张页面等都要设计合理,准确无误。一份好的简历在用词、术语及撰写上都应力求准确无误。

(四)简历撰写注意事项

1. 针对岗位定内容

简历撰写不能千篇一律,需要针对每个招聘岗位撰写有针对性、个性化的求职简历。

2. 求职意向需具体

求职意向越具体,越有利于招聘单位进行初步选择,明确的求职意向能多提升求职的命中率。

3. 联系方式要留全

手机号码和电子邮箱都要留。如果有能够联系到本人的固定电话,也可以留在简历上,以备不时之需。

4. 使用招聘关键词

在对个人知识结构、技能及综合素质进行描述时,尽量使用招聘中的关键词,这样可以给招聘单位留下更符合岗位需求的印象。

5. 长短以一至两页为宜

简历一定要朴实简洁，切忌出现大段描述性的文字。一份简历每种语言用 1～2 页 A4 纸完成即可，可以使招聘人员一目了然。

6. 学历实践重顺序

建议在教育背景部分，先写最高学历，而后依次倒序撰写。同样的，在社会实践或学生工作经历部分，也建议先写与招聘信息中要求的经历、能力最为匹配的相关信息，而后可以按照重要顺序书写。

7. 数字比例显优势

多用招聘单位关注的数字信息突出个人的优势，尽量选用阿拉伯数字，效果会优于中文书写。

8. 文字细节莫忽略

简历成稿后一定要多检查几遍，不能出现错别字，或者内部文字不统一的情况。这样会给招聘单位留下不认真和不重视的印象。

(五) 个性化简历制作创新

个性突出，特征鲜明的求职者容易在竞争中取胜，个性化的简历会从众多简历中折射出光芒，吸引招聘人员的目光。

个性化创意简历的制作主要从以下几个方面进行：

1. 针对招聘单位进行创新

先来看看两位同学的简历。这两位同学应聘的企业分别是××制药厂和中国××银行，他们的简历就是为目标企业量身定做的，具有唯一性和原创性，简历上体现了招聘官最经常见到的，但又最有感情的几个基本要素。

第一位同学把自己的简历当作了××制药厂的新产品说明书来制作。

简历封面充分表现了招聘官最希望看到的，最有情感共鸣的几个元素。新产品、企业标识、企业名称、企业识别色等企业 VI 系统元素。

第二位同学应聘的单位是中国××银行，他的简历就是为该银行量身定做的，具有唯一性和不可复制性。他将简历做成了该银行刚开发的某种新产品的说明书。封面设置了该银行名称、行徽，以及银行利率、理财产品、中间业务等元素。

对于招聘人员而言，这些元素具有特殊的意义，他们带来的情感影响和共鸣绝非一匹奔马，一栋大楼，某学校大门，一台电脑，或某大学、某专业这些要素所能比拟的。

招聘人员通过观看这些要素传递的信息，极大地加深了对简历主人的认同感和亲切感。当制药厂的招聘人员甚至董事长接到一份这样的简历时，他会是什么样的心情，他会怎样看待这份简历的主人？这份简历一定是一份能引起他共鸣的简历，独树一帜的简历，一个有心人的简历，他可能会想，这家伙是谁，还有点意思，叫他来看看。

在简历中，出现上述招聘人员最喜闻乐见的几个基本要素，并且把这些要素有机地联系起来，这些要素就能为简历和简历的主人服务，提供切实有效的帮助，这些要素就会把你同招聘人员有机地联系在一起，产生情感的沟通。

只要认真思考，深入分析应聘的单位，多认识，多了解，结合企业的基本情况，充分考虑招聘官的情感需求和心理愿望，把自己以合适的形式同企业相结合，以恰当的方式表现出来，简历就会独具个性、富有创意，也会被招聘人员从众多的简历中抽出来放到一边的黄金简历!

2.针对应聘岗位进行创新

从体现求职者应聘岗位所需的职业技能和职业修养的角度进行创新。在简历上,表现出求职者具有符合应聘岗位要求的能力,水平和职业意识,这是简历创新的第二个方面。

例如,一位同学应聘的岗位是某房地产开发公司的策划专员,他把自己的求职简历做成了一份楼盘预售公告。对于房地产开发公司而言,策划专员这个岗位要求应聘者要具备独特的思维,富有创意和激情,要能做好策划工作,首先必须能够策划好自己的简历。而这位同学,既结合了从求职单位进行创新的要求,在简历中体现了招聘官喜闻乐见的基本要素,还结合了应聘的岗位进行简历的创新。

我们想想,对于房开公司来说,最熟悉、最亲切、凝聚了公司员工心血的东西是什么?最令他们骄傲的是什么?是他们取得成就,成功开发的楼盘,对于房开公司策划专员的要求是什么?是具备策划人员独有的创新意识和表现能力?而这位同学在求职简历中充分体现了上述要求。

楼盘预售公告是房开公司与顾客沟通的重要工具,也是最能体现房开公司专业能力和策划水平的重要载体,还是最常见的楼盘表现形式。这位同学能进行大角度的思维转换,充分说明了他完全具备策划人员的基本素质,而且还是个极富创意的策划人员,这样的人员正是企业"打起灯笼都找不着的人"。招聘人员完全可能是马上就拿起电话通知这位同学:"请你于某日到我公司面谈"。

实际上,这位同学现在在这家房开公司的策划岗位上做得很好,已经是主管了,他的同事告诉他,当时人力资源经理特意把他的简历直接送给老板,老板当即拍板:"只要这家伙不是个万恶之人,一定给我留住!"

根据从岗位出发进行简历创新的要求,同样可以制作不同形式的个性化简历,如从事人力资源管理岗位的,可以做成计划引进的人才档案,以人才档案的形式出现,内容可以是人才引进原因,人才主要成就等要素。

3.针对专业进行创新

从专业出发进行求职简历的创新,可以用专业术语对简历进行处理,通过简历体现专业素养和对专业的深入理解。

再来看另一位同学的求职简历。这位同学是计算机专业毕业的,应聘的岗位是某公司软件开发人员,他把自己的求职简历做成了一份程序设计书。

这份简历体现了让招聘人员乐于见到的企业元素,还与他应聘的岗位——软件开发工作相结合,以计算机的语言——程序设计书的形式表现了这位同学极好的专业意识和专业素养。

程序设计是计算机专业人员体现专业技能的主要形式,也是对这一专业的工作人员最基本的要求,招聘人员基本上不会怀疑简历主人的专业能力和专业素养,看到一份特别的,有自己企业的元素,极富专业意味的求职简历,那种豁然间耳目一新的强烈感觉,让他做出一个通知简历主人面试的决定,是最简单不过的事了。

每一专业学科都有本学科的专业术语,以自己的专业术语诠释、体现、制作,一定会是一份让人过目不忘的简历,让人爱不释手的简历。要获得一个初级岗位,对于简历的主人而言,应该不会是一件困难的事。

总之,简历与求职信相辅相成,但简历不同于求职信,求职信反映求职者主观的情况和求职愿望,简历是叙述求职者的客观情况,是对求职信的深入细化和补充说明。重在证明个人身份、展示个性特点、工作学习经历、取得业绩、成就等,目的是支持求职信,让单位全面了解自己,以此表明自己适合招聘职位的工作。

简历是一个信息传递的工具,是协助简历的主人在竞争中脱颖而出的武器,只要能切实有效地帮助求职者实现求职的阶段性目标的简历就是一份成功的简历。

从这个意义上来说,简历的创新并不是十分困难的事情,放开想象的翅膀,大胆尝试,敢于创新,任何人都能做出一份有创意的简历。

五、电子简历和视频简历

随着计算机和网络的普及,网上求职渐成时尚。网络招聘以其低成本、见效快、无地域限制的特点,正在吸引着越来越多的企业和求职者。很多同学通过网络提交简历与用人单位沟通并推销自己。网络求职常见的方式是电子简历和视频简历。

在通过网络求职时,要注意以下事项:

（一）网络媒介选择要安全

网络求职有很多优点,但也有其致命的弱点,就是安全性无法得到保证。很多网上信息具有欺骗性。所以,毕业生选择网上求职时,要注意选择正规的网站,对网站上提供的信息要进行验证,网上投递简历应选择那些规模较大、信誉好的企业作为求职目标企业。

（二）电子简历要力求简洁

电子简历版面比书面简历要少,以避免招聘主管阅读时在计算机上多次翻页。故写作时更要简练,主要突出自己的能力和业绩,展示自己和应聘职位的适合程度。

（三）电子简历不要通过附件发送

为了防止病毒的侵入,招聘单位多不愿意打开电子邮件的附件,简历以附件形式发送会影响接收。电子简历通常采用文本格式,在邮箱正文栏发送。

（四）循规操作

为了规范和方便简历收集,大多单位和求职网站都提供有统一的简历模板,并告知具体的操作步骤（包括填写方式和上传照片等）,毕业生应按照提示循规填写,并上传。

（五）与求职信同时发送

发送简历时,同时要发送一封求职信。这样可以彰显自己的诚意,也可以让招聘人员全面了解自己。

（六）合理选择发送简历的时间

上网高峰一般在10:00—23:00,这段时间不仅传递速度非常慢,而且还会出现错误信息,因此,要择机而动。不要因为网络拥挤,而放弃求职机会,人少时应聘,更容易引起人事主管的注意。

（七）主动联系

简历发出之后,要主动与招聘单位联系、沟通。在网上招聘会结束后,要主动通过 E - mail 或打电话询问情况,向用人单位表示诚意。

（八）注意视频简历的合适利用

有一些同学为了增强其影响力,还制作了视频,以彰显个性、突出特色、全面展示自我。

视频简历可以通过拍摄 DV 和 Flash 来制作。制作视频简历时要注意,介绍内容应全面,画面要精美,视觉、听觉效果要好,时间不要太长,2～3 分钟即可,同时要突出特色。

视频简历不可滥用,适用于特殊专业的毕业生,如表演、艺术、设计类。使用视频简历时还应注意保护自我,防止个人资料丢失或被不法分子滥用。

六、毕业生推荐表与成绩单

毕业生就业推荐表是由省级就业指导中心或学校统一印制的,用于向社会推荐合格毕业生的法定书面文件,推荐表在求职材料中具有举足轻重的作用,它是官方认证具有权威性的材料,受到各用人单位高度认可。

毕业生推荐表的内容与简历有些相似,但更客观、全面,具有普适性。主要内容包括姓名、性别、民族、出生年月、政治面貌、学校名称、专业、学历、外语水平、健康状况、学校地址、特长、奖惩情况、在校表现、自我鉴定、院系推荐意见、学校毕业生就业指导意见、备注等。

(一)毕业生就业推荐表的填写

推荐表具有代表校方向用人单位推荐毕业生的作用,是唯一认可法定文件。填写必须规范,字迹必须工整,完整的推荐表应填写好所有栏目,有些栏目没有可以填"无"。推荐表填完后,由院系审核,并在院系推荐意见栏内盖章确认。最后,学校毕业生就业指导中心在学校推荐意见一栏签署"同意推荐"字样并盖上公章,毕业就业推荐表有效。

(二)毕业生就业推荐表注意事项

1. 不能涂改

推荐表具有代表校方的作用,有关部门加盖了公章。填表的时候一定要细心、认真,不要出错。特别是个人业绩、院系推荐意见等部分,一旦有错误或涂改的痕迹,就可能引起用人单位的误解。所以,发现错误时,应更换推荐表,重新填写。

2. 自我鉴定客观全面

既要突出成绩,也要客观公正,同时还要体现出层次性。

3. 推荐表的填写内容要与简历的相关内容一致

不能和简历出现不一致或相互矛盾的地方。

4. 用备注栏突出自己的优势

推荐表篇幅有限,某些突出优势可以在备注栏里展示出来,比如有重要作品发表,或具有突出的外语能力、突出的工作经历等都可以写入备注栏。

5. 保证推荐表的唯一性

推荐表不可仿制,毕业生在"双向选择"的过程中,可以使用推荐表的复印件进行"自我推销"。在同用人单位签就业协议时,才向用人单位交出推荐表的原件。

因学校发给毕业生的正式推荐表即加盖校章的推荐表每人只有一份,所以自己可多复印几份,以备在双向选择过程中,与其他材料一起送给有关用人单位。当用人单位决定录用且本人愿意去时,将盖有学校学生就业指导服务中心章的推荐表送给单位。

学习成绩单是由学校教务部门出具并盖章的成绩证明,在应届毕业生求职时,是必须具备的。用人单位可以通过成绩单了解毕业生的学业水平和具体科目的学习情况。

七、其他资料的准备

除了上述材料以外,还需要推荐信和其他一些补充性证明材料。例如,各种证书、作品、说明性文件等复印件。推荐信一般需要地位较高的师长、专家撰写,并有亲笔签名。推荐信必须针对特定单位,做到对特定单位推荐某一特定学生。

各类证书复印件一般用 A4 纸单面复印,一证一印;论文或作品的复印资料要素应齐全,通常包括封面、目录和正文等。

思考与练习

1. 如何识别虚假招聘信息?
2. 制作一份求职简历。

实训项目

个人简历制作比赛。

第五章

熟练求职技巧与礼仪

人无礼则不生,事无礼则不成,国无礼则不宁。

——荀子

【学习目标】

1. 了解用人单位甄选的基本程序;
2. 掌握笔试、面试的方法与技巧;
3. 掌握面试求职的基本礼仪。

【技能要求】

塑造良好的求职形象。

引导案例

低学历不代表低能力

"低学历不代表低能力"! 这是广州华商职业学院市场营销专业 2015 年毕业生蒙伟的座右铭。这位大学期间的优秀学生干部,毕业后脚踏实地,从业务员做起,经过几年的艰苦奋斗,现已经是广州雅天文化传播有限公司等多家公司的高管了。

蒙伟在大学期间,担任班级组织委员,系学生会部长等多种职务,多次获得了"系学生会优秀干部""优秀部长"等称号。由于各方面成绩优异,曾经连续获得了国家励志奖学金、校奖学金和系奖学金;在"五四"评优中,获得第三届品牌策划大赛三等奖。

在校期间,他能够清醒地认识到作为一名当代大学生的使命,一名学生干部的职责。他在各个方面都以学生干部的身份严格要求自己,他不仅参加了党课培训班,并以优秀的成绩结业,平时还积极参加学校组织的各项活动,尽心尽力地完成工商管理系学生会交给他的每一项任务。坚持不迟到、不缺课,认真完成老师布置的各项作业,每天学习课外知识,借此来提高自身的知识认知水平。

"我的大学梦是小时候从电视里面启发开始的,觉得电视里面的大学生都非常有知识,很时尚,学校环境优美,图书馆、食堂、球场、运动场、校园活动……应有尽有,小时候是因为好奇,"蒙伟经常这样说,"我慢慢长大后发现,不只是因为好奇,而是为了学习到更多更好的知识,提升自己去上大学。"

蒙伟在高中读书时,成绩并不是很好,高考的成绩也很不理想,高考结束后,他非常纠结,犹豫是趁早出去工作,还是继续上大学读书。

蒙伟的妈妈鼓励他说,人一辈子很多东西只有一次机会,错过了就回不了头。懵懵懂懂的蒙伟听了妈妈的话,毅然决定,一辈子只有一次机会可以进入大学校园,学习新的知识和体验不一样的人生,不能错过!

2012年,他考入了广州华商职业学院。入学后并没有灰心,他积极竞选班级干部,加入学生会,充实自己。

蒙伟认为,一定要加入学生会,因为这里能学习到非常多的经验,参与活动的组织策划。与更多人的交流,开阔自己的视野,丰富自己的价值观和课余生活。

毕业前夕,他和很多同学一样,开始有些迷茫,不知道自己能干什么,毕业后从事什么行业,什么行业适合自己发展,有各种的不知所措。通过主动找老师沟通交流求教,在老师的帮助下,确定了自己的人生方向和目标。

但蒙伟始终坚信,低学历是暂时的,不代表自己能力低,结合自己所学的专业是市场营销,他发挥所长,选择了展会展商策划的工作,他不怕吃苦,从公司小业务员开始一点一滴地做起。

刚开始他什么都不懂,就虚心请教同事,翻开书本刻苦学习基础知识和业务技能,他经常晚上加班到深夜,心中的梦想从未动摇。

功夫不负苦心人。慢慢地,他做到了部门副经理、经理,自己带团队打拼,曾连续两年带领团队获得公司业绩第一名,终于在工作的第五个年头荣升公司总监。

"越努力越幸运",蒙伟十分感慨。他的不懈努力终于得到董事会认可,一致认为他可以入股公司,在2019年正式成为公司股东,在广州展会行业小有成就。"一定要相信自己——相信的力量"。蒙伟说。

2019年12月喜迎母校十周年校庆,蒙伟幸运地被邀请回校参加校友代表交流会,与众同窗交流,受益良多。

他感恩母校,感恩老师。他说:"我非常庆幸当初选择上大学,庆幸来到母校,感谢每一位老师,每一位同学,有你们一起走过的青春,祝福母校越来越好,更上一层楼,培育出更多的优秀学子。"

第一节　用人单位的甄选程序

用人单位在聘用、录用人员时,通常会采取一系列的考核测试方法,对前来求职的人员进行甄选,以期录用到适合组织需要的人才。

随着大学生就业人数急剧增加,企业对人才选择的余地越来越大,选拔测试的方法、手段也越来越多,程序也越来越复杂,竞争因此变得尤为激烈。

大学生对此必须有一个清楚的认识,对企业人员甄选的程序和方法应有一个清楚的了解,并有针对性地加以训练,以便在应试过程中知己知彼,沉着应对。

企业人员甄选通常按:简历初选—笔试—能力测试—心理测试—面试—资料审查—体检—试用—正式录用的程序进行。其中最为重要的甄选环节有笔试、心理测试、能力测试和面试。

许多学者把笔试、能力测试和心理测试统称为测试,把面试单独研究。而在实践中,企业人员选拔通常把能力测试和面试结合,或者把能力测试贯穿于面试之中。

第二节 求职中常用的测试

最常用的测试是笔试和实际操作,更现代的测试是人员素质测评,通过测验可以判断应征者的能力、学识和经验。

一、求职笔试技巧

笔试是用人单位对求职者的基本素质、基础文化知识、专业知识、文字表达能力、写作能力,以及态度等方面进行的一次初步综合测试。笔试具有客观公正、快速高效的特点,适合从大规模求职者中初步选拔基本素质较好的求职者。

笔试主要适用于求职人数较多、需要考核的知识面较广,或需要重点考核文字能力和专业知识的情况。

(一)笔试类型

1. 文化素质考试

文化素质考试的目的既考查求职者的知识面和文化素质高低,也是一种综合考试,考试内容全面,政治、经济、文化、社会等各个方面都可能涉及。当然,内容主体还是与求职的单位及岗位相关的知识。

2. 专业考试

专业考试主要是为了检验求职者的专业知识水平和专业技能。很多岗位需要较高的专业素质和专业水准,一些用人单位常常通过笔试,对毕业生的专业知识进行考核,检查其专业知识的掌握程度。

3. 思想政治和道德修养考试

思想政治和道德修养考试主要是考查求职者的政治立场、思想状况、个人修养,以及职业道德水平。通常政府部门、事业单位、国有企业等对思想政治比较看重,在选拔人员时,除了前面提到的,还要进行思想政治考试。企业多进行道德修养考试,比如职业道德考试、行业行为规范考试等。

4. 命题写作

主要考查求职者的文字表达能力、分析问题的能力和逻辑思维能力。比如,要求求职者限时写出一份会议通知、请示报告或某项工作情况总结,也可能提出一个论点,让求职者论证或批驳等。

(二)笔试的注意事项

在形式和内容上,单位选拔人员的笔试与学校考试存在一定的差异,毕业生除要了解求职中笔试的类型外,还应注意以下事项:

1. 做好知识储备,考前认真复习

笔试大多是对求职者的文化水平和专业知识的测试。俗话说"巧妇难为无米之炊",如果毕业生平时知识水平很低,专业素养很差,那么无论如何也难以在笔试中取得好成绩。

因此,毕业生应做好知识储备,在校期间除了认真学习专业知识,熟练专业技能之外,还要广泛涉猎与专业相关的知识,拓展知识面,培养分析问题、解决问题的能力。一个学识丰富、能力全面的大学生在笔试中是能从容应对的。

另外,在笔试前,要认真复习,做好知识准备。通常比较正式的笔试都会告知求职者考试的方式和大纲,毕业生可以据此有针对性地复习,重点复习专业知识。

有的用人单位不告知考试内容,原因可能是对求职者的综合素质要求较高,需要知识面广和具有全面能力的人来任职。对于这样的考试,可以根据职位的特点进行复习。

2. 保持良好的身心状态,积极应试

笔试前一方面要调整心态,以一种乐观、健康的心态面对考试,克服怯场与自卑。例如,临考前通过心理调适,适当减轻思想负担,保证充足的睡眠,适当参加一些文体活动,使高度紧张的大脑得到放松休息等,以充沛的精力去参加考试。

另一方面,要熟悉考场环境,做好物资准备,做到有备无患,以一种积极的态度参与考试。

3. 科学答卷,提高效果

拿到试卷后,首先应浏览一遍试卷,了解题型结构、试题的多少和难易程度,以便掌握答题的速度和合理分配时间。然后,按先易后难的顺序作答,这样就不会因为难题费时太多而后来没有时间做易答的题。

答题时要注意:

纯知识题(如简答)应答需简洁、直观,只答要点;论述题应答需全面、充分,各要点要展开论证;案例或应用题应理论联系实际,对策要有可操作性。遇到较大的综合题可以先列出提纲,再全面解答,答题时不能跑题或出现错别字、语法不通等低级错误。

4. 注重细节,塑造良好形象

一般来说,用人单位的笔试参与者较少。在笔试过程中,除了考查求职者的文化知识外,用人单位也会对求职者的应试态度、行为方式、心理素质等方面进行考察。因此,求职者在笔试过程中应该注重细节,以良好的应试态度、沉着稳重的举止、文雅大度的作风,给监考人员留下良好印象。笔试应该注重以下细节:

(1)遵守考试时间

提前到达考场,准时入场。这可以让考官明白你是一个守时的人。

(2)遵守考试规则

遵守考试规则、服从安排,听清监考人员的说明,不做与规则和纪律相悖之事。在监考人员的安排下就座,不要选择座位,更不要抢占座位。如果遇到特殊情况,需要调整座位,一定要有礼貌地向监考人员讲清楚,并征得同意。

(3)卷面保持整洁

答卷时要字迹工整、段落清晰、卷面整洁。如果书写过于潦草,字迹难以辨认,通常会影响考试的成绩,求职笔试不同于其他专业考试。"醉翁之意不在酒",有时招聘单位并不特别在意应试者考分的稍许高低。认真的态度、细致的作风,会大大增加被录用的可能性。

(4)杜绝作弊等不良现象

求职考试绝对不能有作弊等不良现象,诸如抄袭、夹带、与旁人商量等,这些行为会让监考者认为求职者不诚信,从而排除在选择之外。

另外,笔试时还应避免:诸如念念有词,把试卷弄得哗哗作响,经常移动身体或椅子,唉声叹气、烦躁不安等情况。这些行为会让监考者认为你缺乏基本心理素质和修养,对此会记录在案,并提供给阅卷考官或面试考官。如果监考者是阅卷者或招聘主管,很可能此时就已经把你排斥在选择之外,不会考虑你卷面成绩有多高。

(5)礼貌待人

入场、交卷、退场都要有礼貌,主动向监考老师点头问好。通常,监考者多为招聘管理的工作人员,考试过程中做到谦和、礼貌,会给他们留下良好印象,对以后的面试极为有利。

二、心理测试

心理测试是通过观测人的某些具有代表性的行为,或是用标准化量表或问卷,对于贯穿在人的行为活动中的心理特征,依据确定的原则进行推论和量化分析的一种科学测算手段。

心理测试是目前能够对胜任职位所需要的能力、个性特点做最好描述并测量的工具,被广泛用于人事测评工作中。

(一)标准化心理测验

标准化的心理测试一般是通过事前确定好的测验题目和问卷,让面试者回答。然后,根据回答的数量和质量检测求职者的个性心理特征。通常用于人事检测的标准化心理测试。主要包括下面几类:

1.智力测验

主要测试面试者的智商高低。

2.能力倾向测验

测试应试者的具体能力状况,如反应能力、记忆能力、理解能力、应变能力等。

3.人格测验

4.其他心理素质测验

测试求职者的个性心理特征,检查应聘者个性与应聘岗位的匹配程度。如兴趣测验、价值观测验、态度测评等。

标准化的心理测验具有使用方便、经济、客观等特点。

(二)投射测验

投射测验基于这样一种假设:人们对外在事物的看法,实际上反映出内在的真实心理状态或特征。它主要用于对人格、动机等内容的测量。要求被测试者对一些模棱两可或模糊不清、结构不明确的刺激,做出描述或反应。通过对这些描述或反应进行分析,以此推断面试者的内在心理特点。

投射技术可以使求职者不愿表现的个性特征、内在冲突和态度更容易地表达出来,因而在对人格的结构、内容的深度分析上,有独特的功能。

心理测试是一种先进的量化的测试系统,没有特殊的应对技巧。在心理测试过程中,毕业生只需要沉着冷静,根据内心想法真实回答问题,或采取行动即可。如果条件允许,可以事先找一些心理测试的题目认真揣摩,练习几遍,在测试时就会取得较好成绩。

值得注意的是,心理测试中关于行为的题不要答得太圆满。否则,会因效度差而被否定。

第三节　求职面试技巧

面试是一种经过精心设计,以交谈与观察为主要手段,以了解被试者综合素质有关信息为目的的一种测评方式。面试是当今社会求职过程中的一个必经环节,也是用人单位招聘时最重要的一种考核方式。

一、面试类型

根据不同的分类标准,可以划分出很多具体的面试类型。

根据面试的标准化程度划分为结构化面试和非结构化面试;根据面试实施的方式分为单独面试和小组面试;根据面试题目的内容可将面试划分为情景面试和经验面试;根据面试的气氛设计可分为压力面试和行为描述面试。

在这里不做一一详述,只把关键的几种面试类型简单地介绍一下。

(一)个人面试和集体面试

1. 个人面试法

个人面试法是面试官与求职者一对一单独面谈的方法,是企业招聘最普遍,也是最基本的方式。该面试方式又有两种类型:

一是只有一个面试官负责面试全过程。这种面试多在小型单位,或招聘职位较低的职员时采用,或当求职者太多时,也会采用这种方法进行初选。

二是由多个人分工负责面试的整个过程,但每次均由一个面试官与求职者面谈。

优点:能够提供一个面对面的机会,让面试双方较深入地交谈了解,可以就细节和个人特殊问题进行交换意见。

不足:由于面试官只有一位,由一个人对求职者下结论,有可能会出现偏差,容易受个人因素影响,失去公平性。

2. 集体面试法

集体面试法是由面试小组集体对求职者进行面试的方法。各位面试官同时围绕面试的重点内容,依据拟订的基本面试问题,及求职者的回答情况,对求职者进行提问或续问。

每面试完一人后,面试官们依据求职者的应答情况进行打分,填好面试成绩评定表。每位求职者面试结束后,面试小组会核定出他的面试总成绩。

优点:由面试官一起参与面试评分,可以减少因面试官个人偏见产生的误差。面试官提问可以互相补充,这样可以更全面、从容地掌握信息,透明度高,较为客观公正。

不足:主要在于面试小组由多名面试官组成,难免给求职者造成心理压力,可能影响求职者的正常发挥。另外,主要面试官一般由单位主要领导担当,这样会给其他面试官造成心理压力,会以主要领导的意见作为评分标准,失去公正性。

(二)结构化面试和非结构化面试

1. 结构化面试

结构化面试又称直接面试,是带有指导性的面试。按照预先确定的内容、程序、分值结构进行的面试。

　　对于同类求职者,主考官用同样的语气和措辞、按同样的顺序、问同样的问题、按同样的标准打分。所问问题的结构就是招聘岗位所需要的人员素质的结构,有时候还会预先分析这些问题可能的回答,并针对不同的回答划分标准,以帮助考官进行评定。

　　结构化面试一般应用于行政部门、事业单位、政府机关以及公务员等比较正规场合的面试。因为每个求职者都被问相同的问题,评分标准也相对固定,由于这种面试具有客观性、规范性、相对准确性、便于掌握评分标准等优点,受到招聘单位的普遍信赖。

　　2.非结构化面试

　　非结构化面试又称间接面试。面试官根据具体情况随时提问,鼓励求职者多谈,再根据求职者对问题的反应,考查是否具备某一职务的任职条件。尽管面试内容没有事先确定,可以围绕不同的方向展开,但问题必须与招聘和录用有关。

　　因此,对于不同的求职者,提出的问题、测试的过程和问题的答案,都是因人而异的。也就是说,在面试过程中,考官有很大的主动性,可以根据求职者的具体情况,随机提出问题,以获得自己想要得到的信息。在外企、三资企业或者民营企业面试时,一般会采取这种比较轻松的非结构化面试。

　　非结构化面试有四个特点:

　　(1)面试问题的不确定性

　　主试者起初提出的问题是相同的,一般是从个人介绍开始话题,但后面的追问部分则有很多的不确定性。

　　(2)面试答案的非标准性

　　同一个问题可能有不同的答案,但这些答案在一定条件下都是合理的,所以无法给出"标准答案"。

　　(3)面试过程的分散性

　　结构化面试的过程是线型的,一样的问题让应聘者回答。而在非结构化面试中,却是一种树型的过程,一个问题往往有多种答案,根据每一种回答可以再次提出不同的问题,所以整体方向很散,追问可以多个方向展开。

　　(4)面试评分标准的模糊性

　　非结构化面试的评分,没有一个明确的标准,可以根据面试者的答题方式、风格等特征来评分,所以评分标准比较模糊,主试官的主动性较大。

　　3.混合面试

　　混合面试是将结构化面试和非结构化面试结合起来运用,即应试者回答同样的问题,但同时又根据他们的回答情况做进一步提问,以求更加深入、细致地了解应试者。混合面试也是当前单位招聘中常使用的一种典型面试方法。

　　(三)压力面试和行为描述面试

　　1.压力面试

　　在面试过程中逐渐向应试者施加压力,以考查其能否适应工作中压力的面试方法。

　　压力面试法对面试官的面试技巧要求较高,在对岗位分析的前提下,确定岗位的主要情节,根据岗位工作中可能遇到的压力,设计一些问题。

　　一般适用于独立性强、难度大、责任重的岗位,如质检、调试、审计等。这种面试法经常采用集体面试的形式,事先设计一个或几个问题,面试官采用穷追不舍的方法提问,并逐步深入,直至求职者处于无法回答的境地,以考察其机智程度、应变能力及心理素质。

例如,求职者:"你认为自己的最大优点是什么?"假如求职者回答:"我认为自己最大的优点是肯吃苦",面试官又会接着问:"在我们单位吃苦就是意味着经常在休息时间加班,你又如何理解?"或者问:"在我们公司最欣赏会巧干的人,而不是只会苦干的人,你如何理解?"等等,面试官会这样顺着你的回答不断为难你,直至你无法应对。

优点:能够观察求职者的心理素质,在适度的批评之下,是否有高度的敏感反应。心理素质好的求职者,会表现得理智、大度、从容、灵活;心理素质较差的人,会显得紧张、烦躁,沉不住气,无法控制情绪。压力式提问在面试过程中经常遇到。

2.行为描述面试

面试官通过求职者对自己行为的描述了解两方面的信息:

一是求职者过去的工作经历,判断他(她)选择本组织发展的原因,预测他(她)未来在本组织中发展的行为模式。

二是了解他(她)对特定行为所采取的行为模式,并将其行为模式与空缺职位所期望的行为模式进行比较分析。

面试过程中,面试官所问问题都是求职者过去经历的某些问题,这些问题与工作业绩有密切关系,主题主要围绕四个方面:情景、任务、行动和结果。例如:一个营销岗位的职员,需要较强的沟通能力、语言表达能力、亲和力和不甘失败的顽强精神。

面试官会围绕这些要求,询问求职者是否具备这些能力和实践经验,如果有过类似经历,面试官会继续了解他(她)过去的学习工作情况、知识、工作业绩等等,然后决定录用与否。行为描述面试是目前企业运用比较广泛的面试法。

(四)常用的其他面试方法

1.群体游戏

有不少企业开始采取群体游戏的方式开始面试。很多初次接触群体游戏这种应聘方式的应聘者有点不知所措,有的就觉得是考官为了放松应聘者紧张的心理而做的游戏,殊不知在游戏过程中,考官正在静静地观察应聘者的领导、组织、沟通、协调等多方面的能力。

最为经典的管理游戏是小溪任务。

考官会把求职者随机分为甲乙两组,让他们完成小溪任务。给每组求职者滑轮、铁管、木板、绳索,要求他们把一根粗大的圆木和一块较大的岩石移到小溪的另一边。

这个任务只有通过求职者的努力协作才能完成。主考官在客观的环境下,有效地观察求职者的领导特征、能力特征、智慧特征和社会关系特征等。

优点:能够突破实际工作情景时间与空间的限制,模拟内容真实感强,富有竞争性,具有趣味性。

求职者在做管理游戏时,既不要太紧张,也不要太随意。冷静思考,沉着应对,全身心投入,恰到好处地展示自己多方面才能。

2.无领导小组讨论

在无领导讨论中,求职者划分成每组人数 4~8 人,不指定负责人,大家地位平等,要求就某些争议性比较大的问题,如干部提拔、工作任务分配、额外补助金分配等问题进行讨论。

在某些情况下,要求小组形成一致意见,并以书面形式汇报。每个组员都应在上面签字,以表示自己同意所做的汇报。

在无领导小组讨论中,主考官评分的依据标准是:

发言次数的多少;是否善于提出新的见解和方案;敢于发表不同的意见,支持或肯定别人的意见,坚持自己的正确意见;是否善于消除紧张气氛,说服别人,调解争议,创造一个使不愿开口的人也想发言的气氛,把众人的意见引向一致;能否倾听别人意见,是否尊重别人,是否侵犯他人发言权;语言表达能力如何,分析能力、概括和归纳总结不同意见的能力如何、发言的主动性、反应的灵敏性等等。

求职者在进行无领导小组讨论时,要注意以下几点:

(1)对自己充满信心。无领导小组讨论虽然是求职竞争者之间的"短兵相接",但也不是特别难对付的可怕事情,因为所有求职者都是公平竞争;

(2)态度自然,有理有节。及时表达与人不同的意见和反驳别人先前的言论,也不要恶语相加,要做到能够清楚表达自己的立场,又不令别人难堪;

(3)不可滔滔不绝,垄断发言,也不能长期沉默,处处被动。每次发言都必须有条理、有根据;

(4)最好找机会成为小组讨论的主席,以展示自己引导讨论及总结的才能。尤其是对该问题无突出见解时,当主席实在是明智之举。

3. 角色扮演

角色扮演是一种常见的情景模拟活动。有些主考官经常采用"攻其不备"的方式,让求职者在毫无准备的情况下做出抉择,以考察求职者能否胜任某项工作。

以招聘推销员为例。求职者刚刚坐下,毫无心理准备,主考官立即出示该公司的一种产品,请求职者当场向他推销。

碰到这种情况,最好事先做好准备,对该公司的产品不但要有概括的认识,而且要清楚那些产品的优点和缺点。

此外,如果对其产品确实不了解也不必慌张,应以坦诚的态度承认对该产品不了解,又能巧妙地将自己熟悉的另一种产品向他推销,反守为攻,有可能赢得更好的印象。

4. 案例分析

案例分析的面试形式最早出现于管理咨询公司的招聘中。近年来,逐渐被许多知名企业采纳。案例分析方式是指面试官给出一个商业案例,并以此为基础延伸出一些问题,要求求职者加以分析解决。

在案例分析面试中,求职者要在很短时间内,根据自己的经验和有限的信息,找到问题的症结,总结出答案,由此考查被评价者的综合分析能力和做出判断决策的能力。

案例分析是求职者最难做准备的一种面试方式,主要是靠自己在平时积累的经验和临场发挥。对于面试官来说,案例面试也是最难设计的。通常,需要专业部门的人士花费一定的时间专门设计出来。

5. 管理游戏

在管理游戏中,面试官给小组成员分配一定的任务,必须合作才能较好完成。

在这种测评中,面试官让求职者置身于一个模拟的环境中,面临一些管理中常常会遇到的各种现实问题,要求他们想方设法解决。

例如,以总经理的身份去处理经营中的难题,进行人事安排。或者作为谈判代表,与别人进行商业谈判的模拟练习。

通过受测者在完成任务中所表现出来的行为,来测评求职者的各项素质。管理游戏是一种以完成某种"实际工作"为基础的标准化模拟活动,通过活动观察受测者的时间管理能力。

二、面试的内容

用人单位面试的目的,主要是通过对求职者的各项素质进行有效测评,检测其能力与应聘职位的匹配度,并预测以后在工作中的发展潜能,以选拔适合组织发展需要的人才。为达到这一目的,面试可能对求职者的各种能力进行检测。

从理论上讲,面试可以测评求职者的任何素质,但在人员甄选实践中,并不是以面试去测评一个人的所有素质,而是有选择地用面试去测评它最能测评的内容。

通常,面试测评的主要内容包括:

(一)背景

主要考查应聘者的个人情况及阅历,如民族、性别、身高、视力等自然状况,家庭主要成员及社会关系,文化程度、毕业学校、所学专业,接受过哪些培训,从事过哪些工作,参加过哪些社会活动等。

(二)智力

主要考查应聘者的知识层次,包括所学专业课程、学习成绩、专业知识掌握程度、外语和计算机水平等,以及业务技能如实践能力、专业技术水平等。

1. 专业知识

掌握专业知识的深度和广度,专业知识更新是否符合所要录用职位的要求,作为对专业知识笔试补充。面试对专业知识的考察更具灵活性和深度。所提问题也更接近空缺岗位对专业知识的需求。

2. 实践经验

一般根据查阅求职者的个人简历或求职登记表,做些相关的提问,查询求职者有关背景及过去工作的情况,以补充、证实其所具有的实践经验,通过实践经验的了解,还可以考察求职者的责任感、主动性、思维力、口头表达能力及遇事的理智状况等。

(三)各种能力

1. 表达能力

观察求职者能否将要向对方表达的内容有条理、完整、准确地转达给对方;引例、用语是否确切;发音是否准确,语气是否柔和;说话时的姿势、表情如何,是否能够将自己的思想、观点、意见或建议顺畅地用语言表达出来。

考察具体内容包括表达的逻辑性、准确性、感染力、音质、音色、音量、音调等。求职者在面试时,应注意以下几点:谈话是否前后连贯;主题是否突出;思想是否清晰;说话是否有说服力。

2. 综合分析能力

是否能对主考官所提出的问题进行回答,通过分析抓住本质,并且说理透彻、分析全面、条理清晰。

3. 反应与应变能力

主要看求职者对主考官所提的问题理解是否准确,回答是否迅速、准确等。对于突发问题的反应是否机智敏捷,回答恰当,对于意外事情的处理是否妥当等。

4. 思考判断能力

一般观察被试者能否准确、迅速地判断面临的状况,能否恰当地处理突发事件;能否迅速地回答对方的问题,且答案简练,贴切。作为被试者应在准确、迅速、决断方面重点准备。对自己的判断应该有信心,还要分析对方是逻辑判断还是感性判断。

5.操控能力

主要在于考察求职者对于已认定的事情能否进行下去;工作节奏是否紧张有序;对于集团作业的适应性;是否具备领导能力。

6.团结协作能力

主要在于观察求职者遇到难堪问题后的反应,能否让人亲近,对他人有无吸引力等。在面试中,通过询问求职者经常参与哪些社团活动,喜欢同哪种类型的人打交道,在各种社交场合所扮演的角色,了解求职者的人际交往倾向和与人相处的技巧。

7.自控能力

自我控制能力对于国家公务员及许多其他类型的工作人员(如企业的管理人员)显得尤为重要。

一方面,在遇到上级批评指责、工作有压力或是个人利益受到冲击时,能够克制、容忍、理智地对待,不致因情绪波动而影响工作;另一方面工作要有耐心和韧劲。

(四)情商

考查求职者的人生观、价值观、敬业精神、人际关系状况、处理人际关系的技巧、适应能力和自我激励能力与进取心等。

1.敬业精神

一是了解求职者对过去学习、工作的态度;

二是了解其对应征职位的态度。在过去学习或工作中态度不认真,做什么、做好做坏无所谓的人,在新的工作岗位也很难说能勤勤恳恳,认真负责。

2.责任感和意志品质

主要在于考察求职者责任感是否强烈,能否令人信任;考虑问题是否偏激;情绪是否稳定;对于要求较高、较深的业务能否适应。

求职者回答时,应该突出自己的自信心,表现出自己是意志坚强、责任感强的人,一般都确定有事业上的奋斗目标,并为之而积极努力。表现在工作努力,且不安于现状,工作中常有创新。一般上进心消极的人,都是安于现状,无所事事,不求有功,但求无过,对什么事都不热心。

3.求职动机和工作态度

主要考查求职者来本单位求职的目的,求职者对什么工作感兴趣,求职者的个性特点和专业结构是否符合职位需求,了解求职者过去的工作学习态度、预测毕业生未来的工作态度等。

4.求职偏好

了解求职者为何希望来应聘单位工作,对哪类工作最感兴趣,在工作中追求什么,判断应聘单位所能提供的职位或工作条件能否满足其工作要求和期望。

5.兴趣与爱好

求职者业余时间喜爱从事哪些运动,喜欢阅读哪些书籍,喜欢什么样的电视节目,有什么样的嗜好等,可以了解一个人的兴趣与爱好,这对录用后的工作安排常有好处。

主考官还会向求职者介绍本单位及拟聘职位的情况与要求,讨论有关工薪、福利等求职者关心的问题,以及回答求职者可能问到的其他一些问题等。

（五）形象考查

毕业生的相貌、言谈举止、仪容仪表、行为礼仪等。

在具体的面试过程中，用人单位并非测评求职者的所有素质，而是有选择地去测评求职单位需要测评的素质。为了做到面试时得心应手，求职者就必须对面试内容做全面了解，并从各个方面加以准备。

研究表明，仪表端庄，衣着整洁，举止文明的人，一般做事有规律，注意自我约束，责任心强。所以求职者应该注意着装得体，举止文雅、大方，表情丰富，回答问题认真、诚实。

有位心理学家说："假如顾客的眼睛往下看，脸转向一边，就表示拒绝你了。假如他的嘴唇放松，笑容自然，下颚向前，表示他可能会考虑你的建议。假如他注视了你的眼睛几秒钟，嘴角到鼻翼部位都显出轻松，热情的微笑，这项买卖就做成了。"

从这段话中，可以得出两个启示：

一是如果想有良好的人际关系，就要注意表情或神态礼仪。二是面部表情，最传神的笑容是决定面部表情礼仪的关键。

三、面试的对应策略

面试的形式多样、内容不定，求职者难以全面把握。但是，面试活动本身是具有一定的规律性的。若求职者认识这些规律，掌握一定的面试技巧和策略，沉着应对，就能做到以不变应万变，在求职中取得好的成绩。

（一）良好的第一印象

第一印象在人际交往中具有至关重要的作用。第一印象的好坏，往往会影响面试的效果，甚至决定着面试的成败。

有资料显示：

面试时，考官对求职者的选择大多在面试初的 1~2 分钟内就已经做出了决定。这正好说明了良好的第一印象对面试的重要意义。

大学生如何在面试之初，就给求职单位留下好印象呢？以下的几点值得注意。

1. 注意仪容

仪表、仪容是留下良好第一印象的基本要素。因此，大学生在参加面试之前，要对自己的整体形象进行设计，确保自己以优雅气质，以一种富有朝气、活力的现代职业人的形象，出现在面试现场。

2. 提前 5~10 分钟到场

给求职单位以守时、严谨、重视本次面试的感觉。

3. 尊重接待人员

在等候面试时，不要大声喧哗、四处走动，或显得躁动不安，也不要吸烟或嚼口香糖，可读杂志、看报等，对在求职单位遇到的每一个人，都应点头问好，以礼相待。

4. 沉着稳重、有礼貌

进入面试场所时要沉着、稳重、有礼貌。如门关着，应先敲门，得到允许后再进去。开关门动作要轻，以从容、自然为好。见面时要主动与面试者打招呼并问好致意，且称呼应得体。在求职单位没有请你坐下时，切勿急于落座。求职单位请你坐下时，应道声"谢谢"。坐下后要保持良好体态，切忌大大咧咧、左顾右盼、满不在乎，以免引起对方反感。

在进入面试正题时,应谈吐谦虚谨慎,举止文雅大方,态度积极热情,以良好的精神面貌给面试者留下深刻印象。

(二)双向沟通技巧

面试是一个双向交流沟通的过程,在这个过程中,求职者要积极主动地推销自己。同时,应注意面试中的沟通策略,掌握恰当的沟通技巧。

1. 善于倾听

注意倾听是一种重要的交流技巧。

面试的实质就是主试者与求职者进行信息交流,从而获得全面评价的过程。在形式上,主要表现为说和听。求职者注意倾听不仅显示对主试者的尊重,而且只有通过专心致志地听,才能抓住主试者提问的实质。否则,就可能不得要领,答非所问。

在面试中,倾听应注意以下几点。

(1)礼貌地注视提问者。目光要专注,并且要不时地与提问者进行眼神交流,视线范围大致在鼻尖以下胸口之上,切不可东张西望、心在焉。漫不经心、表情木然不仅会伤害提问者的自尊心,而且会显示出你是一个没有礼貌、不尊重他人,自控力差、缺少城府的人,这是任何单位都不欢迎的。

(2)要适时对提问者的谈话做出恰当反应。如点头,或说些诸如对、很好、是的、不错等简短话语肯定对方谈话内容。这样会显示出你的认真、真诚和对提问者的赞同。

(3)坐姿正确,有精神。身体要稍稍向前倾斜,手脚不要有太多的动作。

(4)表情和蔼,面带微笑。也可用适度的笑声活跃气氛,但不可开怀大笑。

2. 善于表达

面试时要善于表达,注意语言表达技巧。准确、灵活、恰当的语言表达是面试的关键环节。在同等条件下,谁的表达能力强,谁就能在面试中更好地推销自己,在竞争中获胜。

面试中的语言表达技巧,可以从以下几个方面去把握:

(1)语言流利,口齿清晰,文雅大方

表达时要注意发音标准、吐字清晰,要合理控制话语的速度,确保语言流畅(但不要让人感觉在背诵)。为了增添语言的魅力,应注意修辞美妙,忌用口头禅、方言、生僻用语等,更不能有病句和不文明的语言。

(2)语气平和,语调恰当,音量和语速适中

面试时,要注意语言、语调、语气的正确运用:自我介绍时,最好多用平缓的陈述语气,不宜使用感叹语气,或祈使句。打招呼时,宜用上语调,加重语气并带拖音,以引起对方的注意;言谈时音量要适中,声音过大令人厌烦,过小则难以听清。音量的大小要根据面试现场情况而定。

两人面谈且距离较近时,声音不宜过大。群体面试且场地开阔时,声音不宜过小。以每个面试考官都能听清你的讲话为原则,语速也要保持适度,过快让人听不清,过慢则代表反应迟钝。

(3)语言含蓄、机智幽默

谈话时,不仅要表达清晰,还应有吸引力,适时插入一些幽默的语言。使谈话的气氛轻松,可以展示自己的优越气质和从容风度。尤其是当遇到难以回答的问题时,机智幽默的语言,会显示自己的聪明智慧,有助于化险为夷,并给人以良好的印象。

（4）注意反应，适时调整

面试交谈中，应随时注意考官的反应，并根据其反应调整谈话内容和谈话方式。

比如，考官心不在焉，可能表示他对自己这段话没有兴趣。这时，应设法转移话题。考官侧耳倾听，可能说明自己音量过小。考官皱眉、摆头，则可能表示自己言语有不当之处。求职者要根据考官的这些反应，适时地调整自己的语言，语速、语气、音量、修辞，从而达到良好的面试效果。

3. 善用肢体语言

在沟通过程中，肢体语言有着十分重要的作用，举手投足可体现出发言人的修养与处事态度，反映出其内在精神风貌。在求职沟通过程中，要懂得运用肢体语言来加强沟通效果。

（三）摆脱面试困境的技巧

面试困境主要是指在面试过程中，沟通不畅带来的尴尬境况。由于紧张，毕业生通常会陷入一些让自己尴尬的困境，如讲错话、冷场等。遇到这种情况，若不能镇静应付，必然影响自己整个面试的成绩。

对于面试困境，应注意以下几个事项：

1. 克服紧张

紧张是面试中常见的情况。由于面试对求职者非常关键，且面试往往又是在陌生的地方与陌生人交流，产生紧张情绪是正常的。适度紧张可以帮助求职者集中注意力，但若过分紧张，不仅会给面试官留下不良印象，还会使面试无法正常回答问题，使面试陷入尴尬局面。

克服紧张有以下几个方法：

（1）树立自信、自我激励

自我激励、增强自信心是从根本上克服紧张最好的办法。以平静的心态参加面试，否则压力越大越紧张；面试前进行充分准备，不把一次面试的得失看得过重；运用深呼吸等缓释方法减少紧张，坦诚告知。

如果的确非常紧张，最好的办法是，坦白告诉主试者并征得理解。通常主试者会同情你，并给你一些鼓励，而你也会因为讲出了实情，觉得释然，紧张程度大大减轻。

（2）善于打破沉默

为了考验求职者的反应和应变能力，有时主试者会通过长时间的沉默，来故意制造紧张情景。遇到这种情况，很多毕业生由于没有思想准备而不知所措，陷入冷场的尴尬局面。

要善于打破沉默，让沟通继续下去，以展示自身能力。打破沉默的有效办法是预先准备一些合适的话题或问题，在冷场时乘机提出来，或是顾着先前谈话的内容，继续谈下去，打破僵局，走出困境。

也可以提出一些与面试有关的问题，把话题推到面试考官一方。比如可以说：刚才谈到的××，我认为还可以从××去理解（顺着先前话题，打破僵局）；前面的话题我不知道自己的说法是否客观，您是怎样看待的，请指正（把困境抛给考官）。

（3）注意说错话时的应对

人在紧张的场合容易说错话，比如在称呼时，把别人的职务，甚至姓名张冠李戴。毕业生因阅历浅、经验不足，遇到这种情形，常常会懊悔万分，心慌意乱，造成过度紧张，结果语无伦次，出现面试困境。

当说错话时应保持冷静,沉着对应。说错话无关紧要,也没有得罪人,可以若无其事,专心继续面试交谈,切勿后悔不已,影响谈话。

若说错的话比较严重,为防止误会,应在合适的时间,更正、道歉(可以立即纠正并致歉,也可以事后纠正并致歉)。

例如:"对不起,刚才我紧张了点,话讲错了,我的意思是……请原谅!"出错之后,坦诚地纠正自己的错误,可以给人知错就改和诚实的印象,也能反映出你是一个自信、沉着的人,很可能还会因此获得主试者的好感。

2. 善于适时推销自我

求职是一个积极推销自我的过程。面试是毕业生与用人单位面对面交流的考核形式,这是毕业生推销自我的绝好机会。

因此,毕业生应抓住这一重要机会,在沟通过程中积极展示自己的才能、个性品质等,让用人单位全面了解自己。毕业生推销自己要注意以下策略。

以用人单位的需要为说话、行事的指南。推销自己时谈及的优点、特长必须符合用人单位的需要,以及符合应聘职位的具体要求,否则谈话将变得多余。

谈话时要让用人单位明白你能解决他们想要解决的问题,并且体现出你善于与人共事。

(1)推销自己时要说得含蓄,不要太直接。也不要过于夸大自己,切忌把自己说得无所不能,或者把自己说成是单位的救星等。沟通过程中采用"先抑后扬"的方式来展示自己大都会得到认同和信任。

(2)借用他人的评价来肯定自己。借用他人来肯定自己,既具有很强的说服力,又不至于让考官认为你自以为是目空一切。借他人之口推销自己,既有言证、物证,又有强有力的人证,让人不得不信服。

(四)回答问题的策略

回答考官的提问是面试中的必需环节,任何求职者必须面对。由于面试中的提问带有考核性质,用人单位大多也以此判断求职者是否符合本单位的需要。

因此,面试中的提问会给求职者带来较大压力,毕业生面试回答问题时,注意以下几个方面,可提高回答问题的质量。

1. 思路清晰,要点明确,条理清楚,有理有据

主试者提出问题后,不要急于回答,可以稍停三四秒钟,理清思路,想出回答要点。一般情况下,回答问题时应结论在先,议论在后,先将自己的中心意思表达清晰,然后再作叙述和论证。否则,长篇大论,逻辑混乱,会让人不得要领。面试时间有限,若多余的话太多,则容易走题,将主题冲淡或漏掉。

2. 避虚就实,切忌答非所问

面试中,考官常会问一些摸不到边际或难以理解的问题,以致不知从何答起。此时,如果毕业生以虚对虚,答起来也会不着边际,让评委一头雾水。

对待这类问题最好避虚就实。

首先,可礼貌地请求考官将问题复述一遍,以确认内容,这样回答起来就会有的放矢,不致答非所问;

其次,要认真分析,把握问题主旨和目的,特别要注意把握考官提问的意图,把虚的内容与实的事例结合回答;

最后,要注意画龙点睛,结尾时注意总结提炼,还实以虚。

3.开放式答问,避免抽象

毕业生在回答考官问题时,不仅要表明自己的态度和观点,而且要加以必要的解释和说明。若采用封闭式回答问题,只是简单回答是或否,而不加以展开。虽然表明了态度,但没有说明原因,会显得回答简单,思路狭窄,表现出能力不足,面试时绝不可取。

4.答问要有创新,突出个人特色

毕业生在回答问题时,要推陈出新,富有新意,这样才更有可能成功。因为,用人单位面试时要接待求职者若干名,相同的问题问若干遍,类似的回答也可能要听若干遍。考官们常常会有乏味、枯燥之感。具有独到的个人见解和个人特色的有创新的回答,会很快引起考官们对你的兴趣和注意。

5.知之为知之,不知为不知

面试遇到自己不会的问题时,应该坦诚地告知考官,回避闪烁、默不作声、牵强附会、不懂装懂的做法均不足取。人无全能,坦率地承认自己的不足,反能给人留下诚实、率直的好印象,进而赢得主试者的信任和好感。

（五）提问的策略

面试快结束时,出于礼貌考官大都会问你是否有问题,或者你可以提问不了解的地方。这时,求职者至少应该问一个及一个以上的问题。

如果一言不发,会给对方造成两种印象:

一是你对该企业没多大兴趣。因此实在没什么可问或不想问,这样必然会惹恼招聘主管;二是你没有思想,也没有能力提出好问题,这样招聘人员会认为你能力不足,反应迟钝,不会应变。面试中的提问是一门艺术,提问状况能反映出求职者的能力和水平。

面试时,向用人单位提问不可以随便,要特别注意以下几点。

1.大胆提出问题

由于求职的竞争压力大,很多毕业生在求职时,总是顺从招聘单位意愿,而不敢提问,这反而给人一种缺乏自信的感觉。

事实上,毕业生没在企业工作,对企业不完全了解,大胆地提出问题,可以体现出稳重、有主见、善于观察思考的个性特点。也可以反映毕业生良好的心理素质,和对这份工作的重视。一个好的提问,可能胜过简历中的无数笔墨,让面试官对你刮目相看。所以,面试中要敢于提问,敢于了解。

2.提问的内容选择要合理

提问时要避免提敏感话题,如工资待遇、职位要求、福利要求等;也要避免提考官不懂的问题,如很专业的技术问题;提问内容最好是与个人利益没有直接联系,但与企业整体形象和招聘活动有关的概述性问题。

如可以问关于企业文化、企业经营模式、企业综合优势、企业发展前景、员工培训深造等相关问题。而不要问你们到底招多少人、招聘能否保证公平、我能被录用吗、给我待遇怎样等问题。

3.提问要具体,不能模棱两可

提问通常可以反映一个人的水平高低。一般来说,问题越具体,说明你对所提问题知道得越多。面试时不要问一些似是而非的问题,会让考官觉得你水平低。

4. 提问内容不要太多

面试中,向考官提问并非越多越好,打破砂锅问到底,可反映出你对应聘企业的无知。同时,由于面试时间安排紧张,过多提问会让考官产生厌倦心理。

5. 注意提问时间

提问时间一般安排在结束时,或考官问完之后,毕业生应把握好时间的度,该问时才问,切不可打断面试官的谈话而提问。

(六)结束面试及试后的沟通

面试结束并不等于本次求职活动就结束了,面试后,还应加强与企业的沟通,加深企业对你的印象,提高求职成功的可能性。

1. 及时退场

回答完问题,主考官宣布面试结束后,应礼貌道谢,并及时退出面试考场。考官宣布面试结束后,最好不要再提问,也不要补充和额外的解释。

无论面试表现如何,都应冷静、从容地退出考场。如果确实有需要更正、解释和申明的可以和接待人员联系,也可在面试全部结束后向主考官声明。

2. 适时致谢

面试结束后,应在1~2天内,给主考官或负责人打电话或写信,向他们的辛苦工作表示感谢。同时,再次说明自己能力、个性与应聘职位的具体要求的契合性,并强调对该职位的期待,从而强化自身优势,加深考官对自己的印象。

3. 总结经验以利再战

面试结束后,应对面试过程进行总结和分析,发现失误与不足,应分析其原因,并想出弥补的办法。这也有利于在以后面试中获得主动。

4. 保持联系,建立感情

面试结束后,一定要积极主动地与用人单位保持联系,建立感情。不管对方态度是积极还是冷淡,不到最后决不放弃。但要注意联系频率要适度,过度的联系,会让对方感觉厌烦,或者让对方觉得你性情急躁,缺少耐心。

四、学会推销自己

对于毕业生来说,面试是一个复杂而又较难把握的重要求职环节。这个环节需要着眼细微,把握细节,把握好每一具体环节的注意事项,才能确保在面试中获得成功。

(一)充分准备,未雨绸缪

毕业生多缺乏面试经验,为了在面试中获得好的成绩,必须在面试之前,认真做好各项准备,做到未雨绸缪。

1. 了解企业和面试考官状况

为了在面试中做到知己知彼,在面试前,必须对企业整体状况有一个全面了解,如企业所有制性质、企业所处整体行业情况、企业产品、企业营销模式、企业顾客群、企业竞争对手、企业战略、企业文化以及企业的组织结构、地理位置等。

如果可能,还应了解面试时考官的构成状况,以及各考官的性格、爱好、兴趣等特点,以便回答问题时,能符合考官的个性及偏好。这些信息可以通过调查获得,也可以通过各种私人关系获取。

2. 形象准备

要根据求职的单位和职位的性质,对自己的形象进行设计,以使自己的衣着打扮、外表形象符合职位的客观要求。

3. 熟悉常见的面试问题

面试时考官会问我些什么呢? 毕业生可以根据应聘职位特点给自己提问,然后自我回答,对各种可能遇到的面试提问事先做个自我解答,在面试时就不会无从应对。

4. 模拟面试

模拟面试练习对毕业生至关重要。通过模拟面试,以丰富实践经验,毕业生可得到实战的锻炼机会,到真的面试时就没那么紧张了。

5. 做好面试物质材料准备

面试前要准备相应的材料,如面试通知单、学生证、身份证、简历、推荐表、成绩单,以及各种资格证等求职材料(还应准备复印件)。同时,还应准备面试用的照片、记事本、通信工具和笔等。如果对地方不熟,还可以准备地图等。

6. 做好心理准备进行面试

面试前大多毕业生都会紧张,要注意心理调适,以一种轻松、沉着的良好心态参加面试。

(二)树立自信,随机应变

自信是面试成功的基础。很多大学生在求职过程中,由于缺乏自信而不敢竞争,在面试过程中,也不敢全面表现自我,而面试结束时也不能展示真实面貌和风采,无法给面试考官留下好的印象。

毕业生面试时,一定要建立起自信,要敢于推销自己,敢于主动竞争,这样才能在面试中取得优势。在自信的基础上,还应做到随机应变。

在面试过程中,用人单位一般处于主动地位,因为面谈没有固定的模式,有时可能会发生你意想不到的情况,所以需要你善于随机应变,恰当处理意外情况,机智回答问题。

(三)沉着礼貌,谦逊真诚

整个面试过程,言谈举止都应该表现得沉着稳重,给用人单位以踏实沉稳的感觉。面试时应对所有人(包括工作人员和其他求职者)表示友善与礼貌,这会显示出你的良好素质和修养。

回答问题时要谦逊,不可以夸夸其谈、目中无人,也不可以逞强好胜、自我卖弄,要给人一种谦虚好学的好印象;在求职动机方面,一定要表现出执着和真诚。

(四)表情自然,体态优雅

在面试过程中,求职者对考官提问的回答往往大同小异,但各人的表情、体态却是千差万别。因此,为了选择优秀的员工,考官越来越重视对非语言行为的观察、分析和判断。

自然、和谐的表情,优雅、大方的体态姿势,反映出一个人良好的精神状态和积极、乐观、自信的心境。反之,则给人一种消极、缺乏朝气与活力的感觉。

大学毕业生在面试时一定要注意保持愉快、乐观的精神状态,树立良好的精神面貌,给考官一种朝气蓬勃、积极上进的感觉。

(五)扬长避短,彰显潜能

无论对于性格还是专业知识,每个人都有自己的特长和不足。用人单位肯定是用你的长处,而不是短处。

因此,在面试时一定要注意扬长避短,把自己的长处充分展示出来。对自己的不足,可以不谈或少谈,或是委婉表达,并必须说明弥补措施。

由于面试时间较短,很难全面展示自己的才华,在谈及长处时,要注意重点展示符合组织要求的各种才能。

(六)实事求是,诚实守信

面试时,毕业生回答考官的问题要从本人实际情况出发,实事求是,既不夸大,也不缩小,更不能说假话。即使有一些缺点也不妨说出来,如实相告,这样会显示出你诚实的品格。

面试时还要守信用,遵守时间,准时赴约。如有意外迟到,切勿推诿,要诚恳解释并致歉意。如果不能参加面试,也应提前告知招聘主管,说明原因并致歉。

(七)不卑不亢,用语文明

求职者和主试官在法律地位上是平等的。面试不是求职者乞求面试官施舍一份工作,而是双向选择。所以,毕业生在面试时,不能把自己看得过分卑微。面试中,不需要讨好或巴结考官,也不要表现出自卑,乞求怜悯反而会影响面试成绩。

当然,也要避免另一个极端,过分自高自傲,目空一切、飞扬跋扈,给考官一种不切实际的感觉。

招聘职位一般都要求有较高的文化素质和良好的道德修养,文明礼貌是面试考查的基本内容,面试过程中,一定要注意文明礼貌,答题时语言要谦和,遇到难题时要冷静,不能有怨恨情绪,不能说粗话、脏话,更不能侮辱他人,或恶语伤人。

(八)细心认真,遵守规则

工作中需要细心严谨的人,很多用人单位在考察人才的综合素质时,将细心与细致的有关细节内容融入面试中。在面试时要认真细致,细心观察和处理好每个细小环节。

比如,见到扫帚倒在地上,主动将它扶起,面试完毕后,将自己喝过水的杯子处理好,都可以体现出细致严谨的作风。另外,面试过程中还应听从安排,遵守面试规则。

❀ **扩 展 阅 读** ❀

失败的面试

人物:E 是招聘者;S 是求职者。

背景:雇主办公室

招聘者看上去平易近人,求职者紧张而安静,有点不修边幅。

S:(敲门)

E:请进!

S:(没有声响地进门,向四周张望。找椅子,坐下。然后低头看着地。)

E:什么事?

S:哦,我找工作。

E:嗯——你想找什么工作?

S:(没精打采地)我已经很久没有工作了,什么工作我都愿意试一试。

E:我们正缺货物管理人员,你有这方面的经验吗?

S:没有,但我想试试,这份工作的工资是多少?

E:每月底薪800元,另有奖金和补贴。(停顿)好,如果没有其他问题,你回去等我们的通知吧!

S:(站起,颓废地)谢谢! 耽误了您的时间。

总结分析:

求职者求职不心切,不自信。求职者没有展示自己的特长,招聘者对求职者并不是特别关心,招聘者没有给求职者明确的答复,求职者也没有表现出要求。总之,这是一次失败的面试。

假定求职者在面试前已经做了以下事情:

(1)学习了求职技巧,求职者已经知道了什么该做,什么不该做。

(2)通过电话从公司员工那里得到与这份工作相关的内容和背景、工资数额。

(3)通过电话从办公室秘书那里得到与公司有关的材料。

(4)把以前相关的工作经历进行了整理、记录,你认为现在情况会怎么样?

五、面试常见问题枚举

(一)请做一个自我介绍

通过自我介绍,面试官可以对求职者有一个具体的初步印象,也能明确后续的面试方向。面试官只有在了解了求职者的基本信息后,才能够有针对性地进行提问。

同时,自我介绍也能为求职者提供缓冲时间,避免一上来就回答问题的紧张心情,有助于求职者更好地展现自己。

1.注意事项

(1)不能照搬简历。很多同学在做自我介绍的时候,想要展示自己的全面能力,就将简历上的文字照搬出来,整个介绍冗长琐碎,很难突出个人特色。

面试官在听你的自我介绍时,就会浏览简历,他并不需要你重新按照简历讲一遍,而是需要有重点、有新意的介绍。

(2)不能即兴发挥。许多同学自我感觉良好,懒得提前准备好稿子,全部依靠面试时临场发挥。这会造成语言不够精简,在思考时,无意识的使用很多语气词,如"然后……""嗯……"不仅会影响自己思维逻辑,也会消耗面试官的耐心和注意力。

此外,临场发挥的自我介绍一般逻辑性不高,通常都是散点状的能力介绍,不能做到围绕求职岗位的核心能力进行展开,有针对性的展现自我。

2.答题技巧

(1)挖掘相关工作经历。介绍完个人基本信息之后,要着重介绍自己之前与求职岗位相关的工作经历,可以是类似岗位的工作内容与成果,也可以是在校园学生组织中的参与情况。

如果没有相关实习和学生活动经历,可以介绍几个自己曾经做过的课程作业,需要注意的是,这个课程作业的内容并不重要,重要的是你在完成作业过程中,都做过什么、运用了哪些相关技能,并且这些技能需要能够迁移到所求职的岗位。

个人能力介绍具体化。在介绍个人能力的时候,最好使用"还原场景"的描述,吸引面试官的注意力。不能仅仅说"我有很好的沟通能力",还要用实际的事件证明自己。

如我曾经作为组长,带领六名同学顺利完成××调研报告,得到了老师的肯定。在讲述相关事件时,多使用具体化的数字,如在 3 天内独立完成 5 000 字项目分析报告,获得了年级第二名的好成绩,相比较于完成项目分析报告,取得较好成绩,更具真实感。

(2)提前模拟练习。在面试的时候感到紧张,大脑一片空白,不知道说什么,这是正常现象。需要不断地模拟面试,锻炼自身语言组织能力和临场心态的调节,请别人指出自己的不足;也可以对着镜子练习或是用手机录视频,反复推敲介绍的逻辑框架,观察自己讲话时的表情与神态。

(二)请介绍一下之前实习的工作内容,以及都有哪些收获?

主要说自己参与××和主要负责了××,学习××知识,更深入地了解和认知了×× 行业/岗位;锻炼了××能力。

(三)你曾经遇到最大的困难、挑战或挫折是什么?

面试官要考察你面对困难所做的思考和努力,以及你解决问题的能力、随机应变能力。没能顺利解决也不意味着一无所获,如何从失败的经历中,总结经验并有效指导接下来工作,才是一个优秀员工应该具备的基本素质。

切记不要说一些自己没有把握的话,要整体把握住"实在比过分夸大更有效"的回答原则,可以适当增加困难程度,衬托出自己做事能力,但不能过分夸大。

答题技巧:围绕具体应聘岗位的性质,岗位职责与任职资历的要求,结合自己的实际案例来予以回答,同时要说明自己分析问题、解决问题的能力与技能。

(1)心态平和,遇事不慌乱。能够冷静分析已有困难,尽最大可能解决它。

(2)展现综合能力。包括面对困难时的应变能力,工作事务的管理能力,思维方式等,同时也有人际沟通能力,团队协作能力等。

(3)自我分析总结与反思。举例说明是否有吸取经验不断改进,以及如何避免同样的错误再次发生。

如某同学这样回答:我之前在某小厂实习时,前期拍好了大量视频素材,领导需要我将这些视频剪辑成一个活动全程的完整视频。我之前从未学习过视频剪辑,对剪辑软件一窍不通。除了技术上的陌生,将近 4 个小时的视频素材,也大大增加了这个任务的难度。为了完成这个任务,我通过查找网上教程和视频,最终在 2 天之内交出了视频。虽然不是那么完美,但也得到了领导的肯定,为活动画上了句号。

(四)你是怎么评价自己或你认为你是一个什么性格的人?

主要是考察应聘者的自我认知能力。做好回答,我是一个真实的人,凡事做最坏的打算,尽人事后期待最好的结果等。

(五)如果在工作中你跟同事、领导产生了矛盾,你会如何处理?

面试官要考察应聘者的情绪管理能力,是否存在情绪化。最好回答,要总结自身问题,沟通解决,保持职业化,不情绪化处理工作上的问题。沟通无效时,自己考虑问题不够周全,服从领导安排。

（六）工作中最不能忍受的一件事情是什么？

如：对自己，没有清晰的目标；对别人沟通无效性。

（七）你最大的优点是什么？ 你最大的缺点是什么？

在开放性问题中，有价值的不是答案，而是处理问题的思路。

"你的缺点是什么"，这个问题的价值不在于了解你的缺点，而在于考察你是否有正确的自我认知。考察应聘者的思维方式、技能、知识。

在谈到自己缺点的时候，尽量避开三观和性格方面的缺点。思维方式可作为可选项，但不是优选项。最好还是着眼于知识和技能。因为这两点改进空间大，速度快。

切忌把一个优点包装成缺点，"化缺点为优点"变着法夸自己，是不了解自己的表现。如"我妈妈说，我最大的缺点，就是太执着，不撞南墙不回头……""我觉得我最大的缺点就是善良，比较容易心软……"

不仅要指出自己的缺点，还要给出解决的方案，展示你的能力。阐述你会通过行动把这个缺点的影响降到最低，并且会在最短的时间内克服它。通过给出你的解决方案，包括怎么克服这个缺点，怎么落实到具体的操作上，让面试官相信"对，他是有这个缺点，但是不影响这个工作"。

列举 2~3 个优点，并给出事例证明。再列举 1 个与岗位要求关系不大的缺点，并说明自己如何去克服这个缺点，不让这个缺点影响工作

（八）你最有成就感的一件事是什么？

面试官要考察兴趣动机（金钱物质、他人认可、自我提升），选一个合适的例子（不要太普通），体现自己的能力/特点。

（九）请说一件最近遇到的沮丧的事情。

面试官要考察情绪管理能力，选一个自己遇到小挫败（工作、学业、生活），如何调整自己应该困难的。

（十）你为什么选择××行业或公司/岗位？

回答的关键在于，是否能表达坚定的意愿，说服和打动面试官。

面试官要考察求职者的求职动机，通过这个问题可以看出，你对这项工作的态度，以及求职的诚意，考察求职者与岗位的匹配度。

面试官还想考察你对于应聘岗位以及自身能力是否具有准确的认知，是否能够胜任工作。如果没有提前做好准备，面试官会觉得你对岗位认识不到位，不适合。

要注意的是：由于毫无准备，所以在遇到这个问题时大脑一懵，想不出任何与公司发展有关的信息，但又必须说些什么，只好用空话、套话吹捧公司。面试官立刻就能感受到你求职意向的不明确，过分吹捧将适得其反。

除了夸奖该公司的发展惊人，有人还会表达自己向往这里，希望能够从工作中学到新的东西。这句话本身没有错，但并不是面试官最关心的点，从公司的角度来看，他更关心你能够给公司带来什么，能不能做好岗位工作。

答题技巧：

（1）明确选择该公司的原因。可以从宏观行业与个人层面来回答，是行业的快速发展前景吸引了你，还是出于个人喜好与经历。

例如,在应聘互联网公司时,你可以说由于5G的革新,赋予了互联网行业更多的机会与可能,你看到了这个机会,想要抓住它。

(2)熟悉该公司的基本情况以及岗位信息。查找目标公司的行业分析报告、企业年报、半年报等,了解公司所处的行业市场规模、竞争情况,了解公司业务范围、组织架构、企业文化;还可以浏览企业官网、媒体报道、前辈分享经验帖,全方位的了解公司。

面试前的准备,可以让你更加游刃有余地应对考官,也可以清晰了解这家公司,思考是否真的适合自己。考虑清楚既是对公司负责,也是对自己负责。

在此基础上,还要了解应聘岗位的职责范围与能力要求,以便更好地展现自身优势。

(3)寻找自身与岗位匹配的优势。明确了求职目的,掌握了公司信息,接下来就是展现自己的时候了。建议可以从专业、性格、个人职业目标等方面,阐述自己与岗位职责的匹配度,强调你能为公司带来发展,以及与其他求职者相比特别的地方,告诉面试官你就是最适合这个岗位的员工。

(十一)请说一下你的职业规划?

职业规划可分成短期规划(1~2年)和中期规划(3~5年)。

短期规划:1~2年内,熟悉工作内容和流程,通过××体系化学习知识,运用到工作中,提升自己××能力,成为符合公司预期的专业性人才。

中期规划:提升专业素养的同时,争取能把握公司的晋升机会,在更高的平台锻炼自己的能力,为公司做出更大的贡献。

(十二)最近读的一本书或最喜欢的一部电影是什么?

面试官要考察学习能力和个人规划(学习、运动都可能是加分项)。简单介绍这是一个什么故事,你从中学到了什么。

(十三)你有什么问题要问我的?

面试官问到这个问题,是想知道,你到底对这个岗位了解多少? 你有什么职业规划? 如果你说我没有什么想问的,会让面试官觉得,你对这份工作岗位不重视、对岗位也不够积极与渴望,容易成为减分项。这个问题是表现自己,以及了解企业的良好契机,可以进一步加深与面试官之间的交流。

记住以下方面问题不要问:

(1)薪酬福利。校招的薪资基本都是固定的,应届毕业生基本没有议价能力。如果企业对薪资的讲解较为模糊,最好是向往届学长学姐询问。

(2)浅显的信息问题。诸如岗位共招聘多少人? 团队规模有多大? 公司的主要有业务有什么等等,这类简单的信息问题切忌不要在面试的时候提出。这些都是"百度一下就知道"的内容。

(3)宽泛的价值观问题。如"请问公司的发展战略是什么?"一是面试官可能并不了解这方面内容,回答不上来会让场面一度非常尴尬,二是也会让面试官觉得你不够脚踏实地,极有可能会拉低印象分。

提问的问题,最好是如下几类:

(1)工作体验类。在提问的时候,可以适当地找一找代入感,"请问您觉得在贵公司工作有什么特别的体验?"不仅可以让自己更加了解企业的工作氛围与环境,同时给面试官提供了一定的话题性,让面试官可以表达更多的内容。

据不完全统计,在多数成功的面试中,面试官会比面试者表达更多的信息。因此,相关的工作体验类问题,可以很好地拉近与面试官的距离。

(2)工作内容类。"如果我有幸加入贵公司/团队/部门,那么前期我将做哪方面的工作内容呢?""如果我有幸应聘成功,对我会有哪些期望呢",等等,这些问题将会帮助你更好地了解到入职之后的主要工作,同时,也可以让面试官了解到你对这份工作的热情与期待。

(3)培训准备类。"请问公司之前都为员工进行过哪些培训?""如果我有幸能成为公司的一员,请问我在入职前需要提前做哪些准备"等相关问题,不仅可以让自己对岗位有更多地了解,也可以让面试官感受到你的上进心。

(4)面试表现类。不是指简单询问自己表现得怎么样,是否能被录取等直白的问题。如"您觉得我要胜任这个岗位,还需要在哪方面多下功夫呢?"既可以旁敲侧击的询问面试官对自己表现的满意度,同时也可以表现出自己谦虚好学的态度。

第四节　熟知求职礼仪

礼仪,是人与人在交往中须臾不可离的工具,不论是彬彬有礼,还是侃侃而谈,前提都是对人的理解和尊重。只有在这样的前提下,礼仪技术性知识才可能发挥它的作用。

求职礼仪是求职者在求职应聘时,应熟悉掌握的交际规则,是求职者在求职过程中,与招聘单位接待者接触时,应具有的礼貌行为和仪表形态规范,求职礼仪是公共礼仪的一种,一般是通过求职者的应聘资料、语言、仪态举止、仪表、着装打扮等方面体现其内在素质。

一、仪表礼仪

仪表是求职者留给面试考官的第一印象,得体的穿着打扮,良好的形象,不仅能使考官对你另眼相看,同时也能增加自己的自信,在面试中更好地发挥。

为了在面试中获得先入为主的优势,毕业生需要研究着装风格,注意细节修饰。

(一)男生求职时的仪表礼仪

男生在求职时的仪表、仪容要显得潇洒、英俊,能展现干练、果敢的男子汉气魄和魅力,体现出成功男士的职业韵味。

1.整洁、笔挺的外套

男生求职时,最好着西服,配上硬领衬衫,系上挺括领带。

(1)最好平时就准备一至两套得体的西装,不要在面试前才去匆匆购买。在西装的价钱、档次上,应符合学生身份,不要盲目攀比。如果用人单位看到求职者的衣着太过讲究,不符合学生身份,对求职者的第一印象也会打折。

(2)西装颜色应当以主流颜色为主,如深蓝色、咖啡色、黑色、灰色等,不要穿格、条、花色套装。

(3)西服一定要挺括,不能皱皱巴巴的,也不能太过时、太老旧,七八成新的服装较为自然妥帖。也不要穿全新装,袖口的商标一定要剪掉。

(4)长裤熨烫笔挺为好,长度以直立状态下裤脚遮盖住鞋跟的 3/4 为佳。

2.洁净的衬衫

(1)平时注意选购一些较合身的衬衫,面试前应平整,不能给人"皱巴巴"的感觉。衣领、袖口洗毛的旧衬衫,或一件还从没有下过水的新衬衫都不合适,前者太拮据,后者有着意修饰的痕迹。

(2)衬衫以白色或浅色为主,经典白色衬衫永不过时,这样较好配领带和西裤。深色西装配上白色衬衫,可给人以潇洒的风度;而蓝色衬衫是金融与 IT 行业男士的最佳选择,能体现出智慧、沉稳的气质。

(3)衬衫领的开口、皮带扣和裤子前开口外侧应该在一条线上。

(4)衬衫应该是硬领的,领子要干净、挺括,短袖衬衫和圆领衫在正式场合不太适宜。

(5)衬衫下摆要放入裤腰内。内衣、内裤、衬衣等都不能露出。

3.得体的领带

(1)男生穿套装参加面试,一定要在衬衣外打领带,这样才能显示你的风采。领带以真丝的为好,必须干净、平整,不能有油污和其他痕迹。

(2)平时应准备好与西服颜色相衬的领带,在配色方面,以和谐为美,不要追求标新立异,以免弄巧成拙,一条价格适中、清洁整齐,色彩和谐的领带,远远胜过历经沧桑的名牌货。

(3)领结要端正,不要松松散散尽可能夹上领带夹。另外,领带尖不要触到皮带上。

4.配套的鞋袜

(1)皮鞋以黑色为宜,以舒适大方为度。不要选给人有攻击性感觉的尖头皮鞋,方头系带的皮鞋是较佳选择,要给皮鞋上油,擦去灰尘和污痕。穿时鞋带要系牢。

(2)皮带和皮鞋应是同一质地的,如果不是,就要在颜色上统一。

(3)袜子的颜色也有讲究。西服革履不宜穿白色袜子,深色西装,一定要搭配同色系的袜子。如果没有配上,最好和鞋的颜色保持一致。

5.整洁的仪容

(1)注意头发的修整,不要蓬松散乱,如果稍显过长,应修剪一下,要尽量避免在面试前一天理发,以免看上去不自然。面试前一天要洗干净头发,避免头屑留在头发或衣服上,发型不仅要与脸型配合,还要和年龄、体形、个性、衣着、职业要求相配合,才能体现出整体美感,男性求职忌讳颜色夸张怪异的染发、长发和光头。

(2)将胡须剃干净,注意不要刮伤皮肤,指甲应在面试前一天剪整齐。

(3)保持仪容整洁。可以用点清洁类的化妆品,淡淡的清香容易让别人产生愉快的感觉。男生面试,要避免使用香味浓烈,或味道怪异的化妆品。

6.适当的装饰

(1)文件包既是实用品又是装饰品。文件包不要太旧、太破或有污垢等。新旧程度最好相当于或略新于西装。文件包装的东西也不要太多,以免给人圆滚滚的感觉。

(2)戴眼镜的学生,镜框的佩戴最好能使人感觉稳重、舒适。眼镜的上镜框高度以眉头和眼睛之间的 1/2 为合适,外边框以跟面部最宽处平行为宜。切不可戴墨镜参加面试。

7.男生仪表礼仪的禁忌

(1)忌身上散发出浓重的体味,如大蒜味、酒精味、其他刺激性气味、口臭等,面试前一天要好好洗个澡。

(2)忌过分随意。应聘时,不要穿运动服、牛仔裤、运动鞋等,过于随意或样式怪异的服装和鞋子,以免给人一种随随便便的感觉。

(3)不要将票夹、钥匙、手机、零钱等放在衣袋或裤袋中,以免给人不规范的感觉、在票夹中,只装一些必须随身携带的零钱和证件,把那些与面试无关的东西,都留在家里。

(4)忌戴耳坠及流行饰物,不要有文身外露。

(二)女生求职时的仪表礼仪

女生的仪容仪表及搭配比较灵活,有更多选择。

1. 服饰礼仪

庄重典雅的服装,能让女性更有职业气质。每位女生都应准备 1~2 套较正规的套服,以备去不同单位面试之需。

(1)职业套装。女式套服款式多样,女生可根据自己的喜好,结合不同用人单位的背景来选择。

一般来说,剪裁得体的西装套裙,色彩相宜的衬衫和半裙使人显得稳重、干练、自信、大方,给人"信得过"的印象。裙子长度应在膝盖以下,太短有失庄重。

服装颜色以淡雅或同色系的搭配为宜,穿着应有职业女性的气息。T 恤衫、迷你裙、牛仔裤、紧身裤、宽松服等,不适合面试场合。

(2)皮鞋以中高跟皮鞋为宜。鞋跟太高显得步态不稳,穿平跟鞋显得步态拖拉。

如穿中、高统靴子,裙摆下沿应盖住靴口,以保持形体垂直线条的流畅;不要穿露出脚趾的凉鞋,或光脚穿凉鞋,也不要穿走路响声很大的鞋,更不宜穿拖鞋,或将脚趾甲涂抹成红色,或其他颜色。

穿裙装袜子很重要,丝袜以肉色为雅致。丝袜缝要拉直拉正,以免给人随意、邋遢的感觉。

2. 装饰品

适当地搭配一些饰品,无疑会使求职女生的形象锦上添花。搭配饰品应讲求少而精,避免佩戴过多、过于夸张,或有碍工作的饰物。

一条丝巾,一枚胸花,一条项链,就可能起到画龙点睛之妙,恰到好处地体现气质和神韵。皮包不要过于精美、珠光宝气,但也不要太破旧、有污点。自然背在肩上,或提在手上即可。

3. 仪表

(1)化淡妆。面试时,适当地化点淡妆,可使自己更显亮丽。女生求职化妆,讲究淡雅自然、不露痕迹为佳。

用薄而透明的粉底营造健康的肤色,用浅色口红增加自然美感,用棕色眉笔调整眉形,用睫毛膏让眼睛更加有神。但不能浓妆艳抹、过于妖娆,这不符合大学生的形象与身份。切记一定不要将学生的清纯美掩盖掉。

(2)发型修饰。头发要洗干净、梳整齐,以增添青春活力。可根据衣服合理搭配发型,要善于利用视觉差异来改变脸型。

如脸型过长的人,可留较长的前刘海,并且尽量使两侧头发蓬松,这样长脸看起来不太明显。

脖颈过短的人,则可选择干净利落的短发,来拉长脖子的视觉长度。

脸型太圆或者太方的人,一般不适合留齐耳的发型,也不适合中分头发,应该适当增加头顶的发量,使额头部分显得饱满,在视觉上减弱下半部分脸型的宽度。

根据应聘的不同职业,发型也应有所差异。

仪容仪表是求职前的第一件大事,任何一个单位都不会在招聘启事上说明"此职位要求相貌端庄"。

但是,100%的企业都把"相貌端庄等仪表礼仪"作为第一招聘条件,即使是幕后工作。

二、行为礼仪

求职中的基本行为礼仪包括站、坐、行三个方面的礼仪规范。

(一)站姿的基本要求

站姿是仪态美的起点,又是发展不同动态美的基础。良好的站姿能衬托出求职者良好的气质和风度。

站姿的基本要求是挺直、舒展,站姿得直,得正,线条优美,精神焕发。

其具体要求是:

头要正,头顶要平,微收下颚,双目平视,面带微笑,动作要平和自然;脖颈挺拔,双肩舒展,保持水平并稍微下沉;两臂自然下垂,手指自然弯曲;身躯直立,身体重心在两脚之间。

双脚直立,女生双膝和双脚要靠紧,男士两脚间可稍分开点儿距离,但不宜超过肩膀;挺胸、收腹、直腰。

(二)坐姿的基本要求

坐姿是仪态的重要内容。良好的坐姿能够传递出求职者自信练达、积极热情的信息。同时,也能够展示出求职者高雅庄重、尊重他人的良好风范。

求职者坐姿的基本要求是端庄、文雅、得体、大方。

具体要求如下:

入座时要轻要稳,不可猛起猛坐使椅子发出声响。女生入座时,若着裙装,应用手将裙子稍向前拢一下。坐定后,腰部挺直,身体重心垂直向下,上体保持正直,两眼平视,目光柔和;男生双手掌心向下,自然放在膝盖上,两膝距离以一拳左右为宜。女生可将右手搭在左手上,轻放在腿上。

坐时不要将双手夹在膝之间或放在臀下,不要将双臂抱在胸前,或放在脑后,也不要将双脚分开,或将脚伸得过远。

坐于桌前,应该将手放在桌子上,或十指交叉后,以肘支在桌面上。入座后,要尽量保持正确的坐姿;如果坐的时间长,可适当调整姿态,以不影响坐姿的优美为宜。

(三)走姿要求标准

走姿是站姿的延续动作,是在站姿的基础上展示人的动态美。无论是日常生活中,还是社会场合,走路往往是最吸引人注意的体态语言,最能表现一个人的风度和魅力。对求职者走姿的具体要求是:

行走时,头部要抬起,目光平视对方,双臂自然下垂,手掌心向内,并以身体为中心前后摆动。

上身挺拔,腿部伸直,腰部放松,跨步适度,脚步宜轻且富有弹性和节奏。

男生应抬头挺胸,收腹直腰,上体平稳,双肩平齐,目光直视前方,步履稳健大方,显示出男性刚强、雄健的阳刚之美。

女生应头部端正,目光柔和,平视前方,上体自然挺直,收腹挺腰,两脚靠拢而行,步履匀称自如,轻盈,端庄文雅,含蓄恬静,显示女生庄重、文雅的温柔之美,展示自信。

三、面试礼仪

（一）遵时守信

求职者一定要遵时守信，千万不要迟到或毁约。迟到和毁约都是不尊重面试官的一种表现，也是一种不礼貌的行为。

如果求职者有客观原因不能如约按时到场，应事先打个电话通知面试官，以免对方久等。如果因特殊情况已经迟到，应主动简单陈述原因，并致歉。这是必需的礼仪。

1. 保持适度的距离

面试时，求职者和面试官必须保持一定的距离，不适当的距离会使面试官感到不舒服。如果应聘的人多，招聘单位一般会预先布置好面试室，把求职者的位置固定好。

当求职者进入面试室后，不要随意将椅子挪来挪去。有的人喜欢表现亲密，总是把椅子向前移动。殊不知，这是失礼的行为。

如果求职的人少，面试官也许会让你同坐在一张沙发上，求职者这时应注意距离。太近了，容易和面试官产生肌肤接触，这是失礼的行为。

2. 礼待他人

求职者在等待面试时，不要旁若无人、随心所欲，对接待员熟视无睹，自己想干什么就干什么，以免给人留下不好的印象。面试时，对任何遇到的人都应以礼相待，包括接待人员、其他求职者，以及其他不认识的人。

因为求职者对面试企业的人员不熟悉，在面试场地碰到的有可能就是企业的某个重要人物。到了求职单位，要给所有的人留下良好的印象，而并非只是对面试官。

面试时，应自觉将手机关掉。

3. 敲门入室，受请入座

求职者进入面试室的时候，应先敲门，即使面试房间的门是虚掩的，也应先敲门。千万不要冒冒失失地推门就进，给人以鲁莽、无礼的感觉。

敲门时，要注意声音的大小和敲门的速度。正确的是用右手的手指关节轻轻敲三下，问一声："我可以进来吗？"待听到允许后，再轻轻地推门进去。

进入面试室后，求职者不要自己坐下，要等面试官请你就座时再入座。若面试官叫你入座，应该表示感谢，并坐在面试官指定的椅子上。

4. 微笑待人

在踏入面试室的时候，应面露微笑。如果有多位考官，应面带微笑地环视一下。以眼神向所有人致意，面带真诚、自然、由衷的微笑，可以展示一个人的风度和风采，有利于求职者塑造自己的形象，给人留下美好的印象。

求职者与面试官相识之后，便要稍微收敛笑容，集中精神，平静的面容，有助于求职者面试成功。

5. 递物大方

求职者求职时，必须带上个人简历、证件、介绍信或推荐信，一定要保证不用翻找就能迅速取出所有资料。

思考与练习

1. 面试成功的基本要求是什么？

2. 如何认识求职中的测试与面试？

3. 求职面试前的仪表礼仪如何准备？

实训项目

模拟面试。

第 六 章

离校手续办理与就业程序

天将降大任于斯人也,必先苦其心志,劳其筋骨,饿其体肤,空乏其身,行拂乱其所为,所以动心忍性,曾益其所不能。

——《孟子》

【学习目标】

1.熟悉就业协议签订程序及内容。

2.了解"就业实习"及毕业生离校程序。

3.熟悉劳动合同条款。

【技能要求】

1.正确签订就业协议。

2.正确签订劳动合同。

引导案例

就业协议和劳动合同的衔接

小张与小王是同一个专业的同学,两人同住一个宿舍。

小张在校期间曾担任过学校的学生干部,凭着较好的综合素质,很快签订了一个就业单位,他选择了一家虽然福利待遇不是很好,但是个人拥有很大发展空间的中外合资信息技术公司。

双方经过协商,在签订就业协议时,就两个主要事项进行了约定:服务期限 2 年,试用期 3 个月;试用期工资 3 000 元/月,试用期满工资 5 000 元/月。但是,双方没有约定违约金及其他相关事项。就业协议经双方签字、盖章并经学校鉴证登记后生效。

小王找工作并不顺利,几番周折也签了一家单位。小王是个心思非常缜密的人,早就听说签订就业协议和劳动合同有很多陷阱,在与单位签订就业协议前,详细地了解了一下劳动法律法规,并请教了很多学长。

在双方就就业协议的服务期限、试用期、税后工资、社会保险金的缴纳、违约金等主要条款协商一致以后,他向公司提出,是否可以将劳动合同的内容事先告知,或者将劳动合同作为就业协议的附件同时签订。

公司表示小王的要求合情合理，但是，由于劳动合同需要等到毕业生报到后才能签订，因此，双方可以在就业协议中增加一条附加条款："劳动合同签订时的主要条款必须与就业协议保持一致。"小王觉得公司的建议有可操作性，并且可以保护自己的权益，就表示同意。于是双方正式签约。

两人参加完毕业典礼，各奔东西，踏上工作的征程。

小王报到后，顺利地与用人单位签订劳动合同，虽然单位曾希望延长劳动合同期限，但是，由于就业协议做了明确的规定，因此没有成功。

小张则碰到了麻烦。在签订劳动合同时，用人单位要求服务期限延长至3年，试用期为6个月；就业协议约定的工资包含"四金"。他表示不同意，拿出就业协议，要求对方按照就业协议的约定签订劳动合同，否则要对方承担违约责任。

用人单位则表示，如果不延长就业协议的规定服务期限，那么工资中要包含"四金"。小张心有不甘，准备以对方违约为由，要其承担法律责任，结果却发现，就业协议中根本没有约定违约金。

案例分析：

毕业生在与用人单位签约的过程中，由于就业协议和劳动合同签订之间存在一个时间差，经常会发生由于两者内容不一致，而产生纠纷甚至是违约的现象。

一些用人单位往往在签订就业协议时，故意承诺很好的条件，以此来诱骗毕业生签约；待要签订劳动合同时，又弃就业协议于不顾，百般刁难，故意压低条件，损害毕业生利益。

本案例中，小张显然对就业协议和劳动合同可能出现的不一致没有思想准备，简单地认为，只要签了就业协议就万事大吉了。

对于后来出现的情况，只有两个解决办法：

一是以对方违约为由，解除就业协议。但是，由于没有约定违约金所以要求赔偿比较困难；二是继续与单位签订劳动合同，由于就业协议中对服务期限和试用期有明确的约定，劳动合同应当按照约定的内容签订。但是，对于月工资，由于协议中约定不明确，则只能按照单位事后提出的含"四金"方案签订。由于对两者认识不足，小张付出了沉重的代价。

小王则由于事先对两者的差异，以及可能存在的问题有了充分的了解。因此，通过在就业协议中约定限制条款的形式，将今后劳动合同的内容予以事先约定，避免了就业协议与劳动合同不衔接的问题，从而有效地保护了自己。

🎇 理论指导 🎇

第一节　签订就业协议

高职院校应届毕业生大型校园招聘会一般集中在大二的下学期10—12月，此时毕业班的常规性教学授课还没有全部结束，毕业生还没有真正走出校门。

大多数同学通过校园招聘等形式找到工作后，与用人单位签署《全国普通高等学校毕业生就业协议书》（简称就业协议或三方协议）。用人单位要求毕业生提前到单位实习时，按单位要求和学校安排去单位实习,实习期间要另签实习协议。

一、就业协议及作用

就业协议是高校毕业生与用人单位确立劳动关系的法律依据,由毕业生、用人单位、学校三方签订的,是明确三方在就业择业过程中的权利义务关系的书面协议。

《全国普通高等学校毕业生就业协议书》由教育部或省级高校毕业生就业工作主管部门统一印制,使用对象为普通高等学校大专层次以上的国家计划内的统招毕业生。就业协议实行严格的编号管理,每套就业协议均由省级毕业生就业工作主管部门统一编号,一套一号,一式三份(个别区为四份),任何单位或个人不得复制、翻印。由学校在规定的时间统一发给毕业生,每位毕业生只领一套就业协议。

在签订协议书过程中,因损坏、填错等原因造成协议不能使用,毕业生需持原件到所在学校毕业生主管部门申请更换。就业协议不得挪用、转借、复印、涂改,否则视为无效。

毕业生在择业过程中,应该慎重对待就业协议的签署和管理。就业协议在毕业生就业工作中十分重要,学校对其管理也十分规范严格,毕业生必须认真对其进行管理。

就业协议的作用表现在以下几个方面。

(一)维护毕业生合法权益

就业协议是毕业生落实用人单位、用人单位接收毕业生的依据,是毕业生权益的有力保障。用人单位和毕业生双方盖章、签名确认,并经学校鉴证后,就业协议即成为具有法律效力的合同文件,任何一方未征得对方同意,不得中途废止,否则将承担赔偿责任。

毕业生和用人单位签约后,如果发生工伤事故,单位应负担赔偿责任;签约后,毕业生发生疾病等影响工作的意外事故,单位不得以毕业生丧失工作能力,而中途解除工作协议。毕业生毕业报到后,用人单位应根据协议的约定,提供相应的工作岗位、工作条件、工资待遇等。

(二)就业协议是签署劳动合同的基本依据

就业协议不等同于劳动合同,毕业生在正式毕业前到用人单位工作须签订就业协议书,毕业生正式毕业到单位工作后需要签署劳动合同。在签署劳动合同时,用人单位必须把就业协议中的约定条款考虑到劳动合同中,否则是违约。

(三)就业协议是重要凭据

就业协议是高校和毕业生就业主管部门进行就业统计、编制就业计划、对毕业生进行就业监管以及帮助毕业生维权的重要凭据。

(四)就业协议是学校和上级主管部门为毕业生开"派遣证"移送档案、组织关系和转迁户籍关系的凭证

毕业生毕业时,其"派遣证"、档案、党团组织关系、户籍关系签转到何处,都要根据就业协议中就业单位的性质、地址等内容来确定。如果就业协议签署不全面,或者就业协议丢失,就会影响到毕业生就业报到。

二、就业协议签订程序

(一)就业协议的订立原则

就业协议的签订必须遵循主体合法与平等协商两个基本原则。

1. 主体合法原则

签署就业协议的当事人必须具备合法的主体资格。对毕业生而言,必须取得毕业资格。如果毕业生在派遣时,未取得毕业资格,那么,用人单位可以不予接收。并且用人单位无须承担法律责任。

对用人单位而言,用人单位必须具有从事各项经营管理活动的能力,具有法人资格,或要有录用大学生计划和录用自主权。

2. 平等协商原则

当事人在签订就业协议时的法律地位是平等的,任何一方都不得将自己的意志强加给另一方。

学校不得采用行政手段,要求毕业生到指定单位就业(不包括有特殊情况的毕业生),用人单位不应在签订就业协议时,要求毕业生缴纳过高数额的风险金、保证金等,毕业生不得要求用人单位非经正常程序招聘自己。

(二)就业协议签订的基本程序

就业协议的签订没有固定的程序,通常按以下步骤进行。

第一,毕业生到学校就业指导部门领取就业协。各高校一般在每年的9—10月向毕业生发放空白就业协议。

第二,毕业生和用人单位平等协商达成协议后,双方在就业协议上签字盖章。就业协议上应注明,是否可以接受毕业生档案和户籍,并写清通信地址。

第三,无独立人事权的用人单位,报请上级主管部门批准,上级主管部门在协议上签署同意接收,并签字盖章。

第四,用人单位或毕业生将签字的就业协议,送至学校毕业生就业指导部门,进行鉴证、登记并加盖公章。

第五,学校对就业协议进行鉴证、登记、盖章后,将就业协议列入就业方案,并将信息反馈给用人单位。

第六,就业协议生效。就业协议在学生签字、用人单位签字盖章,经学校盖章登记后生效。

(三)签订就业协议时的注意事项

毕业生经过双向选择,找到意向单位后,在签订就业协议前,应注意以下问题。

1. 认真了解和掌握国家的就业政策和规定

毕业生在择业签约前,要认真全面地掌握国家关于高等学校毕业生就业政策和规定。这些政策和规定,是指导和规范毕业生求职活动的行为准则,是保障毕业生顺利就业的政策依据。

2. 了解用人单位的相关政策

要了解用人单位的劳动用工政策、吸引人才的政策,以及发达地区和中心城市录用非本地生源高校毕业生的政策。这些政策都将对毕业生的择业签约产生导向、调控和制约作用。

3. 认真研究就业协议中条款内容

毕业生在与用人单位签约前,要认真阅读就业协议中的全部条款,力求了解条款的内容和含义,如有不清楚的,应向用人单位询问,切忌草率签约。

要明确就业的具体工作部门或岗位,工作条件和生活条件,薪酬、福利等内容,并以文字形式在附件中体现,而非口头上达成一致。

要了解用人单位有无人事权,以及用人单位的隶属关系;无人事权的用人单位,除在协议上签字盖章,必须加盖上级主管部门的公章,方可同意录用,否则,学校将无法将该生列入就业派遣方案。

要明确工作以后,是否可以深造、升学及调离的条件等;明确升学深造的处理办法,并在就业协议上予以明确。

注意协议中的补充条款和以后的劳动合同相衔接,要有利于以后劳动合同的签订。明确违约责任,注意违约赔款的合理性及本人的承受能力。

4.认真填写就业协议

就业协议的填写和签署要全面、工整、规范和正确。单位和学校名称必须是全称,并与公章一致。接收毕业生档案和户口的单位名称、地址和邮政编码必须写正确、清楚,最好由用人单位填写。特别要注意填写清楚用人单位的单位机构代码及信息登记号,否则,将无法在就业指导部门登记。

5.按规定的程序签订协议

毕业生与用人单位达成就业协议后,应在用人单位填写完毕、盖章后,再到学校就业指导中心签字盖章。此程序由学校最后把关,更有利于维护学生的合法权益。有的学生为了偷懒,自己填写完毕后,就直接到学校毕业生就业指导中心要求盖章,结果单位在填写时,工资待遇等事项与过去承诺的大相径庭。

6.注意把握好签订就业协议的时机

毕业生通过双向选择,确定了目标单位,对方如果也明确表示出录用意愿,就要抓紧与用人单位签订就业协议;要避免在自荐求职时积极主动,而在签约时左顾右盼、犹豫不决使用人单位心怀疑虑,丧失签约机会。

7.注意就业协议的管理

每位毕业生仅有一套就业协议,不能涂改和伪造,且必须经毕业生、用人单位、学校三方签字并加盖公章后,方能生效,毕业生应该妥善保管,防止丢失。

三、就业协议注意事项

根据广东省教育厅发布的《广东省省高校毕业生就业资料的通知》文件精神,从2020届毕业生开始,原纸质就业协议停止使用,推行使用电子就业协议。

2020届毕业生与用人单位双向选择,确定聘录用关系的,可通过"广东大学生就业创业"微信小程序申请"普通高等学校毕业生、毕业研究生就业协议"(以下简称电子协议)。

(一)申请电子协议流程

1.网上先预填报档案户口去向及工作单位信息。

2.申请打印三方协议(高校实行电子章)。

3.与工作单位签订就业协议(三方)。

4.如第一步选择去向为北上广深的,向人才市场或用人单位申请人事接收函。

5.学校登记确认备案。

6.毕业后学校派遣、学生报到。

（二）电子协议办理流程

1.学生确定工作后,登录"广东大学生就业创业"微信公众号,填写信息并提交学校审核。

2.学校收到后,对电子协议书内容进行审核。

3.学校审核通过后,学生可自行下载、打印电子协议,交给用人单位签字盖章。

4.用人单位签章后,学生把电子协议书拍照上传到"广东大学生就业创业"微信公众号。

5.学校再次对电子协议进行鉴证,审核通过后,系统将对电子协议进行电子签章。

6.电子协议一经生成,任何单位、个人不得随意对电子协议书内容进行修改。如图6-1所示。

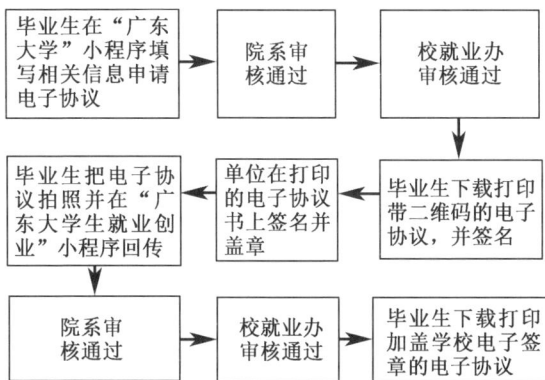

图6-1　就业协议办理流程

（三）就业协议其他事项

1.毕业生申请就业协议务必慎重考虑,签订就业协议时,最好与用人单位双方当面签订。

2.毕业生提交申请后,学校审核前,可直接修改相关内容,一旦学校提交审核后,毕业生无法再修改信息。

3.协议生效

就业协议经用人单位同意且签字盖章,毕业生同意并签字后,无论毕业生是否回传,协议书都已生效。因为用人单位与毕业生是签约双方,学校只是鉴证登记方。有些毕业生以为不到学校鉴证登记,就业协议就还不算生效的想法是错误的。

（四）正确理解和使用三方协议

三方协议是由学校作为见证,毕业生与用人单位签订的一份意向性协议,具有法律效力,但它不能替代劳动合同,要正确理解和使用三方协议。

1.唯一性

即毕业生不得持有多份三方协议,如果学生签订多份三方协议,则一旦出现冲突以第一份协议为准。

2.法律效力有时限

三方协议的法律效力在毕业生到用人单位报到之后即终止。

3. 违约金的数额符合规定

三方协议中的违约金必须经由毕业生与用人单位协商之后约定,并且违约金的数额必须符合用人单位所在地的相关规定。

4. 备注栏不是空白

毕业生应尽量将单位的承诺,如休假、住房补贴、解决户口、保险等各项承诺,明确写入备注栏,现实的情况是,90%以上的三方协议中,备注栏全是空白。

在此,需要提醒即将毕业的大学生:

在三方协议涉及的三方中,真正履行责任和权利的双方是用人单位和毕业生,学校只是作为一个见证单位,不承担任何责任。

关于违约金的上限各地有不同的规定,这种情况下,以双方协商金额为准。毕业生与用人单位还可以互相约定违约金,以应对用人单位违约的情况,从而维护自身的权益。

(五)就业协议生效

就业协议不同于一般协议,只需要双方签字即可生效。就业协议有三方主体:毕业生、用人单位和学校,就业协议必须通过三方主体共同签字后,才可以生效,缺少任何一方的签字都是无效协议。毕业生在和用人单位签订协议后,应在15日内,将就业协议送就业指导部门审核,学校就业指导部门审核签章后就业协议生效。签章后毕业生应该把就业协议书反馈给用人单位。就业协议生效后即具有法律效力,任何人不得更改,否则承担违约责任。

(六)无效就业协议

无效就业协议是指在欠缺就业协议有效的条件,或者违反就业协议订立的原则等情况下签订的不发生法律效力的协议。无效协议自订立之日起,就没有法律约束力。

无效就业协议通常有以下三种情况:

第一,采取欺骗等违法手段签订的就业协议无效。如用人单位未如实介绍本单位情况,根本无录用计划而与毕业生签订的就业协议;毕业生通过简历注水,骗取用人单位信任而签订的就业协议。

第二,采用恐吓、胁迫等违背当事人意愿手段,签订的就业协议无效。

第三,就业协议未通过学校见证,学校拒绝登记、盖章的协议无效。对此学校将不列入就业方案,不予派遣。

例如,有的协议经学校审查,认为对毕业生显失公平,或违反公平竞争、公平录用的原则,或违反法律政策规定等,学校可以不盖章登记,协议不具法律效力。无效协议产生的法律责任应由责任方承担。

(七)解除就业协议

由于情况有变,协议中的权利与义务无法得到履行,导致协议终止,称为就业协议解除。就业协议解除分为协商解除和单方解除两种。

1. 协商解除

毕业生、用人单位,经协商一致解除原订立的协议,原协议失去法律效力。此类解除是双方当事人真实意思的表示,且协商一致,双方均不承担额外法律责任。

2. 单方解除

包括单方擅自解除和单方依法或依协议解除。

(1)单方擅自解除。是指一方未征得对方的同意,而单方面终止协议的行为。单方擅自解除协议属违约行为,解除方应对另一方承担违约责任。

(2)单方依法或依协议解除。是指一方解除就业协议有法律上或协议上的依据。如学生未取得毕业资格,用人单位有权单方解除就业协议。毕业生专升本升学后,如果协商条款中有这方面的约定,可以根据约定解除就业协议。

双方解除协议,应签署解除协议文件;若单方擅自解除,由责任方按就业协议规定承担违约责任。有关解约或违约手续完备后,学生可重新择业。

3.违约及其处理

就业协议经各主体签字盖章后,即具有法律效力,任何一方都不得擅自解除。否则,属于违约,应向另一方支付协议条款所约定的违约金。

从实际情况来看,毕业生违约状况时有发生,很多毕业生基于求稳的原则,先签下一家单位,然后再寻找更高目标。

结果在签约后,仍频频出入于招聘洽谈会,继续与多家单位洽谈、面试,当遇到新单位优于原签约单位时,便义无反顾地抛弃前者,违约就此发生。

毕业生违约不仅会影响学校的声誉,损害签约单位的利益,而且还会妨碍其他毕业生顺利就业,同时也会给自己带来很多不必要的损失。因此,毕业生在签约时,一定要慎重,签约后尽量不要违约。

毕业生违约时,要注意与用人单位协商,争取协商解除就业协议。协商时要态度诚恳、真挚,委婉地说出理由,以获得用人单位的理解和支持。如果协商未果,提出单方面解除协议时,一定要有礼貌,及时支付违约金并诚恳道歉,以获得签约单位的谅解,消除负面影响,及时办理解约手续。

解约的毕业生,在与新的用人单位达成就业意向后,凭借用人单位的接收函,以及原用人单位的解除协议的文件,或办理违约手续相关材料,到学校就业指导部门重新领取就业协议书,再按程序签订就业协议。为了维护学校声誉和良好的就业择业秩序,原则上要求毕业生只可以违约一次或尽量不违约。

扩展阅读

就业协议约定条款

甲、乙双方按照国家和省毕业生就业政策及相关规定,遵守诚实、信用的原则,在平等自愿、协商一致的基础上,依法达成如下协议:

一、甲方同意录(聘)用乙方。

二、乙方同意毕业后到甲方工作。

三、甲方录(聘)用乙方工作期限_____年,工作地点为_____,工作岗位为_____。

四、甲方录(聘)用乙方工作期间,乙方月实际工资收入不低于_____元(该项收入不得低于当地政府规定的最低工资标准)。

五、甲方录(聘)用乙方工作期间,甲方按照国家和本省法律、法规、政策规定为乙方缴纳社会保险(包括养老、医疗、失业、工伤、生育等保险),提供相关的福利待遇,以及符合国家规定的劳动安全卫生条件和劳动防护用品。

六、甲方可根据工作需要，在签订本协议前组织体检，否则，以学校毕业时体检为准。

七、甲方在招聘时，所提供的带有承诺内容的宣传材料，作为本协议的附件，乙方在应聘时，所提供的自荐材料作为本协议的附件。

八、甲方所介绍的情况严重失实，乙方可单方解除本协议并免责；乙方所提供的自荐材料内容严重失实，甲方可单方解除本协议并免责。

九、符合下列情形之一，经书面告知对方，本协议解除：

1. 甲方被撤销或依法宣告破产的；

2. 乙方考入普通高等院校、依法服兵役、被录用为公务员、或经选拔参加选调生、大学生村官计划、西部计划、欠发达计划、三支一扶、服务社区计划等国家和地方基层就业项目的；

3. 乙方报到时，未取得毕业资格的；

4. 乙方被依法追究刑事责任的；

5. 法律、法规、国家或省政策规定的其他情形。

十、本协议生效后，甲方双方应全面履行。一方违约，另一方可依法追究其违约责任，并要求赔偿相关损失。

十一、甲、乙双方协商一致，可以变更协议中双方约定的条款或解除协议，变更或解除协议应当采用书面形式。

十二、甲、乙双方因履行本协议发生争议时，由甲、乙双方协商解决，或提请有关部门协调解决，也可直接向人民法院提起诉讼。

十三、本协议一式四份，甲方、乙方、学校毕业生就业工作部门、甲方所在地政府毕业生就业主管部门各执一份。

十四、甲、乙双方签订就业协议后，由甲方在 10 个工作日内，将本协议交一份报甲方主管部门（或人事代理机构）所属政府毕业生就业主管部门审核备案；由乙方在 10 个工作日内，将本协议交一份报乙方所在学校毕业生就业工作部门审核登记，并由学校毕业就业工作部门列入毕业生就业方案，报毕业生就业主管部门签发就业报到证。

十五、经甲、乙双方协商，乙方于_____年____月____日前到甲方报到。甲方应当在乙方报到后一个月内为乙方办理录用手续，或签订劳动（聘用）合同，乙方应当积极配合。本协议中关于工作期限、岗位、地点、薪酬等主要条款应写入劳动（聘用）合同。

十六、本协议自甲、乙双方签字之日起生效，甲、乙双方签订劳动合同，或甲方为乙方办理录（聘）用手续后，本协议终止。

第二节　就业实习与毕业离校办理

一、就业实习

毕业实习是实践教学中的重要组成部分，是体现高等职业教育的定位、实现高等职业教育培养目标的一个重要教学环节。公共课和专业课都考试通过以后，大三学生务必要参加实习（或社会实践），为写出高质量的毕业论文奠定基础。

学生在企业实习的一年,按照时间先后,可分为实习准备阶段、定顶岗实习阶段、毕业实习阶段和实习总结四个阶段。

这期间,学生还要同时学习在学校没有学完和根据实践需要而新增的专业课,这部分课程由企业有丰富实践经验的工程师完成。

通过毕业实习,可以引导学生理论联系实际,进一步巩固和充实专业理论知识,并获取实际工作的知识;可以培养学生观察、分析、研究和解决问题的能力,以及独立工作的能力,逐步学会独立工作;可以增强学生的劳动观念,培养学生敬业、创业和合作精神;可以让学生学会做人与交往,学会认识社会,从而增强学生适应社会的能力和就业竞争力。

提前离校就业实习办理流程:

(一)提出申请

到院系、辅导员处领取《毕业生离校实习登记表》《就业推荐表》《高等学校毕业生登记表》《实习报告》。自主实习同学领取《自主实习申请书》,同时办理自主实习手续。

领取表格后,认真查看阅读,务必了解清楚并把个人信息填报准确、翔实。若出现信息不详或不准确由个人负责。填好后,上交辅导员或班长,由系负责人、辅导员签字后,以班级为单位到学校相关各个部门办理相应的手续,凭此手续领取毕业证书。

(二)提前离校审批表的办理

填写《学生提前实习离校审批表》,按照上面的离校流程,办理离校实习手续。

(三)关于学费的相关事宜

没有交学费的同学,不能办理提前离校手续。只欠少数学费的同学,可以向学校提出缓交学费申请,经学校领导同意批准后,方可办离校手续。

缓交学费申请书要写明自己欠费的金额,以及还款的时间、还款方式。

(四)离校后期末考试的事宜

办理离校手续后,按时返校参加期末考试,若不能返校考试,提出缓考申请,并经院领导同意后,方可延迟考试。该课程的平时成绩根据在实习单位的表现给分。

(五)毕业设计或毕业论文

毕业生必须参加毕业设计或毕业论文,不能按时完成毕业设计,或论文推迟拿到毕业证,直到完成毕业设计或论文为止。与实习的指导老师保持联系,确保毕业设计或论文按时完成。

扩展阅读

离校实习就业手续办理流程

1. 毕业生须符合《关于办理应届毕业生提前离校实习就业上岗的通知》规定的申请条件,并服从通知要求的相关管理规定。

2. 毕业生与用人单位签订就业三方协议书,或劳动合同,用人单位出具接收公函(不具有人事接收权的用人单位,需上级主管部门出具,并在三方协议书上盖章),公函应标明急需毕业生提前上岗。

3.持《毕业生提前离校实习就业申请表》(一式三份)到学院审核并签署意见,再到就业指导处、教务处签署意见,并将申请表交教务处、就业指导处、学院各一份。

4.持申请表、就业三方协议书、用人单位接收公函,到就业指导处做就业登记,就业信息录入全国高校毕业生就业管理系统,毕业时如实派遣至该单位。

二、文明离校程序

离校手续的办理是毕业生离开母校,准备走上岗位时必须经历的一个重要环节,顺利办理各种离校手续,文明愉快离校是良好职业生涯的开始,毕业生应该遵照学校的规定和安排,认真做好离校报到工作。

(一)毕业生离校的基本程序

离校手续一般在离校前一周内完成(每年六月中下旬办理)。不同学校在毕业生离校时,都有不同的规定和要求,具体操作方式也各有差异,但在程序上都大致相同。

毕业生离校的基本程序如下:

(1)到各自所在的院系办公室领取毕业生离校通知单,填写自己的姓名、所属院系和专业等内容。

(2)按照离校通知单上的内容,到财务部门核对并结清自己应缴的所有费用,享受助学贷款的同学按规定办理偿还及相关手续。

(3)到校医院进行体格检查,体检合格后,由校医院签署意见。

(4)到学校党委组织部门(党员的毕业生)或团委办理党团组织关系的转签手续。

(5)到图书馆归还借阅的图书资料并交还借阅证,到学校有关管理部门交还学生证、校徽等有关证明学生身份的证章。

(6)毕业生到后勤部门退还宿舍、饭卡等,并归还其他公共物品。

(7)毕业生领取就业报到证、户籍迁移证、毕业证等。

只有在完全办理以上手续,经各部门签章后,才能领取"就业报到证"和户籍迁移证明。理论上讲,户籍迁移证明是在"就业报到证"领取后,持其学校所在公安机关办理,但高校为了方便毕业生离校手续的办理,通常对需要签转户口的毕业生,代为办理户籍迁移手续,因此,毕业生毕业时就可以领到户籍迁移证。

(8)毕业生持相关证件到就业单位报到。不办理或未办理完离校手续的毕业生,不能离校。

毕业生离校后,在30日内,持"毕业生就业报到证"到报到证上指定的单位报到。毕业生报到时,应带齐相关证件:毕业生就业报到证、毕业证、身份证、户籍迁移证明、组织关系转移介绍信等。

三、毕业生就业报到证

毕业生就业报到证(以下简称报到证)是省级教育主管部门统一发放的,用于各高等院校统招毕业生就业派遣的公函,是毕业生人事关系挂靠的重要依据。报到证由原来的派遣证转化而来,是毕业生到就业单位报到的凭证,也是记载毕业生参加工作初始时间的凭证。

毕业生到就业单位报到时,须持报到证,毕业生持报到证报到后,才开始计算工龄。学校相关部门依据报到证为毕业生办理档案投递、组织关系转移和户籍迁移等手续;就业单位所在地公安部门凭报到证为毕业生办理落户手续;就业单位凭报到证为毕业生办理相关工作手续,报到证存入毕业生人事档案。报到证只适用于纳入国家统招计划的毕业生,且一生一份。

(一)报到证的办理

凭毕业生与用人单位签订的就业协议书或《劳动合同》办理,通常是学校就业指导部门收集毕业生相关就业材料,到省级高校就业指导中心集中办理。从 2019 年 7 月 1 日起,广东省 2019 届高校毕业生可申领电子就业报到证。广东省教育厅签发的电子就业报到证采用电子签章技术,符合《中华人民共和国电子签名法》要求,并逐步停止签发纸质就业报到证。

毕业生毕业时,如未落实工作,且本人希望回生源地自主择业的,可以办理派遣到生源地市级人事局的报到证。

(二)报到证签发的依据

主要依据是毕业生就业单位性质和生源所在地。如果毕业生就业单位为国企、事业单位、国家机关、行政部门、高校等有人事编制的单位,且单位同意接收毕业生档案,报到证则直接开具到单位,毕业生持报到证到单位报到。

毕业生就业单位若为非公有制性质的,如果单位在人才交流中心(或人才市场)开有集体户,且同意接收毕业生档案的情况下,凭人才交流中心开具的接收证明,报到证可以开具到人才交流中心,毕业生则持报到证到人才交流中心报到。

毕业生就业单位为非公有制性质,且未在人才交流中心开户,不能接收毕业生档案的,报到证则开具到毕业生生源所在地人社局。

毕业时,未落实工作且未办理暂缓就业的毕业生,报到证一般开具到生源地人社局。报到证开到人社局的原则上签发到市级人社局,毕业生如有其他特殊要求,需在 6 月 1 日前向就业指导部门提出书面申请。

报到证签发到市级单位后,人事关系可以由市级单位向区、县级人事部门转派。反之,则不能办理。

(三)特殊情况处理方式

结业生、暂缓就业的毕业生不发报到证,专升本被录取的毕业生应交回报到证。

如果放弃深造,也可交回录取通知书去单位报到。结业生在结业后一年内取得毕业证的,可以申请补发报到证,但必须在取得毕业资格 3 个月内申请,逾期不再办理。

(四)调整改派

报到证签发后,原则上不做调整改派。若因特殊情况,确实需要调整改派的,毕业生应提出书面申请,备齐材料到学校就业指导部门,或省大学生就业指导中心办理。

调整改派的材料包括本人的申请报告、学校毕业生就业指导部门签署意见、原报到证、原报到单位同意退回的书面意见、新接收单位的接收公函、毕业证等。

调整改派期限为 3 个月(从报到证签发日算起),逾期不再办理。

(五)报到证的补办

毕业生遗失了报到证,需重新补办的,应在省级以上报刊申明作废,并写出书面报告,由用人单位出具证明,省高校毕业生就业指导中心签署意见,然后到学校就业指导中心补办。

（六）核验方式

毕业生可通过"广东大学生就业创业"微信公众号或"粤省事"小程序申领电子就业报到证。各单位可扫描电子就业报到证左下角二维码查看签章信息，核验报到证有关内容。

1."广东大学生就业创业"微信公众号和小程序二维码

2."广东教育"微信公众号和"粤省事"二维码

（七）报到证管理的注意事项

报到证是毕业生毕业报到时最为重要的一个文件，它不仅影响毕业生能否顺利走上工作岗位，甚至还影响毕业生未来的发展，每位毕业生必须认识到报到证的重要性，妥善管理。

首先，毕业生在签约之前，要搞清楚单位性质、有无人事编制等，在毕业资格审查的时候，一定要核对自己的相关信息，明确报到证签发的地址，防止报到证在签署时出现错误。

其次，毕业生应按时领取报到证，并认真检查核对报到信息。如果报到证出现错误，应在发放之后 5 个工作日内，到学校就业指导部门书面申请换发。同时，退回原报到证。

再次，领取报到证后，毕业生要及时到指定单位报到，将报到证交给用人单位及时归档。报到证的报到期限为一个月（从报到证签发之日算起）。毕业生因不及时领取，或不按时间到单位报到产生的后果，由毕业生本人负责。

四、户籍迁移

毕业生户籍关系的转移由学校户口管理部门到辖区公安机关按规定办理。公安机关一般按报到证标明的就业单位迁移户口，毕业生不得自行指定户籍迁移地址。

到工作单位报到后，毕业生持户口迁移证明、报到证和工作证明到单位辖区公安部门办理迁移手续。没有办理暂缓就业的未就业毕业生，户口迁回生源地。户口迁移证格式，如图 6-2 所示。

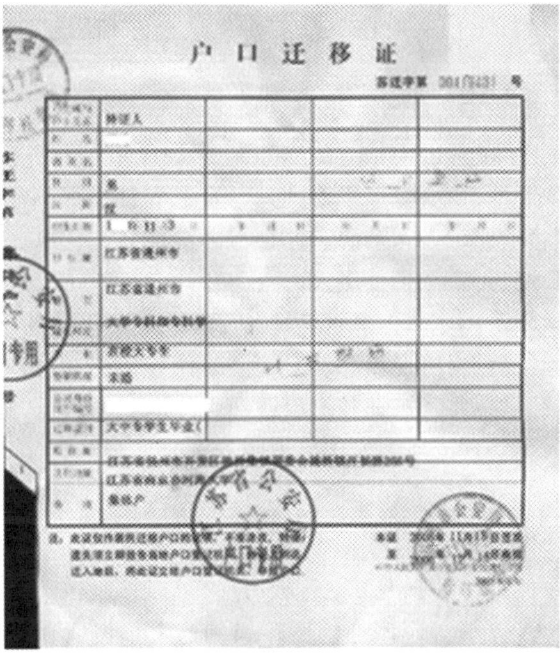

图6-2　户口迁移证格式

五、毕业生档案管理

毕业生的人事档案是记录学生个人经历的文件资料,包括各个阶段的学籍卡、成绩单、奖惩证明、党团资料、工作经历等,并且都是原件,这些材料对以后的职业发展具有十分重要的作用。

当毕业生参加工作后,会面对诸如转正定级、职称评审、养老保险办理、人事调动、社保福利、工龄计算、继续深造、公务员考试等众多问题,这些都离不开档案。因此,毕业生对自己的档案必须重视,了解档案动向,积极协助学校做好档案递转工作。

(一)学校对毕业生档案处理

1. 对已就业毕业生档案的处理

高校对已经就业的毕业生档案的投递,一般是根据就业协议上填写的投递地址,或报到证的报到地址投递。

通常有以下三种状况。

一是直接递转给用人单位。毕业生就业单位如果是国家机关、国有事业单位、国有企业,这些单位自身或其主管单位是有人事管理权的,可以接收档案,毕业生档案由学校直接通过机要方式投递到单位。

二是转入政府主管的人才中心或人才代理机构。毕业生签约的单位属于非公企事业单位、各类民营机构,这些单位没有人事管理权的,要通过人才交流中心来接收学生,这类毕业生就业后,档案投放到人才中心。

三是转入生源地人社局。毕业生就业单位为非公企事业单位,没有人事管理权,也未在人才交流中心开户,无法接受档案的,这类学生档案原则上转入生源地人社局。

2. 对升学的毕业生档案的处理

对于专升本的毕业生,学校一般在 7 月前将学生档案和思想政治表现表寄到所考取学校。

3. 对未就业毕业生的档案处理

目前,国家对于毕业未就业的大学生的档案,一般也采取三种方法。

一是把档案转至生源地,由所在地级市的人力资源和社会保障局接收。一般市级单位生源地的毕业生,档案将发回市人力资源和社会保障局,县级及县以下单位,将寄到所属市级人力资源和社会保障局,再转派到县级人力资源和社会保障局。

二是把档案留在学校。国家规定,允许毕业时尚未落实单位的毕业生将户口、档案留校两年。待落实工作单位后,再将户籍和档案迁至工作单位所在地,申请户口、档案留校超过两年仍未落实工作的,学校将其档案和户口迁回生源地。

三是把档案转至人事代理或当地人才交流服务中心。

(二)毕业生档案管理的注意事项

1. 签约前要问清楚用人单位的性质

看单位及其主管单位是否具有人事主管权,是否可以接收档案。对于没有人事主管权的单位,不要把档案转入该单位,应该把档案转递到这个单位所在地的人才交流中心。若没有档案管理权的单位接收档案,则会给毕业生以后的发展带来很多麻烦。如出现档案记录不完整,丢失,扣档等现象,都会给毕业生发展带来很大障碍。

2. 在签署就业协议时,要写清档案邮寄地址、邮编等内容。

在离开学校之前,最好弄清楚档案在什么时间,被转到哪个地方或单位。

目前,主管毕业生分配的单位没有统一,有人社局、人才交流中心、教育局、专门的分配办等。而且,高校毕业生档案的管理及传递相当严格、复杂,通常是通过机要路线邮寄,不允许个人携带,也不便查找。毕业生毕业时,最好弄明白档案的递转方向,以便查询。

3. 毕业报到后,及时查询档案转递情况

查看是否按时投递到毕业前事先确定的单位或部门,以防丢失。现在有很多毕业生对档案不重视,对档案去向不清楚,毕业后不到几年就找不着了,结果影响职业生涯的发展。

4. 及时跟踪,及时完善

特别是档案通过人事代理放在人才交流中心的毕业生,要注意跟踪完善档案内容,如转正定级、职称评定等;如果更换工作,再就业也应积极完善相关就业手续,保证档案在时序上的完整性。

扩展阅读

毕业生档案及“社会保险”

毕业生档案里具有很多原始材料,不可复制,一定要重视。

毕业生与用人单位签约时,要问清单位性质及其主管单位是否具有人事管理权,是否可以接收档案。一些非公企事业单位、民营机构并不具有人事管理权,要通过人才交流中心接收档案;如果应届毕业生户口不能落在工作所在城市,则最好是到生源所在地的人才交流中心委托办理人事代理。

毕业生的人事档案是用人单位选拔、聘用毕业生的重要依据。因此,学生毕业后,其档案能否准确、及时、安全地到达用人单位手中是非常重要的。

有的毕业生不注意自己的档案投递去向,工作多年后,忽然发现自己的人事关系仍无着落;有的虽然与工作单位签订了劳动合同,但没有到人才交流机构办理有关手续。这都使得工龄、档案、保险等受到影响,职称不能及时申报,需要考研、出国政审等证明时无处开具,造成许多不必要的损失。

社会保险应问清办细;很多毕业生对"社会保险"了解甚微。

"社会保险"主要包括养老保险、失业保险、医疗保险、工伤保障和生育保险等项目。如果毕业生到国家机关、国有企事业单位工作,单位一般均会给予解决。

如果毕业生到私营企业、民营机构,或被聘用到不占其行政编制的机关企事业单位,就需要向用人单位提出社会保险问题,至少要参加"养老保险"和"医疗保险";用人单位不为员工办"基本养老保险"是违反《中华人民共和国劳动法》的。

部分用人单位薪酬较高,建议雇员以个人名义参保,毕业生应主动参加。

六、暂缓就业及就业见习补贴

暂缓就业是国家教育部门为了解决普通高校毕业生就业困难,为毕业生延长择业时间而制定的一种延迟就业政策。毕业生通过签订"暂缓就业协议书",可以获得两年的择业时间。在暂缓就业期内,毕业生在升学、就业派遣、考取公务员等方面享有和应届毕业生同等待遇。

(一)办理暂缓就业的意义

随着毕业生数量的逐年增加,大学生就业压力越来越大,由于种种因素的影响,一部分毕业生在毕业时难以找到称心如意的工作,需要推迟择业就业时间,可以办理暂缓就业。

毕业生办理暂缓就业手续以后,可以获得更多的时间来进行求职应聘、复习升学、考取公务员的准备工作。

在暂缓就业期内,毕业生的档案可以在学校(或省就业指导中心)免费保留两年。入学时户口迁移至学校的毕业生,可以保留在学校的集体户两年。

两年内只要毕业生找到接收单位,可以同应届毕业生一样,由省级就业指导中心开具报到证。毕业生如果需要报考公务员、专升本考试、考研、留学等,就业指导中心亦可提供相应证明材料。

(二)暂缓就业手续的办理

毕业时,未落实就业单位,或者希望推迟毕业的毕业生,可以在毕业前(具体时间由高校就业指导部门确定)写出暂缓就业的书面申请,说明由于暂时没有落实就业单位,申请办理暂缓就业手续的原因,并提供就业办要求的相关材料。

由学校审核登记后,统一派发由省级就业指导中心印制的暂缓就业协议书,毕业生本人按要求填写暂缓就业协议书,并签名确认,然后交由学校统一办理。

学校将暂缓就业协议书集中到省就业指导中心登记后,发放给每位毕业生一份贴有条形码的暂缓就业协议书,手续即办理完毕,暂缓就业协议书生效。

（三）暂缓就业的取消

毕业生找到接收单位后，凭单位接收证明，到省就业指导中心办理取消暂缓就业手续，即可签发报到证。

持报到证到学校即可办理户口、档案签转手续；回生源地就业的毕业生，可凭"暂缓就业协议书"直接办理取消暂缓就业，报到证开至生源所在地人事局，档案。户籍关系转回生源地。

（四）就业见习补贴

毕业 2 年内高校毕业生，到中小微企业、个体工商户、社会组织等就业，或到乡镇（街道）、村居社会管理和公共服务岗位就业（含参加政府部门组织的服务基层项目，机关事业单位编内人员除外），签订 1 年以上劳动合同并参加社会保险 6 个月以上的，按每人 3 000 元给予补贴。在粤东、粤西、粤北地区就业的，按每人 5 000 元给予补贴。

毕业 5 年内的高校毕业生，到乡镇（街道）、村居社会管理和公共服务岗位就业（含参加政府部门组织的服务基层项目，机关事业单位编内人员除外），可享受高校毕业生基层就业岗位补贴，补贴标准为每人每月不低于 200 元，不高于当地最低工资标准的 50%，补贴期限最长不超过 3 年。

对中小微企业招用毕业 2 年内高校毕业生就业、签订劳动合同、并缴纳 3 个月以上社会保险费的，按每人 1 000 元标准给予用工企业一次性吸纳就业补贴。

支持高校毕业生参加职业技能培训，毕业生在校期间参加职业技能培训，并取得中级工以上职业资格证书的，按劳动力职业技能提升补贴相关标准给予补贴。

严格落实高校毕业生入伍补助和退役后专升本、考研加分、推免研究生、定向招录系列优待政策。利用好现行学费补偿与减免、落户等鼓励政策。

第三节　确立劳动关系

一、签订劳动合同

劳动合同是指劳动者与用人单位之间确立劳动关系、明确双方权利和义务的协议。订立和变更劳动合同，应当遵循平等自愿、协商一致的原则，不得违反法律、行政法规的规定。劳动合同依法订立即具有法律约束力，当事人必须履行劳动合同规定的义务。

根据协议，劳动者加入某一用人单位，承担某一工作和任务，遵守单位内部的劳动规则和其他规章制度。企业、事业、机关、团体等用人单位，有义务按照劳动者的劳动数量和质量支付劳动报酬，并根据劳动法律、法规和双方的协议，提供各种劳动条件，保证劳动者享受本单位成员的各种权利和福利待遇。

大学生落实了工作，或与用人单位确定了工作意向，并不意味着就此完成就业，与用人单位签订劳动合同是一个关键环节，是劳动者合法权益得到有力保障的重要举措之一。

（一）劳动合同的订立、履行、变更、解除和终止

1. 劳动合同的订立原则

（1）合法原则

合法原则包括劳动合同的主体合法、劳动合同的内容合法、劳动合同订立的程序和形式合法三个方面：

第一，劳动者主体合法即劳动合同的当事人必须具备合法资格，劳动者应是年满16周岁，身体健康，具有劳动权利能力和劳动行为能力的公民。

可以是中国人、外国人、无国籍人。用人单位应是依法成立或核准登记的企业、个体经济组织、国家机关、事业组织、社会团体，具有用人的权利能力和行为能力。

第二，劳动合同的内容合法指劳动合同期限、工作内容、劳动保护和劳动条件、劳动报酬、劳动纪律、劳动合同终止的条件、违反劳动合同的责任等必备条款，及试用期条款、保守商业秘密和技术秘密条款、禁止同业竞争条款等可备条款。

除以上必备条款和可备条款外，我国劳动法还规定了禁止双方当事人约定的条款，即用人单位在与劳动者订立劳动合同时，不得以任何形式向劳动者收取定金、保证金（物）或抵押金（物）。对违反规定的，由公安部门和劳动保障行政部门责令用人单位立即退还给劳动者本人。

第三，劳动合同订立的程序和形式必须符合法律规定，未经双方协商一致、强迫订立的劳动合同无效。劳动合同的形式依规定应当采用书面形式订立。

（2）平等自愿、协商一致的原则

平等是指在订立劳动合同过程中，双方当事人的法律地位平等，不存在命令与服从的关系；

自愿是指劳动合同的订立及其合同内容的达成，完全出于当事人自己的意愿，是其真实意思的表示，任何一方不得将自己的意愿强加于对方，也不允许第三者非法干预；

协商一致是指经过双方当事人充分协商，达成一致意见，签订劳动合同。

2. 劳动合同的必备条款

劳动合同的必备条款包括

（1）劳动合同期限；

（2）工作内容；

（3）劳动保护和劳动条件；

（4）劳动报酬；

（5）劳动纪律；

（6）劳动合同终止的条件；

（7）违反劳动合同的责任；双方还可以协商约定劳动合同的补充条款。

其中，违反劳动合同的责任条款比较重要，因为《劳动法》和《违反＜劳动法＞有关劳动合同规定的赔偿办法》规定，双方可以协商约定责任的认定、赔偿的范围、计算方法和承担方式。

所以，由用人单位提供的格式合同的"霸王条款"常见于此处，一旦发生纠纷，用人单位常常持此"尚方宝剑"提请仲裁，而使劳动者处于不利地位。

3. 劳动合同的履行

劳动合同的履行是指劳动合同的双方当事人按照合同规定，履行各自承担义务的行

为。依法订立的劳动合同具有法律约束力,当事人必须履行合同约定的义务,任何个人或者第三方不得非法干涉劳动合同的履行。

履行劳动合同一般应遵循以下原则:亲自履行原则、全面履行原则、协作履行原则。

4. 劳动合同的变更

劳动合同的变更是指双方当事人对尚未履行,或尚未完全履行的合同,依照法律规定的条件和程序,对原劳动合同进行修改或增删的法律行为。

劳动合同变更应遵循平等自愿、协商一致的原则,不得违反法律、行政法规的规定。任何一方不得擅自变更劳动合同。否则,要承担相应的法律责任。

劳动合同的变更一般是协议变更,双方当事人就变更的内容及条件进行协商,达成一致意见,应签订书面协议。我国《劳动法》规定,提出变更劳动合同的一方,给对方造成经济损失的,应当承担赔偿责任。

5. 劳动合同的解除

劳动合同的解除是指劳动合同当事人在劳动合同期限届满之前,依法提前终止劳动合同关系的法律行为。劳动合同的解除可分为协商解除、用人单位单方面解除、劳动者单方面解除以及自行解除等。

6. 劳动合同的终止

劳动合同的终止是指符合法律规定或当事人约定的情形时,劳动合同的效力即行终止。我国《劳动法》规定:"劳动合同期满或者当事人约定的劳动合同终止条件出现,劳动合同即行终止。"

(二) 签订劳动合同的注意事项

劳动者在与用人单位订立劳动合同时,应该注意以下几点:

1. 正确行使订立劳动合同过程中的知情权

《劳动合同法》第八条规定,"用人单位招用劳动者时,应当如实告知劳动者工作内容、工作条件、工作地点、职业危害、安全生产状况、劳动报酬,以及劳动者要求了解的其他情况"。

也就是说,在应聘时大学毕业生有权了解用人单位的基本情况、自己的工作内容和劳动报酬等。此外,用人单位还应当根据劳动者的要求,及时向其反馈是否录用的情况。

2. 劳动合同应采用书面形式订立

劳动合同是劳动者与用人单位确立劳动关系、明确双方权利和义务的协议,也是维护劳动者和用人单位合法权益的法律保障。

劳动合同可以对劳动内容和法律未尽事宜做出详细、具体的规定,使双方明了权利和义务,促进双方全面履行合同,防止因一方违约而给另一方带来损失。

劳动合同在发生劳动争议时也是解决纠纷的重要证据,使用人单位和劳动者解决纠纷更为便利,降低争议解决成本和社会耗损费用。

因此,签订一份完备、公平合理的劳动合同,对于企业和员工来说都很重要。

3. 劳动合同中要约定试用期

一些单位为了逃避责任,在试用期内,往往不与职工签订劳动合同,一旦试用期满,就找种种借口辞退员工。

根据劳动合同期限的长短,《劳动合同法》规定,劳动合同期限三个月以上不满一年的,试用期不得超过一个月;劳动合同期限一年以上不满三年的,试用期不得超过二个月;三年以上固定期限和无固定期限的劳动合同,试用期不得超过六个月。

用人单位违反规定,与劳动者约定试用期的,由劳动行政部门责令改正;违法约定的试用期已经履行的,由用人单位以劳动者试用期满月工资为标准,按已经履行的超过法定试用期的时间,向劳动者支付赔偿金。

4.禁止设定担保和收取抵押金

《劳动合同法》中明确规定:用人单位招用劳动者,不得扣押劳动者的居民身份证和其他证件,不得要求劳动者提供担保,或者以其他名义向劳动者收取财物。

用人单位违反规定,扣押劳动者居民身份证等证件的,由劳动行政部门责令限期退还劳动者本人,并依照有关法律规定给予处罚。

用人单位违反规定,以担保或者其他名义向劳动者收取财物的,由劳动行政部门责令限期退还劳动者本人,并以每人500元以上2 000元以下的标准处以罚款;给劳动者造成损害的应当承担赔偿责任。

扩展阅读

劳动合同范本

用人单位(甲方):
地址及邮政编码:

职工(乙方):
身份证号码:
住址及邮政编码:

甲方(单位)因生产(工作)需要,按照国家、省、市有关劳动法律、法规、规章规定,招用(以下称乙方)为劳动合同制职工。双方根据"平等自愿、协商一致"的原则,签订本合同,确立劳动关系,明确双方的权力、义务,并共同遵守履行。

一、合同期限

本合同自_____年____月____日起生效。本合同有效期经甲、乙双方商定,采取下列第_____种形式:

1.合同有效期限为_____年,至_____年____月____日止。

2.无固定期限。本合同除可因甲方生产经营发生变化或在定期考核中发现乙方未能认真履行本合同规定的劳动义务而依法予以终止外,其他终止条件为_____。

3.合同期限至_____工作(任务)完成时终止。

4.其完成的标志事件是_____。新招收、调入、统一分配人员的劳动合同,自生效之日起_____个月内为试用期。

本合同由甲、乙双方各存一份。鉴证时还需交鉴证机构一份。均具有同等效力。

二、工作任务

（一）乙方生产（管理）工种（岗位或部门）：＿＿＿＿＿＿＿＿。

（二）乙方完成甲方正常安排的生产（工作）任务。

三、工作时间

（一）甲方实行每日不超过 8 小时，平均每周不超过 44 小时的工作制度。并保证每周乙方至少不间断休息 24 小时。

（二）甲方可以报经劳动行政部门批准，实行不定时工作制，或综合计算工时工作制。

（三）甲方因生产、工作需要，经与工会和乙方协商同意，可安排乙方加班加点，但每个工作日延长工作时间不得超过 3 小时，每月累计不得超过 36 小时。

（四）有下列情形之一的，甲方延长工作时间不受第（三）项规定限制：

1.发生自然灾害、事故或者其他原因，威胁劳动者生命健康和财产安全，需要紧急处理的；

2.生产设备、交通运输线路、公共设施发生故障，影响生产和公共利益，必须及时抢修的；

3.在法定节日和公休假日内工作不能间断，必须连续生产、运输或者营业的；

4.必须利用法定节日和公休假日的停产期间进行设备检修、保养的；

5.为完成国防紧急任务的；

6.为完成国家下达的其他紧急生产任务的。

四、休假

乙方在合同期内享受国家规定的节日、公休假日，以及年休假，探亲、婚丧、计划生育、女职工劳动保护等假期的待遇。

五、劳动报酬

（一）乙方工资分配形式、标准：

1.甲方按照政府有关企业职工工资，特别是不得低于本市最低工资标准的规定，制定本企业工资制度，确定乙方工资形式和工资标准。

2.乙方试用期工资＿＿＿＿＿＿＿元/月；试用期满乙方起点工资定为＿＿＿＿＿＿＿元/月。甲方可按企业工资制度调整乙方工资。

（二）甲方每月如期发放货币工资。如遇节假日或休息日，应提前在最近的工作日支付工资。

（三）甲方安排乙方加班，平时和休息日加班无法安排补休的，按不低于国家（含省、市）规定的标准发给加班工资。

其中：

1.安排延长工作时间的，甲方支付不低于工资 150% 的加班工资，如加班时间在 22 时至次日 6 时期间的，支付 200% 的加班工资；

2.休息日加班，支付 200% 的加班工资；

3.法定休假日加班支付 300% 加班工资。但乙方实行综合计算工时工作制的，其工作时间应以一定周期综合计算,属加班时间部分,应按加班工资计发。

(四)非因乙方原因所致的停工、停产,在一个工资支付周期内的,甲方应按本条第(一)项标准支付工资;超过一个工资支付周期的,甲方按不低于本市规定的失业救济标准发给乙方生活费。

(五)乙方在法定工作时间内依法参加社会活动期间,以及依法享受年休假、探亲假、婚假、丧假、计划生育假、女职工劳动保护假期间,甲方按不低于本合同确定的乙方的工资标准支付工资。

(六)如甲方克扣或无故拖欠乙方工资,拒不支付乙方加班工资,低于本市最低标准支付乙方工资的,均应予补发,并应按国家规定支付乙方经济补偿和赔偿金。

六、保险福利待遇

(一)在合同期内,甲、乙双方需按照国家及省、市有关规定,缴纳基本养老保险、失业保险和工伤保险等社会劳动保险基金,同时甲方应定期向乙方通告缴纳社会劳动保险基金情况。

(二)甲方按国家、省、市有关规定,给予女工"五期"(经期、孕期、产假期、哺乳期及更年期)的劳保福利待遇和乙方符合计划生育子女的劳保医疗待遇。

(三)乙方患职业病或因工负伤医疗期间的保险福利待遇,甲方按本市有关社会工伤保险规定执行;医疗终结,经市医务劳动鉴定委员会确认,属完全丧失劳动能力的,由甲方按规定给予办理提前退休;属部分丧失劳动能力的,按本市有关规定执行。

(四)乙方在合同期内患病或非因工负伤,其病假工资,疾病救济费和医疗费等按不低于国家、省、市有关规定执行。

(五)乙方因工或非因工死亡的丧葬补助费、供养直系亲属抚恤费、救济费、一次性优抚金、生活补贴、供养直系亲属死亡补助费等,按国家及本市有关规定由社会劳动保险公司或甲方分别计发。

(六)非因乙方原因所致的停工、停产期间,乙方按国家规定享受的休假、劳动保险、医疗等待遇不变。

(七)乙方其他各种福利待遇、按甲方依法制定的制度执行。

七、劳动保护和劳动条件

(一)甲方执行国家有关劳动保护规定和标准,包括有关女职工、未成年工(16周岁至未满18周岁的职工)的劳动保护规定和《广东省劳动安全卫生条例》,切实保护乙方在生产、工作中的安全和健康。

(二)甲方按国家"先培训后上岗"的规定对乙方进行安全生产知识、法规教育和操作规程培训以及其他的业务技术培训。乙方应参加上述培训并严格遵守其岗位有关的安全卫生法规、规章、制度和操作规程。

(三)甲方根据乙方从事的工作岗位和有关规定,发给乙方必要的劳动保护用品,按劳动保护规定定期免费安排乙方及进行体检。

(四)乙方有权拒绝甲方的违章指挥,对甲方及其管理人员漠视乙方安全健康的行为,有权提出批评并向有关部门检举、控告。

八、劳动纪律及奖惩

乙方应遵守甲方依法制定的《职工守则》等各项管理制度,甲方有权对乙方履行制度的情况进行检查、督促、考核和奖惩。

九、续订、变更、解除、终止劳动合同

(一)本合同固定期限届满即自然失效,双方必须终止执行。如经双方协商同意,可以续订合同。

(二)如甲方因生产经营情况变化,调整生产任务,或者乙方因个人原因要求变更本合同条款,经合同双方协商同意,可以变更劳动合同的相关内容,并由双方签字(盖章)。

如甲方订立劳动合同时所依据的客观情况发生重大变化,致使原合同无法履行,经当事人双方协商不能就变更劳动合同达成协议的,甲方可以解除劳动合同。

(三)有下列情形之一的,劳动合同即告终止:

1. 乙方已达到法定退休年龄的;

2. 乙方死亡;

3. 乙方被批准自费出国留学或出境定居的;

4. 甲方被依法撤销、解散、歇业、关闭,宣告破产;

5. 本劳动合同约定的终止条件(事件)已经出现。

(四)本合同经甲、乙双方协商一致可以解除。

(五)有下列情形之一的,甲方可解除劳动合同。

1. 乙方在试用期内,被证明不符合录用条件的;

2. 乙方严重违反劳动纪律及甲方依法制定的规章制度;

3. 乙方严重失职、营私舞弊、对甲方利益造成重大损害的;

4. 乙方的行为按照国家的法律、法规规定被追究刑事责任的;

5. 乙方不能胜任工作,经培训或调整工作岗位仍不胜任工作的;

6. 乙方患病或非因工负伤,医疗期届满后不能从事原工作,也不能从事由用人单位另行安排工作的。如属完全丧失劳动能力达到残废标准一至四级的,应同时按规定办理退休或退职手续。停工医疗期计算,按甲方制定的不低于《广州市劳动局转发劳动部〈企业职工患病或非因工负伤医疗期规定〉》的标准执行。

劳动合同期虽未满,但甲方因生产经营状况发生严重困难,以及破产或濒临破产处于法定整顿期间,确需按有关规定裁减人员的;其他符合国家、省、市规定的可以解除劳动合同条件的。

(六)有下列情形之一的,乙方可随时解除劳动合同:

1. 在试用期内,经国家有关部门确认,甲方劳动安全卫生条件恶劣,没有相应保护措施,严重危害乙方安全健康的;

2. 甲方不能按劳动合同规定支付劳动报酬;

3. 甲方不按规定为乙方办理缴纳退休养老保险等社会劳动保险金的;

4. 甲方以暴力、威胁或者非法限制人身自由的手段强迫劳动的;

5. 甲方故意不履行劳动合同,严重违反国家法律、法规,侵害乙方其他合法权益的。

如乙方依据上款第2项至第6项规定解除劳动合同的,均可追究甲方违约责任。

（七）乙方非依据本合同规定解除劳动合同，应提前 30 天以书面形式通知甲方，但不免除乙方应依约承担的责任。

（八）有下列情形之一，甲方不得解除劳动合同：

1. 乙方患职业病或因工负伤，医疗终结期内，或医疗终结后经市、县级医务劳动鉴定委员确认属于大部分丧失劳动能力的；

2. 乙方患病或非因工负伤，在规定的医疗期内，或医疗期虽满，但仍住院治疗的；

3. 符合计划生育政策的女职工在孕期、产假期、哺乳期内的；

4. 乙方经批准享受法定假期，在规定期限内的；

5. 符合国家、省、市有关规定不得解除劳动合同的。

（九）除试用期内或职工被违纪辞退、除名、开除及本合同另有其他特别规定等情况外，甲乙双方解除本合同，必须提前一个月书面通知对方。提前时间不足者，按相距的实际天数，以乙方当月工资收入的日平均数额计算，补偿给对方。

（十）甲方应按规定为终止、解除劳动合同的职工办理填发《职工劳动手册》、转移档案等有关手续，为乙方办理待业登记、领取失业救济金提供方便。

（十一）甲方租赁、出售给乙方居住的房屋，双方应签订住房合同。甲乙双方因各种原因解除或终止本劳动合同时，有关住房问题按住房合同规定办理。

（十二）若本合同终止或解除，乙方应将合同履行期内甲方交给乙方无偿使用、保管的物品、工具、技术资料等，如数交还给甲方，如有遗失应予以赔偿。

（十三）乙方符合国家规定的退休（含提前退休）条件，甲方应按规定为其办理退休手续，并按本市有关规定管理。

（十四）甲方在合同期内解除劳动合同，按《广州市劳动局转发劳动部〈违反和解除劳动合同的经济补偿办法〉》规定，发给乙方经济补偿金、医疗补助费。

试用期内或因乙方被违纪辞退、除名、开除导致劳动合同解除的，甲方不发给补偿金。

二、区分就业协议与劳动合同

就业协议与劳动合同都是与就业相关的，但有本质上的区别。

就业协议是教育部统一印制的，由毕业生、用人单位及毕业生所在高校三方签订的就业协议书，是在毕业生派遣之前签订的。

劳动合同是劳动者与用人单位之间签订的关于权利义务的法律文书，受劳动法的约束与保护，并且是在毕业生到单位报到后签订的。

就业协议与劳动合同一经签订，都具备法律效力，不论是毕业生还是用人单位，都应当按照约定履行。

（一）内容不同

在毕业生就业协议当中，毕业生的义务是向用人单位如实地介绍自己的情况，并按时到用人单位进行报到。用人单位的义务是如实向毕业生介绍自己的情况，负责办理毕业生有关手续。学校的义务则是负责完成有关的派遣工作，毕业生就业协议是毕业生分配的具体体现。劳动合同是劳动者与用人单位确立的劳动关系，明确双方的权利和义务的协议。

（二）主体不同

就业协议主体有三方，毕业生、用人单位、高等院校。

毕业生和用人单位是人才市场上的平等主体,双方经过供需见面,双向选择而达成协议。劳动合同的主体双方,则是劳动者和用人单位,用人单位和劳动者之间是管理和被管理的关系。

(三)法律依据不同

毕业生就业协议是无名合同,适用《民法通则》《合同法》、国家有关毕业生就业分配的法律法规和其他相关政策规定。这个协议一经签订,各方应严格履行,任何一方要变动这个协议,需提前一个月取得另外两方面的同意,否则,按违约处理。

劳动合同是有名合同,适用《劳动法》《劳动合同法》《劳动争议调解仲裁法》等法律规范。

(四)签订时间不同

一般来说,就业协议签订在前,劳动合同订立在后。

就业协议是毕业生在找工作过程中,落实用人单位后签订的,就业协议签订在学生离校前。劳动合同是毕业生到用人单位报到后订立的。如果毕业生与用人单位在工资待遇、住房等方面有事先约定,可在就业协议约定条款中注明,附后补充,日后订立劳动合同时,对此内容应予以认可。

(五)适用的人员不同

劳动合同可以适用与各类人员。凡是中华人民共和国公民,只要有劳动能力,并符合法律规定的条件,经过供需见面双向选择,一经录用,都可以与用人单位签订劳动合同。就业协议只适用与高校毕业生。

(六)纠纷解决方式不同

毕业生因就业协议发生纠纷,任何一方均可以向人民法院提起诉讼,不能提请劳动争议仲裁。若因劳动合同发生纠纷,任何一方均可向当地的劳动争议仲裁委员会申请仲裁,当事人对仲裁裁决不服的,可以向人民法院提请诉讼;仲裁是诉讼的前置程序,如当事人就劳动争议直接向人民法院起诉的,人民法院不予受理。

思考与练习

1. 就业协议的内容有哪些?
2. 毕业离校要办理哪些手续?
3. 劳动合同有哪些条款?

实训项目

毕业生顶岗实习指导。

第七章

就业权益及求职维权

"纸上得来终觉浅,绝知此事要躬行。"学到的东西,不能停留在书本上,不能只装在脑袋里,而应该落实到行动上,做到知行合一、以知促行、以行求知,正所谓"知者行之始,行者知之成"。每一项事业,不论大小,都是靠脚踏实地、一点一滴干出来的。

——习近平在北京大学师生座谈会上的讲话

【学习目标】

1. 熟知就业协议的违约责任
2. 熟知劳动争议解决途径
3. 了解形形色色的就业陷阱

【技能要求】

1. 掌握劳动争议方面的法律知识
2. 有效规避求职过程中的风险
3. 认识派遣制的利弊

引导案例

违反程序的苦果

某电子有限公司是一家从事电器元件生产的中外合资企业,该公司以业务发展需要为由,发布了招聘信息:

"本公司因业务发展需要,需招聘电气专业应届毕业生若干名,待遇从优。"

应届毕业生李某的学习成绩和综合素质在班级里属于中上水平,总是期望能找到一份更加理想的工作,面对这么一次专业对口,也相当不错的就业机会,李某决定去参加面试。

凭借充足的准备和良好的心态,他无论在专业知识,还是在整体表现方面,都较其他竞争者略胜一筹,面试考官也对他留下了深刻的印象。

几天后,该公司正式通知李某签订就业协议,并对他说:"就业协议书拿来拿去签比较麻烦,你先叫学校鉴证、盖好章,我们可以当场签。"

他想想觉得也有道理,起码可以少跑好几趟。于是,他在领取就业协议时,要求就业办公室老师在空白协议上事先进行鉴证。就业办老师提醒他,这样可能会对他产生不利的影响,予以拒绝。

但是,在他的再三要求并写下责任承担书的情况下,老师还是给他加盖了学校鉴证章。

当天下午,他就拿着协议到公司签约。人事部主管与他就就业协议书的服务期限、工资、违约金等事项进行细致协商,并在协议上详细注明后,要求李某签字,并以公司总经理今天外出出差,单位公章拿不到无法盖章为由,让他明天来取就业协议书。因为签约心切,李某什么都没想就答应下来。

第2天,去公司拿就业协议书时,刚看到协议他就一下子傻眼了,原本没有约定条款的就业协议书上多了附加条款:"毕业生自签约之日起,开始上班,至正式报到期间为实习期,实习期工资为每月1 500元。"他想与之争辩,却发现自己根本讲不清楚,只能欲哭无泪地呆在那里。

李某希望与用人单位签约,过于听信单位的说法而放松了应有的警惕,从而造成了自己"哑巴吃黄连,有苦说不出"的结局。

由此,提醒广大毕业生,千万不能为了贪图方便,而违反规定程序。

第一节　毕业生的就业权利与义务

我国在《宪法》《劳动法》《高等教育法》《普通高等学校毕业生就业工作暂行规定》等法律、法规和政策中,均规定了毕业生应有的权利。这些权利概括起来,主要包括以下内容。

一、毕业生就业权利

(一)获取信息权

就业信息是毕业生择业成功的前提和关键,只有在充分占有信息的基础上,才能选择用人单位。毕业生获取的信息应该是公开、及时、全面的。

信息公开指所有用人单位的需求信息必须向全体毕业生公开,任何学位和个人不得隐瞒、截留需求信息。信息及时是指毕业生获取的信息必须是及时、有效的,而不能将过时无利用价值的信息传递给毕业生。信息全面是指毕业生有权获得准确、全面的就业信息。

(二)自主选择权

根据双向选择、自主择业的原则,高校毕业生可以自主地选择用人单位,学校、其他单位和个人均不得干涉。任何个人意志强加于毕业生,均被视为侵犯毕业生选择权的行为。

(三)接受就业指导权

接受就业指导是每个毕业生都具有的权利。《高等教育法》规定,高等学校应当为毕业生提供就业指导和服务。《普通高等学校毕业生就业工作暂行规定》中明确指出,高等学校的一个主要职责就是对毕业生开展就业教育和就业指导工作。

高等学校就业指导主要是为了帮助毕业生根据自身特点和社会职业需要,选择最能发挥自己才干的职业,全面、迅速、有效地与工作岗位结合,实现自己的人生价值和社会价值。

毕业生应该充分行使该项权利,应该树立正确的择业观,增强择业意识,掌握求职技巧,提高主动适应社会需要的能力。这无疑将有助于毕业生求职择业的顺利进行。

（四）被推荐权

高等学校的一个重要职责就是向用人单位推荐毕业生。历年工作经验证明,学校的推荐在很大程度上影响了用人单位对毕业生的取舍。

毕业生享有被推荐权包含这样几方面内容：

1. 如实推荐

即高校对毕业生进行推荐时实事求是,根据毕业生本人的实际情况向用人单位进行介绍、推荐。不能故意贬低或随意捧高对毕业生在校表现的评价。

2. 公正推荐

学校对毕业生进行推荐时应做到公平、公正,应给每一位毕业生推荐就业的机会。公正推荐是学校的基本责任,也是毕业生享有的最基本的权利。

3. 择优推荐

学校根据毕业生的在校表现,在公正、公平的基础上,还应择优推荐,用人单位录用毕业生也应坚持择优标准。

（五）公平受录用权

女生就业难仍然是困扰女大学生就业的一大问题。公平受录用权是毕业生最为迫切需要得到维护的权益。

（六）违约求偿权

毕业生、用人单位签订协议后,任何一方不得擅自毁约。如用人单位无故要求解约,毕业生有权要求对方严格履行就业协议,否则,用人单位应对毕业生承担违约责任,支付违约金,毕业生有权利要求用人单位进行补偿。

二、毕业生的义务

（一）回报国家、社会的义务

我国宪法规定,劳动对于公民来说,既是权利也是义务,是权利和义务的结合和统一。对于毕业生而言,不仅要履行作为公民来说必须履行的劳动义务,而且要按照"得之于社会,还之于社会,报之于社会"的原则,积极地回报国家、社会和家庭,承担起自己应尽的义务。

（二）服从国家需要的义务

虽然毕业生在择业过程中,有相当大的自主权,可以根据个人意愿选择用人单位,但作为当代大学生,上大学还不完全是一种投资于未来发展的个人行为,国家和社会为大学生的成才付出了很大的代价。因此,大学生就业不仅仅是个人行为,还应服从国家的需要。

（三）如实介绍自己情况的义务

毕业生在求职择业过程中,应如实向用人单位介绍自己的情况,这是基本的择业道德要求,也是自己应尽的义务。

毕业生在填写推荐表、撰写自荐书、与用人单位洽谈介绍自己时,必须实事求是,不得弄虚作假。只有如实介绍自己的情况,才能获得用人单位的信任。

（四）遵守和履行就业协议的义务

毕业生与用人单位通过双向选择签订协议,以约束双方的行为。遵守协议是就业工作顺利进行的保证。

一经签订协议，就不能随便违约，一旦违约，不仅影响学校正常的就业秩序，而且会损害用人单位、学校、其他同学等各方面的利益。因此，毕业生必须增强信用意识。

（五）按时到工作单位报到的义务

《普通高等学校毕业生就业工作暂行规定》要求，毕业生办理完离校手续后，应持《报到证》按时到用人单位报到。如果自离校之日起，无正当理由超过3个月不去就业单位报到的，由学校报主管毕业生就业部门批准，不再负责其就业。

扩展阅读

工龄计算方法

工龄是指职工以工资收入，为生活资料的全部，或主要来源的工作时间。工龄的长短标志着职工参加工作时间的长短，也反映了它对社会和企业的贡献大小和知识、经验、技术熟练程度的高低。

工龄是我国职工退休的一个条件，也是行政事业单位，国有企业工资计算的内容之一。工龄可分为一般工龄和本企业工龄。

1. 一般工龄

一般工龄是指职工从事生产、工作的总的工作时间。

在计算一般工龄时，应包括本企业工龄。本企业工龄（连续工龄）是指工人、职员在本企业内连续工作的时间。

一般工龄包括连续工龄，能计算为连续工龄的，同时就能计算为一般工龄；但一般工龄不一定就是连续工龄。

2. 本企业工龄

连续工龄和本企业工龄在含义上有一些差别，即连续工龄不仅包括本企业连续工作的时间，而且包括前后两个工作单位可以合并计算的工作时间。机关、事业单位为有别于企业用"工作年限"，实际上，连续工龄和工作年限的含义、作用是相同的。

工龄计算的方法：

1. 连续计算法，也叫工龄连续计算。

例如，某职工从甲单位调到乙单位工作，其在甲、乙两个单位的工作时间应不间断地计算为连续工龄。如果职工被错误处理，后经复查、平反，其受错误处理的时间，可与错误处理前连续计算工龄的时间，和平反后的工作时间连续计算为连续工龄。

2. 合并计算法，也叫合并计算连续工龄。

是指职工的工作经历中，一般非本人主观原因间断了一段时间，把这段间断的时间扣除，间断前后两段工作时间合并计算。如精简退职的工人和职员，退职前和重新参加工作后的连续工作时间可合并计算。

3. 工龄折算法。

从事特殊工种和特殊工作环境工作的工人,连续工龄可进行折算。

如井下矿工或固定在华氏32度以下的低温工作场所,或在华氏100度以上的高温工作场所工作的职工,计算其连续工龄时,每在此种场所工作一年,可作一年零三个月计算。

在提炼或制造铅、汞、砒、磷、酸的工业中,以及化学、兵工等工业中,直接从事有害身体健康工作的职工,在计算其连续工龄时,每从事此种工作一年,作一年零六个月计算。

在计算一般工龄时,应包括本企业工龄在内,但计算连续工龄时不应包括一般工龄(一般来说,因个人原因间断工作的,其间断前的工作时间只能计算为一般工龄)。现在确定职工保险福利待遇和是否具备退休条件时,一般只用连续工龄。所以,一般工龄现在已经失去意义。

实行基本养老保险个人缴费制度以后,以实际缴费年限作为退休和计发养老保险待遇的依据,之前的连续工龄视同缴费年限。工作年限或连续工龄计算,应按国发[1978]104号文件的规定计算,即"满"一个周年才能算一年。

第二节　毕业生的就业权益保护

一、就业协议及违约责任

就业协议是由毕业生与用人单位之间,以平等的身份而签订的确立双方权利与义务的协议。就业协议反映的是一种民事法律关系,签订协议是一种民事行为,要想使这种民事行为成为民事法律行为,就必须遵循民法的具体规定。

(一)在订立附加条件的就业协议时,应重视备注

毕业生与用人单位签订的就业协议,与报到后签订的劳动合同都是双方法律行为、双务法律行为、有偿法律行为、诺成性法律行为。

如果协议中附带有特殊的条件,如住房待遇、科研待遇等,这种协议又称为附加条件的法律行为。就业协议及附加条件必须以书面的形式由双方签订。

在具体就业过程中,毕业生签完主协议后,对附加条款不进行文字注明和双方签字,只接受口头承诺,这是非常不可取的。当毕业生进入工作单位、口头承诺得不到兑现时,毕业生的合法权益就得不到有效保护。

(二)签订就业协议的违约责任形式

根据我国《合同法》的精神,签订就业协议的违约责任形式有以下几种:

1. 继续履行的责任构成形式

又称强制履行,指在违约方不履行合同时,由法院强制违约方继续履行合同债务的违约责任方式。

其构成要件如下:

(1)存在违约行为;

（2）必须有守约方请求违约方继续履行合同债务的行为；

（3）必须是违约方能够继续履行合同。

基于此项规定，在签订就业协议后，如果毕业生与用人单位就是否按照约定聘用产生违约行为，一方可要求违约方按照就业合同约定，继续履行协议规定，按原计划进行聘用。

2. 赔偿损失的责任构成形式

我国《合同法》中的赔偿损失是指金钱赔偿，即包括实物赔偿，也限于以合同标的物以外的物品予以赔偿。其构成要件如下：

（1）违约行为；

（2）损失；

（3）违约行为与损失之间有因果关系；

（4）违约一方没有免责事由。

如果毕业生与用人单位一方违约，则应赔偿对方损失，一般的变现形式为支付一定的违约金。

违约金责任，又称违约罚款，是由当事人约定的或法律直接规定的，在一方当事人不履行合同时，向另一方当事人支付一定数额的金钱，也可以表现为一定价值的财物。

3. 就业协议违约金责任构成

（1）一方有违约行为发生，不按照原来约定聘用或应聘，至于违约行为的类型，应视当事人的约定或法律的直接规定而定；

（2）原则上要求违约方有过错，或者是故意，或者是过失；

（3）违约金约定的无效情况即订立的就业协议无效，违约金的约定也无效。

（三）就业协议违约责任的归责原则

根据《合同法》第一百零七条，从关于"当事人一方不履行合同义务，或者履行合同义务不符合约定的，应当承担继续履行、采取补救措施或者赔偿损失等违约责任"的规定中可以看出，《合同法》采取了严格责任原则，即当事人一方只要有违约事实，就要向对方承担违约责任，而不论其主观心态。

即用人单位和毕业生一方只要违约，则应承担违约责任，而不问其是故意还是过失。签订就业协议只要一方违约，不论其主观心态如何，均应承担违约责任。

（四）签订就业协议违约的免责条件与免责条款

免责条件即法律明文规定的，当事人对其不履行合同，不承担违约责任的条件。我国法律规定的免责条件主要有：

1. 不可抗力

《合同法》第一百一十七条规定，"因不可抗力不能履行合同的，根据不可抗力的影响，部分或者全部免除责任，但法律另有规定的除外。当事人迟延履行后，发生不可抗力的，不能免除责任。"

本法所称不可抗力，是指不能预见、不能避免及不能克服的客观情况。在签订就业协议后，一方因为不可抗力的原因而违约，不承担违约责任。

2.升学、服兵役等不视为违约

根据高校毕业生就业的有关规定,已与用人单位签订就业协议(合同)的应届高校毕业生,在毕业离校前升学、入伍,或被录用为国家公务员的,不视为违约,用人单位不得收取违约金。所以,如果考上研究生、公务员、参军都可以和用人单位解除合同关系。

🎕 **扩 展 阅 读** 🎕

违约金不能肆意收取

2008年7月小赵入职某公司,双方签订了4年劳动合同,在签订劳动合同的同时,小赵还与公司签订了毕业生服务期协议。根据该协议,在4年服务期内,小赵如提出辞职、调离、自费出国留学、考研、擅自离职等,均为违约,小赵应向公司缴纳2.5万元的违约金。

2010年4月,小赵考取了某高校的硕士研究生,遂向公司提出辞职,公司以双方签订了服务期协议为由,要求小赵支付违约金,小赵为顺利入学,被迫缴纳违约金。

研究生入学后,小赵以要求公司返还违约金为由,提起仲裁并诉至法院。公司认为与小赵签订的服务期协议系双方自愿签订,且其为小赵提供了专业技术培训,不同意返还违约金,但未向法院证明其为小赵进行培训所支付的费用。最终法院判决支持了小赵的请求。

法官提示:服务期约定往往带有不平等的特点,毕业生应慎签这类协议。根据规定,服务期内因参军等要求离职的,用人单位不得阻挠。用人单位索取赔偿金,须提出提供服务或培训的支出清单。

二、就业主管部门严格把关

任何实体权利的实现,都需要通过一定的程序进行保障,程序的违反必然导致实体权利受到侵害,毕业生就业也是如此。为了保障毕业生和用人单位的合法权益,国家和省市教育主管部门都制定了签订就业协议的相关程序,正确地按照既定的程序签约才能使自己的权益免受损害。

毕业生就业主管部门可通过制定相应的规则保障毕业生的权益,并依据国家的法律和政策规定,对侵犯毕业生权益的行为予以抵制或处理。

例如,对不履行就业信息公开登记手续,侵犯毕业生获取信息权的单位,省毕业生就业主管部门对其上报的协议书不予签证、不予审批就业方案和打印就业《报到证》;严重者将取消其录用毕业生的资格。

保护毕业生的合法权益不受侵犯,对就业主体双方存在的争议和违约等问题进行协调处理,直至仲裁。

此外,根据我国的有关毕业生政策规定,毕业生以及签约诸方应信守诺言,自觉维护毕业生就业秩序,严格遵守国家有关规定和学校就业政策。

如有特殊情况需要变更,须征得签约诸方的书面同意和谅解,并经院(系、所、中心)报学校学生就业指导服务部门审批,经审批同意后,提出变更的一方应承担违约责任,并向学校交纳违约金。

三、高校保护监督

学校对毕业生权益的保护最为直接。学校可通过制定各项措施规范毕业生就业指导和就业推荐,对于用人单位在录用毕业生过程中的不公平、不公正行为,学校有权予以抵制,以维护毕业生公平受录用权。

高等学校在毕业生签订就业协议过程中,应进行监督和指导。对于用人单位与毕业生签订不符合国家有关政策规定的就业协议,学校有权拒签,未经学校审核同意的就业协议,不能作为编制就业方案的依据。

四、劳动争议解决办法

毕业生应了解国家和省、市关于毕业生就业的有关方针、政策和规则,熟悉毕业生在就业过程中的权利和义务,这是毕业生权益自我保护的前提。应自觉遵循有关就业规则,接受其制约,保证自己的就业行为不违反就业规则,不侵犯其他毕业生和用人单位的合法权益。

根据《劳动法》及《劳动合同法》的有关规定,毕业生在签订劳动合同后,发生劳动争议的,应注意以下的法律事宜。

（一）发生劳动争议的原因

1.因确认劳动关系发生的争议;

2.因订立、履行、变更、解除和终止劳动合同发生的争议;

3.因除名、辞退和辞职、离职发生的争议;

4.因工作时间、休息休假、社会保险福利、培训以及劳动保护发生的争议;

5.因劳动报酬、工伤医疗费、经济补偿或者赔偿金等发生的争议;

6.法律、法规规定的其他劳动争议。

（二）解决办法

发生劳动争议后,当事人双方可以协商解决,也可以直接向劳动争议调解委员会申请调解。当事人申请劳动争议调解,可以书面申请,也可以口头申请。

口头申请调解组织应当当场记录申请人基本情况、申请调解的争议事项、理由和时间。调解劳动争议应当充分听取双方当事人对事实和理由的陈述,耐心疏导,帮助双方当事人达成协议。经调解达成协议的,应当制作调解协议书。

调解协议书由双方当事人签名或者盖章,经调解员签名,并加盖调解组织印章后生效,对双方当事人具有约束力,当事人应当履行。自劳动争议调解组织收到调解申请之日起,十五日内,未达成调解协议的,当事人可以依法申请仲裁。

（三）发生劳动争议后申请仲裁的程序

毕业生与用人单位发生劳动争议后,应向劳动争议仲裁委员会提交仲裁申请。仲裁申请人应当提交书面的仲裁申请,依照被申请人的数量提交副本。

申请书应载明法定内容,包括:

1.劳动者的姓名、性别、年龄、职业、工作单位和住所,用人单位的名称、住所和法定代表人或者主要负责人的姓名、职务;

2. 仲裁请求和所根据的事实、理由；

3. 证据和证据来源、证人姓名和住所。

书写仲裁申请确有困难的，可以口头申请，由劳动争议仲裁委员会记入笔录，并告知对方当事人。

仲裁委员会在收到申请后5日内，做出是否受理的决定，不予受理或5日内不做出任何答复的，申请人可向人民法院起诉。

决定受理的，应当制作受理决定并送达申请人，并在受理后5日内，将申请书副本送达被申请人。被申请人应当在10日内提交答辩书，若不提交答辩书，也不影响案件的仲裁。

（四）发生劳动争议后申请仲裁时效

劳动争议申请仲裁的时效期间为1年，仲裁时效期间，从当事人知道或者应当知道其权利被侵害之日起计算。毕业生与用人单位发生劳动争议的诉讼时效，因当事人一方向对方当事人主张权利，或者向有关部门请求权利救济，或对方当事人同意履行义务而中断。

从中断时起，仲裁时效期间重新计算。因不可抗力或者有其他正当理由，当事人不能在规定的仲裁时效期间申请仲裁的，仲裁时效中止。从中止时效的原因消除之日起，仲裁时效期间继续计算。

劳动关系存续期间，因拖欠劳动报酬发生争议的，劳动者申请仲裁不受1年的仲裁时效期间的限制。但是，劳动关系终止的，应当自劳动关系终止之日起1年内提出。根据法律规定，劳动争议发生后，必须经过仲裁，一方对仲裁结果有异议的，可以向人民法院提起诉讼。

第三节　就业陷阱与防范

一些招聘单位、其他机构或个人，利用大学生的弱势地位，以提供就业机会为诱饵，采用违法悖德等手段，骗取大学生的钱财，或与大学生达成权利与义务不对等的各类就业意向（协议），以期侵害大学生合法权益。大学生要懂法，学会运用法律武器保护自己。

一、识别招聘陷阱

常见的招聘陷阱主要包括以下三种：

（一）招聘会不合法

有些招聘会利用大学生就业心切的心理，打着毕业生就业的名义，实质上未经有关主管部门审批。要么广告上公布的知名企业未到场，要么是单位良莠不齐，只是为了凑数。举办单位的目的就是赚取高昂的门票费。

同时，招聘单位一边骗取学生的信息，另一边又出卖学生的个人信息，给一些违法之徒提供便利。更有甚者，有些企业打着招聘的幌子，逼迫毕业生做传销，或做其他违法的事情。

（二）以面试为由骗取求职者钱财

一些不法分子从网络或其他途径得到求职毕业生的个人信息，便以某企业名义，打电话给求职毕业生，通知其面试。在求职毕业生不设防的情况下，骗取钱财后逃之夭夭。

例如，毕业生王某收到某公司的一条短信，短信内容请其到公司来面试，但王某记得没有投过这家公司简历,于是打电话询问,对方答复在某人才网上看到其求职信息。

王某按时赴约,因找不到地方,就再次联系该公司。很快一个骑摩托车的人过来接他。车刚开,摩托车驾驶员就让王某通知公司说很快就到了,在电话中,公司的人对他说,让摩托车驾驶员接电话,另有事情安排。王某刚把电话递给摩托车驾驶员,一份文件就从车上落了下来,出于礼貌,王某下车帮忙捡文件,等捡起文件,摩托车已经不见了,手机和包也追不回来了。

（三）变相收费

有些单位不当场签约,要求通过网络或电话继续洽谈,这些网络或电话都是收费的;有些单位向大学毕业生收取报名费、资料费或培训费等,等求职者交了费用,再将其拒之门外。

例如,小刘很顺利地通过了一家公司的面试,并参观了公司,觉得很正规。很快公司通知其参加培训,并要求小刘交纳250元的培训费。

小刘觉得机会难得,交了钱并参加了培训。培训后公司又组织进行体检,体检费100元,但因为视力较低,而被公司拒绝录用。后来小刘发现,差不多每次招聘会,这个公司都在招人,他才知道受骗了。

面对招聘陷阱,大学毕业生在求职的时候一定要擦亮眼睛。

首先,找工作时,一定要到正规的、信誉高的招聘会和专业人才网站应聘,对自己的个人信息要有必要的保留。

其次,投简历前,一定要通过亲朋好友、学校就业中心、网络等核实单位的真实性,了解网上公布的企业"黑名单",谨防上当。

再次,面试时,应自己到公司,不要让陌生人带路,不要相信陌生人的话,更不要将财物交予陌生人。

另外,要提防在招聘求职中被骗取钱财,国家是明令禁止企业在招聘过程中,以任何名义收取费用的。

（四）日常常见的招聘骗局

骗局1:有的招聘广告上写:"待遇优厚,工作轻松,对人的能力要求不高……"

识别:招聘者难道就没有亲友乡邻? 真有这样的好事,为什么要把便宜白送给别人?

骗局2:招聘广告只对外公布一个信箱或电话号码,而不公布具体地址,或以"某单位"为主体发布广告,并声明"谢绝来访"。

识别:遮遮掩掩,可见招聘方要么缺乏诚意,要么另有居心。

骗局3:声明"求贤若渴",并可"替应聘者保密""收入极高"或以"年轻貌美"为条件。

识别:暧昧的广告后面,一定不是什么光彩的职业。

骗局4:剧组招收演员、歌星、模特。

识别:先衡量一下自己是否真符合行业条件,再设法暗访一下情况。

骗局5:在人才交流会外,散发小广告,现场填表,数日后,即电话通知你被录用了。

识别:梦越美的地方,隐藏的圈套往往越多,陷阱可能也越大,还是别搭理为好。即使对方真的招人,但未经过正规中介机构,今后仍可能有许多问题扯不清。

骗局6:张口就要收保证金、服装费、培训费、押金。

识别:赶紧悬崖勒马,这类公司一般半年或一年就注销另起炉灶,就算是想找他们算账,可能连门都找不到了。

骗局7:素不相识,却过于热心的"好人""老乡"主动为你找工作。

识别:保持警惕,很多人贩子都是用介绍工作为借口,引人上钩。

骗局8:职位的名称陌生而光彩,比如:楼层经理、客户主管、电话编辑、外勤经理……

识别:先问清具体干什么,千万不要轻易应聘,许多漂亮名词只不过是障眼法而已。

楼层经理不过是负责某楼层的清洁工,客户主管只管开电梯,电话编辑就是叫你一家家地打电话去推销商品,外勤经理其实就是门卫……

骗局9:利用应聘者的照片和简历来行骗。

识别:有些信息贩子专门收集私人简历资料,或作名录卖,每份0.1~0.2元,或增加网上点击率,或设计连环套。

例如,有位大学生在网上发布求职简历,三天后,即接到一名自称是深圳某公司职员的电话,询问他山西老家的地址,声称要进一步核实情况。

半个月后,这位大学生又突然接到自称是郑州市公安局民警的电话,说抓住了一名骗子,所用手机设置的呼叫转移号码是他的手机号,要求他配合办案关机4个小时。

骗子就利用这个时间,往他山西的老家打电话,说他在天津与人打架被捅了几刀,正在医院抢救,骗去了他家3万元。还有女大学生的照片被制作成征婚甚至"黄色"照片,在网上公开发布……

二、认清协议陷阱

毕业生找工作时,与单位签订就业协议时,常出现的问题有以下几种:

(一)口头承诺

口头承诺因为缺乏法律依据而没有法律约束力,一旦发生问题,学生往往成为弱者一方,权益受到侵害。

一些单位在和毕业生谈条件的时候,常常口头承诺很多优越条件,吸引学生来单位工作,但在签协议时,却不将这些承诺写入就业协议。当毕业生毕业后,来到单位工作,才发现与现实相差甚远,却因无法律依据而成为权益受害的一方。

(二)签订不平等协议

由于劳动力市场存在着较为严重的买方市场性质,就业压力较大,"强资本、弱劳工"的现象,严重影响着大学生的求职心理,导致他们在求职中"低人一等"。

再加上大学生维权意识较差,致使大学生对于签订的就业协议要么不知情,签约的时候根本没有留意上面的条款,要么无力反对,从而促成霸王条款的出现。

(三)以就业协议代替劳动合同

三方协议不能代替劳动合同,三方协议没有劳动合同期限、劳动者的工资标准、工作内容和工作地点等劳动合同必备条款。

法官提示:

三方协议是由行政机关制定的,虽由用人单位、学生和学校签署,貌似"权威",但因其条款存有缺陷,不能维护毕业生的权益。毕业生到单位工作后,应立即要求用人单位签署劳动合同。

有些大学生因为不懂《劳动法》,以为就业协议就是劳动合同。毕业后到单位报到,不知道要求单位与其签订合法有效的劳动合同,盲目认为就业协议的条款,就是合同的内容。

用人单位也故意不与毕业生签订劳动合同,因为劳动合同受到法律的约束力较强,一旦发生劳动争议,就容易对用人单位不利。

最终在劳动过程中,以不合法的就业协议代替劳动合同。在这样的状况下,一旦双方发生劳动争议,对大学毕业生极为不利,双方的劳动关系也只能被认定为事实劳动关系。

例如,一次人才招聘会上,小王与一家房地产公司的人事经理交谈后,用人单位表示对他很满意,希望能当场签下协议。因为对方许诺小王到岗后有住房,而且月薪3 000元以上,已失业半年的他毫不犹豫地当场签了约。

到公司上班后小王才知道,所谓的月工资3 000元以上,完全是一个子虚乌有的数字。因为销售人员的工资实行的是上不封顶,下不保底、与销售额直接挂钩的制度。

销售部有十几名销售员,只有一位业绩突出的销售员,曾拿到过3 000多元的月工资。对方许诺的住房,其实是一间破旧的小仓库,不到30平方米,挤住着10个人。

这一切与对方的许诺相距甚远。他找出当初与对方签订的协议,工资条款里只写着"工资待遇高",在住房条款里用词更是模糊——"由公司提供住处"。

再往下看,却看出了一身冷汗。协议规定,聘用期为3年,应聘方如毁约,需按毁约时间交纳违约金,违约金为每年5 000元。也就是说,如果他要求解除协议,必须向公司交纳1.5万元违约金。

针对协议陷阱,大学毕业生在与用人单位签订就业协议时,一定要睁大眼睛,认真仔细地识别协议是否存在陷阱。

一要看协议是否合法;

二要看协议是否全面;

三是要对协议文本仔细推敲;

四是正式报到上班后,一定要要求在协议基础上,与单位协商签订一份有效的劳动合同,防止发生争议而损害自身的合法权益等。

如上述案例中的小王,在工作后,可以依法要求单位签订劳动合同,通过合法的劳动合同达到保护自己的目的。但对于住房和工资问题,恐怕依然很难取得求职时单位承诺的标准。

（四）试用期陷阱

试用期是劳动关系双方当事人相互了解的一个考察期。在这个过程中,毕业生可以考察用人单位是否符合自己的职业取向,用人单位在这段时间也可以考察大学毕业生是否符合录用标准。

依据《劳动法》和《劳动合同法》,试用期是法定的协商条款,约定与否以及约定期限的长短,由双方依法自行协商。

在现实中,关于试用期的陷阱一直困扰着大学毕业生。

1.单位不约定试用期,可能暗藏玄机

某些单位在大学生报到时,立即签订劳动合同,不约定试用期,正式上岗。

当毕业生还在暗自庆幸单位不需试用时,却发现单位各方面情况都不尽如人意,和当时广告与承诺的情况大相径庭,工作内容和自己想象的也完全不同,于是决定另谋高就。这时,才发现自己在"无意"间放弃了试用期这一有利机会。

在这种情况下,如果单方面解除劳动合同,一方面要提前30天通知,另一方面,可能要付出违约的相应代价。

2. 只约定试用期,索取廉价劳动力

试用期的工资、福利待遇和正式录用之后差距较大。在人才市场上招聘的费用并不高,一些用人单位就利用"无休止"的试用,来降低自己的劳工成本。

例如,有些单位以避免麻烦为由,只以口头或书面形式,与大学毕业生约定几个月的试用期,声称试用期合格了,就直接正式录用,签订正式劳动合同。

在试用期内,单位提供比正式员工低很多的待遇。大学毕业生为了能留下来,往往工作非常努力,甚至不计较暂时的工资待遇。试用期结束,单位却以各种理由,将大学毕业生拒之门外。

3. 试用期过长或无故延长试用期

有的单位与毕业生约定的试用期,严重超过《劳动合同法》规定的标准,有的甚至长达1年以上。也有些用人单位,约定的试用期虽在法律规定的范围内,但却以各种理由延长试用期,变相榨取毕业生的廉价劳动力。更有甚者,延长几次后,最终仍将毕业生解聘。有些毕业生维权意识较差,因此连连吃亏。

面对试用期陷阱,最好的办法就是拿起法律武器。

首先,对于第一种情况,毕业生应努力收集该企业的信息,对于信誉不好的企业,一定要多加提防,必要时候可以自己提出约定一定期限的试用期。有些时候,约定试用期恰恰是保护自己合法权益的有效手段。

其次,毕业生应增强法律意识,对新实施的《劳动合同法》应该有一定的了解。

《劳动合同法》对试用期有较详细的约定:

劳动合同期限三个月以上不满一年的,试用期不得超过一个月;劳动合同期限一年以上不满三年的,试用期不得超过二个月;三年以上固定期限和无固定期限的劳动合同,试用期不得超过六个月。

同一用人单位与同一劳动者只能约定一次试用期。试用期包含在劳动合同期限内。劳动合同仅约定试用期的,试用期不成立,该期限为劳动合同期限等。

再次,单位在试用期解除劳动合同的理由,必须是劳动者不符合录用条件,大学毕业生一定要把握好这一标准,而并非单位说辞退就辞退。

(五)智力陷阱

用人单位以招聘考试为名,"召集"创意为实,无偿占有大学毕业生的程序设计、广告设计、策划方案、文章翻译等。

很多应聘者笔试、面试后就没了消息,而自己曾经提供的策划方案、设计等,却在该公司的产品、活动中出现。

智力陷阱是近年来新出现的求职陷阱,它的性质十分恶劣,大学毕业生要提高警惕,多加小心。

三、避开劳务陷阱

求职的时候,招聘单位明明是招聘合同制工人,结果录用后,却发现自己变成了"劳务工"或"派遣工"。

(一)劳动合同与劳务合同

劳动合同与劳务合同虽然只有一字之差,但两者的法律依据却完全不同。

签订了劳动合同,双方便形成了劳动法律关系,双方的权利义务关系,要受到劳动法的调整和约束。而劳务合同是一种民事协议,由民法来调整,劳务关系双方当事人是完全平等的民事主体,双方的关系是基于商品经济的财产关系,双方的争议不受劳动法的调整和约束。

一些用人单位利用大学毕业生的无知,在招聘的时候,一切条件承诺得很好,签合同的时候,却拿劳务合同让毕业生签字。

毕业生一方面警惕心较弱,另一方面维权意识不够强,再加上年轻人的粗心大意,草草签字了事。岂不知,一字之差,天壤之别,最终陷入"劳务工"的圈套。

(二)正式工与劳务派遣工

《劳动合同法》《中华人民共和国劳动争议仲裁法》给用人单位用工带来了很大的附加成本。一时之间,很多用人单位的劳动关系管理问题,成了用人单位的一个心病。在这种情况下,很多用人单位都选择了"劳务派遣"的用工方式,企图规避法律问题。

很多毕业生和单位签订就业协议或劳动合同,但甲方名称并不是该单位,而变成了人力资源公司,自己成了人力资源公司派遣到该公司的派遣工。

面对可能出现的劳务陷阱,签协议的时候要小心谨慎,认真阅读协议内容,看清楚协议中的用工单位名称是否是应聘的公司,看清楚到底是劳动合同还是劳务合同。

同时,增强维权意识和维权能力,熟识保护自己合法权益的法律、法规,以便在求职过程中,有效识别求职陷阱,保护自己的合法权益。

(三)什么是劳务派遣?

劳务派遣是指由劳务派遣机构(用人单位)与劳动者订立劳动合同,并将劳动者派遣到用工单位工作的用工方式。

由实际用工单位向被派遣劳动者给付劳务报酬,劳动合同关系存在于劳务派遣机构与被派遣劳动者之间,但劳动力给付的事实,则发生于被派遣劳动者与用工单位之间。

劳务派遣是一种新的用人模式,如今国内各地出现了大型劳务派遣公司,有的地方还同时开办了劳务中转站,建立了劳务库,劳务派遣方式灵活、形式多样,对工人可以长期使用,也可以短期使用,双休日使用,还可以重点项目使用等等。

2008年,《劳动合同法》正式把劳务派遣作为一种用工方式确定下来,之后,劳务派遣如雨后春笋般发展起来了。

劳务派遣有以下具体形式:

(1)完全派遣。由派遣公司承担一整套员工派遣服务工作,包括人才招募、选拔、培训、绩效评价、报酬和福利、安全和健康等。

(2)转移派遣。由劳务派遣需要的企业自行招募、选拔、培训人员,再由派遣公司与员工签订《劳动合同》,并由派遣公司负责员工的报酬、福利、绩效评估、处理劳动纠纷等事务。

(3)减员派遣。减员派遣指企业对自行招募或者已雇佣的员工,将其雇主身份转移至派遣公司。企业支付派遣公司员工派遣费用,由派遣公司代付所有可能发生的费用,包括工资、资金、福利、各类社保基金以及承担所有雇主应承担的社会和法律责任。其目的是减少企业固定员工,增强企业面对风险时候的组织应变能力和人力资源的弹性。

(4)试用派遣。用人单位在试用期间将新员工转至派遣公司,然后以派遣制员工的形式试用,其目的是使用人单位在准确选才方面更具保障,免去了由于选拔和测试时产生的误差风险,有效降低了人事成本。

（5）短期派遣。用人单位与劳务派遣机构共同约定一个时间段来聘用和使用被派遣的人才。

（6）项目派遣。企事业单位为了一个生产或科研项目而专业聘用相关的专业技术人才。

（7）晚间派遣。用人单位利用晚上的特定时间,获得急需的人才。

（8）钟点派遣。以每小时为基本计价单位派遣特种人员。

（9）双休日派遣。以周六、周日为基本计价单位派遣人员。

（10）集体派遣。国有企事业单位通过劳务派遣机构把闲置人员部分或整体地派遣给第三方。

2016年3月,《劳务派遣暂行规定》正式施行,明确规定"用人单位使用的被派遣劳动者不得超过其用工总量的10%",新规的出台,意味着那些能够在合规背景下解决企业弹性用工需求的服务将更受青睐,并将逐步取代"传统派遣"。

对于我国劳务派遣行业的发展,首要任务就是政策法规方面。进一步完善行业的政策法规、行业自律约束规定等,制定一整套完整的行业标准,争取做到有法可依、有法必依。其次就是借鉴国外行业发展较早的地区的经验和模式。

1.明确劳务派遣立法理念

对劳务派遣公司设立门槛和运营的规制,以及对派遣公司和接受单位雇主责任的划分。在我国各个行业发展的差异化水平上,制定差异化规制,最大化完善法规的规制和约束力。

2.对劳务派遣公司设立和运营的规制

对企业进行门槛设计,要求必须达到一定的专业化水平才能入驻该行业,同时对企业的经营业务进行详细的划分,可以促进行业发展的规模化,从而对派遣员工包括专业技能培训、社会保障、合约效益,起到显性保护。

同时,还要注意日常监管,通过监管规制用工单位和求职员工,对其双向负责。

3.明确责任归属

要在劳务派遣行业的合约上下狠功夫,尤其要根治劳务派遣企业通过短期合约等,"掏空"求职人利益的现象,通过明确劳务派遣企业、用工单位以及求职人员的职责情况,规范各自的有限责任和无限责任分布。

尽管行业发展还处于一个相对不完善的水平,但是毫无疑问,我国劳务派遣的发展处在一个稳定增长的时期。

🌼 扩展阅读 🌼

劳务派遣暂行规定（部分）

第一章 总则

第一条 为规范劳务派遣,维护劳动者的合法权益,促进劳动关系和谐稳定,依据《中华人民共和国劳动合同法》（以下简称劳动合同法）和《中华人民共和国劳动合同法实施条例》(以下简称劳动合同法实施条例)等法律、行政法规,制定本规定。

第二条 劳务派遣单位经营劳务派遣业务,企业(以下称用工单位)使用被派遣劳动者,适用本规定。

依法成立的会计师事务所、律师事务所等合伙组织和基金会以及民办非企业单位等组织使用被派遣劳动者,依照本规定执行。

第二章 用工范围和用工比例

第三条 用工单位只能在临时性、辅助性或者替代性的工作岗位上,使用被派遣劳动者。

前款规定的临时性工作岗位是指存续时间不超过6个月的岗位;辅助性工作岗位是指为主营业务岗位提供服务的非主营业务岗位;替代性工作岗位是指用工单位的劳动者因脱产学习、休假等原因无法工作的一定期间内,可以由其他劳动者替代工作的岗位。

用工单位决定使用被派遣劳动者的辅助性岗位,应当经职工代表大会或者全体职工讨论,提出方案和意见,与工会或者职工代表平等协商确定,并在用工单位内公示。

第四条 用工单位应当严格控制劳务派遣用工数量,使用被派遣劳动者数量不得超过其用工总量的10%。前款所称用工总量是指用工单位订立劳动合同人数与使用的被派遣劳动者人数之和。计算劳务派遣用工比例的用工单位是指依照劳动合同法和劳动合同法实施条例可以与劳动者订立劳动合同的用人单位。

第三章 劳动合同、劳务派遣协议的订立和履行

第五条 劳务派遣单位应依法与被派遣劳动者订立2年以上的固定期限书面劳动合同。

第六条 劳务派遣单位可以依法与被派遣劳动者约定试用期。劳务派遣单位与同一被派遣劳动者,只能约定一次试用期。

第七条 劳务派遣协议应当载明下列内容:

(一)派遣的工作岗位名称和岗位性质;

(二)工作地点;

(三)派遣人员数量和派遣期限;

(四)按照同工同酬原则,确定的劳动报酬数额和支付方式;

(五)社会保险费的数额和支付方式;

(六)工作时间和休息休假事项;

(七)被派遣劳动者工伤、生育或者患病期间的相关待遇;

(八)劳动安全卫生以及培训事项;

(九)经济补偿等费用;

(十)劳务派遣协议期限;

(十一)劳务派遣服务费的支付方式和标准;

(十二)违反劳务派遣协议的责任;

(十三)法律、法规、规章规定应当纳入劳务派遣协议的其他事项。

第八条 劳务派遣单位应当对被派遣劳动者履行下列义务:

(一)如实告知被派遣劳动者劳动合同法第八条规定的事项、应遵守的规章制度,以及劳务派遣协议的内容;

(二)建立培训制度,对被派遣劳动者进行上岗知识、安全教育培训;

(三)按照国家规定和劳务派遣协议约定,依法支付被派遣劳动者的劳动报酬和相关待遇;

（四）按照国家规定和劳务派遣协议约定，依法为被派遣劳动者缴纳社会保险费，并办理社会保险相关手续；

（五）督促用工单位依法为被派遣劳动者提供劳动保护和劳动安全卫生条件；

（六）依法出具解除或者终止劳动合同的证明；

（七）协助处理被派遣劳动者与用工单位的纠纷；

（八）法律、法规和规章规定的其他事项。

第九条　用工单位应当按照劳动合同法第六十二条规定，向被派遣劳动者提供与工作岗位相关的福利待遇，不得歧视被派遣劳动者。

第十条　被派遣劳动者在用工单位因工作遭受事故伤害的，劳务派遣单位应当依法申请工伤认定，用工单位应当协助工伤认定的调查核实工作。劳务派遣单位承担工伤保险责任，但可以与用工单位约定补偿办法。

被派遣劳动者在申请进行职业病诊断、鉴定时，用工单位应当负责处理职业病诊断、鉴定事宜，并如实提供职业病诊断、鉴定所需的劳动者职业史和职业危害接触史、工作场所职业病危害因素检测结果等资料，劳务派遣单位应当提供被派遣劳动者职业病诊断、鉴定所需的其他材料。

第十一条　劳务派遣单位行政许可有效期未延续，或者《劳务派遣经营许可证》被撤销、吊销的，已经与被派遣劳动者依法订立的劳动合同，应当履行至期限届满。双方经协商一致，可以解除劳动合同。

第十二条　有下列情形之一的，用工单位可以将被派遣劳动者退回劳务派遣单位：

（一）用工单位有劳动合同法第四十条第三项、第四十一条规定情形的；

（二）用工单位被依法宣告破产、吊销营业执照、责令关闭、撤销、决定提前解散或者经营期限届满不再继续经营的；

（三）劳务派遣协议期满终止的。

被派遣劳动者退回后，在无工作期间，劳务派遣单位应当按照不低于所在地人民政府规定的最低工资标准，向其按月支付报酬。

第十三条　被派遣劳动者有劳动合同法第四十二条规定情形的，在派遣期限届满前，用工单位不得依据本规定第十二条第一款第一项规定，将被派遣劳动者退回劳务派遣单位；派遣期限届满的，应当延续至相应情形消失时方可退回。

四、如何有效规避风险

（一）慎签合同的"约定条款"

在劳动争议中，附加在合同中的额外约定条款是引发问题最集中的地方。比如，技术类岗位被要求签订商业秘密条款，如果跳槽后，可能在一定期限内，无法再从事同类工作。

因此，要格外注意这些约定条款，避免陷入被动。此外，有些约定条款本身就违反了其他法律法规，此类劳动合同是没有法律效力的。

（二）不要因小利失大利

有些用人单位开出的工资十分可观，但往往将本应由企业和个人共同缴纳的养老保险、失业保险、医疗保险和住房公积金等排除在外，扣除后的"高工资"就大打折扣了。

此外,不到定点医院体检、不按时报到等"小事情",也往往被企业利用为解除合同的理由。

(三)出现问题及时申请仲裁

一旦出现劳动争议,求职者应立即向用人单位所在地的区(县)级劳动争议仲裁机构提出申诉,仲裁机构的裁决具有法律效力且可强制执行,可以最大限度地挽回求职者的损失;如果申诉过了一定期限,仲裁及司法机关都将无法受理。

(四)工资遭拖欠可索赔

很多毕业生不了解劳动法规的规定,认为主动辞职就不能再索要赔偿,故而放弃索赔。辞职索赔应确定自己无责任,导致离职的原因在用人单位一方,才可能获得赔偿。

例如,毕业生小张在某公司做销售员,在该公司工作至 2015 年 8 月 25 日。双方签订最后一份劳动合同期限为 2013 年 1 月 1 日至 2016 年 12 月 31 日。

2016 年 8 月 24 日,小张向公司寄送解除劳动合同通知书,以公司拖欠工资及奖金为由,要求解除劳动合同,公司称收到该通知书,但认为小张的理由不能成立,双方均不愿续存劳动关系。

小张以要求公司支付解除劳动合同的补偿金为由,提起仲裁并诉至法院。法院经审理支持小张的诉讼请求。

思考与练习

1. 什么是派遣制?
2. 列举派遣制的利弊。

实训项目

模拟签订三方协议与劳动合同。

第八章

适应职场实现职业理想

"积土而为山,积水而为海。"幸福和美好未来不会自己出现,成功属于勇毅而笃行的人。

——习近平

【学习目标】

1. 学习职场规律,领悟完成角色转换,适应新生活。
2. 了解初入职场心理,掌握不良心理调适方法。
3. 明确职业目标,清晰职业再选择的利弊,稳步实现职业理想。

【技能要求】

1. 试用期自我管理规划。
2. 学会平衡心理状态。

引导案例

机会总是垂青有准备的人

江浩生,男,中国共产党党员,广州华商职业学院物流管理专业2013届"优秀毕业生"。

在三年的大学生活中,他严格自律,从未请过一次假,迟过一次到,旷过一次课,每学期都会制订自己的学习计划和学习目标。一直担任班级班长,大二时成为学生会主席团成员,校物流协会会长。在校期间,江浩生多次获得"优秀学生干部""优秀团员标兵"等称号,多次获得校一等奖学金,国家励志奖学金等奖励。在全国品牌策划大赛中,荣获全国二等奖。

一直以来,他都能够清醒地认识到作为一名党员的责任,一名当代大学生的使命,一名学生干部的职责,在各个方面都以一名党员的身份严格要求自己,参加了党课培训班并以优秀的成绩结业。平时还积极参加党组织的各项活动,尽心尽力地完成党组织交给他的每一项任务。坚持每月上交思想汇报,每天在"学习强国"上学习,借此来提高自身的思想认识水平,坚持不懈地学习让他的政治觉悟有了质的提高。

除此之外,他还积极关注时事政治,关心国家大事,并能从身边的小事做起,用具体的行动感染着身边的同学。在校期间,除了注重校园的生活外,通过校外的实践也得到了磨砺,大三下学期他以实践创业为实习,投资加盟团购项目,提升技能水平及实践经验,成功签约150余家商户及数万名会员。

2015年,他与合作伙伴联合创立艾捷传媒(深圳)有限公司,负责市场业务及内部财务管理工作。

2016年,他对互联网及科技领域产生浓厚兴趣,就职于深圳刷宝科技有限公司,负责中山市整体业务团队,同时学习App的开发及运营相关技巧。通过线上运营,2017年突破千万业绩。他负责百信投资的App整体市场及运营工作,在2018年曾创下产生单月流水数百万的业绩,并开始担任子公司法人及项目负责人。

除了事业上不断地攀登外,作为一名党员,平时他注重自身党性的提升,在党务建设上,江浩生也获得所在支部同志的认可,在2018年底,获选为党支部组织委员,为基层党建工作尽一份力量。

2019年5月,和合作伙伴筹备成立为企业提供技术支持的App及网站开发运营的工作室。2019年8月,投资创办了深达文化(深圳)有限责任公司,并作为财务总监负责公司财务工作。2020年底他又扩大业务,投资了希祺琴行。

在创业过程中,江浩生经历过创业初期资源的缺乏、人员间技术不足等各种困难。但是,他从不气馁。

他说,人生就是一个不断沉淀的过程,不在于现在能做多好,而在于能坚持多久。只能通过不断的学习和不断归零的心态,虚心请教,学会倾听自己的问题。让自己在问题中得到磨砺,在磨砺中得到成长。

有了坚定的目标和坚定的意志,剩下的只剩全力以赴。必须展望未来,互联网时代是飞速发展的时代,必须时刻保持学习的态度,并放低自己的心态,不然将会被时代淘汰。

理论指导

第一节　快速适应职场

职场是社会上所存在的职业范围,狭义上说就是工作环境。职场的本质是交换,是员工付出自身能力获得企业给予的回馈,比如晋升、福利待遇、成就感等。

从广义上来讲,与工作相关的环境、场所、人和事,与工作、职业相关的社会生活活动、人际关系等都属于这个范畴。

一位人力资源专家说过,职场是什么?职场就是:"我"是谁、做什么、怎么做、做最好!精辟地概括了一个人职业生涯的全过程,一个人要想成功地经营自己的职业生涯,就必须在这12个字上下功夫。

一、正确定位职场角色

(一)什么是角色转换

角色亦称社会角色,指个人在特定社会环境中相应的社会身份和社会地位,并按照一定的社会期望,运用一定的权力来履行相应社会职责的行为。人生在不同的阶段,要扮演不同的角色,比如儿童角色、学生角色、社会工作者角色、父母角色、老人角色等。

初入职场的角色转换是指学生角色和社会工作者角色之间的转换。

(二) 正确定位职场角色

职业角色定位是指在职场上,分析自身优势、弱势、工作环境及职业发展的基础上,合理选择职业方向与工作岗位的活动过程。

毕业生应该从以下几方面做起:

1. 从身边小事做起,埋头苦干

初入职场,用人单位一般都让毕业生从事一些基础性的工作。唯有持之以恒的踏实工作,从一件一件细微小事做起,才能成就一番大事业。有哗众取宠之心,无埋头苦干之意,以忙于大事为名,行投机取巧之实,就必然会陷于被动。

基础工作做得好不好,表现了一个人的工作态度,是对自己性格的一种磨炼、立足于小事,才能成就大事,要学会抓住各种学习的机会。

努力把每件事情做到最好,态度决定一切,愿意做更多的事情,愿意担任更多的任务,使之习惯成自然;把一件简单的事情做好就是不简单,把每一件平凡的事做好就是不平凡。

初入职场,把自己定位为执行者才是比较准确的定位。真正的人才决不会被永远埋没,一定要有不怕吃苦、乐做小事的勇气和毅力。

2. 少言多行,听从指挥

自古言多必失的教训实在太多,执行者重在执行,少说话,多做事。有的学生因为缺少社会阅历和经验,看事情总是只看到表面现象,与领导意见不一,发生争执,这其实给自己以后的职场之路设下了栏杆。

要保持与上司同样的立场,这是职场规律中的"黄金定律"。大学生要摆正自己的位置,客观、冷静地进入职业状态,真正地认识社会,全面地了解社会,以自身的实际行动,积极主动地去适应社会需要,在选择或适应社会职业的同时,接受社会的选择和磨炼,这样才能正确地走好职业道路。

3. 脚踏实地,谋求发展

社会中的各行各业都需要大学生,既有大学生毕业去当工人,也有大学生毕业去做个体经营。只要是通过诚实劳动和聪明才智,来为社会创造价值,就可以实现自己的理想和愿望。

西部地区和艰苦偏远地区,艰苦行业及广大农村亟须有知识有能力的毕业生,蕴藏着无数的就业机会。中国有 70 万个行政村,加上基层社区及其他的基层就业岗位,似乎能够提供不可小觑的大学生展示自我的机会。

大学生完全可以把到基层就业视为创业的起步、成才的开始,通过了解国情民意,积累经验,增长才干,这不仅有利于农村的经济建设,也有利于锻炼自己,找到自己的位置和发展空间,实现自己的人生价值。

二、初入职场心理特点及调适

从校园到社会是人生的一个重大转折点,在这一过程中,毕业生面临着新的环境、新的角色、激烈的单位竞争、复杂的人际关系等。这使许多刚去工作的年轻人很难适应,造成了一些心理问题。

（一）不良心理反应

1. 焦虑浮躁心理

焦虑是指一种缺乏明显客观原因的内心不安或无根据的恐惧。浮躁是指做事没有恒心，见异思迁，无所事事的状态。

初入职场，没有社会经验，过度担心工作中的困难和结果，整日忧心忡忡，不能释怀。这种心理问题会使工作的注意力分散、判断力下降，较严重的会导致心理障碍或疾病，有的甚至出现违纪、违法现象。

另外，有的毕业生喜好攀比，心浮气躁，工作安不下心，甚至盲目地跳槽。若长期在这种状态下生活，则内心的和谐和宁静就会被打破，甚至出现情绪的紊乱状态。

2. 被动消极心理

具有被动消极心理的人对个人评价过低，丧失了自信心，缺乏主动争取和利用机遇的心理准备，不敢主动、大胆地与领导和同事交谈，不能很好地表达自己的观点。

越是躲躲闪闪、胆小、畏缩，越不利于熟悉新工作，会妨碍正常的工作状态。即使原本在某些方面比较出色的人，也会陷入困惑。

消极是遇到挫折后的一种心理反应，是逃避现实、缺乏斗志的表现。在就职过程中，因受到挫折而感到无能为力、失去信心时，会出现不思进取、意志麻木等反应。

3. 自卑封闭心理

和本硕毕业生不同，高职大学生就业一直以来面临着"学历歧视"的问题。如果在用人成本区别不大的情况下，普遍存在"'985'和'211'的本科生＞一般本科生＞专科生＞高职生"的学历歧视链。学历歧视的本质在于"学历是快速且简易评判应聘者学习能力的指标"。

当下社会是典型的学历社会，高职毕业生就业受到其他普通高校毕业生的空间挤压明显，同样，这种挤压不仅在高等教育内部系统，社会用人单位对高职学生的认可度不高。

即便一名学生从高职专升本进入本科，再从本科毕业攻读硕士学位，以后去社会求职，用人单位还可能查学历三代，当初的低学历起点，会变成难以抹去的痛！这就造成高职学生严重的自卑心理。

自卑心理表现为对自己能力缺乏了解和自信心，不敢竞争，尤其在遇到挫折时，较容易产生强烈的自卑心理，觉得自己事事不如人，瞧不起自己，只知其短不知其长，甘居人下，无法发挥自己的优势和特长。有自卑感的人，在社会交往中办事无胆量，习惯于随声附和，没有自己的主见。

这种心态如不改变，有可能会磨损人的胆识和独特个性。

封闭心理是一种消极情绪的体验，表现为灰心丧气，对什么事都提不起兴趣。封闭、责备、怨恨自己，疏于与外界沟通。

不能正确面对现实，总想逃避现实，看不到未来的希望，内心总有解不开的疑惑，很少与人交心，整天郁郁寡欢。由于自我封闭，阻隔了外界信息的输入和正常的人际交流。

4. 依赖抱怨心理

主要表现在缺乏独立的见解，言语幼稚，带孩子气，读书时习惯依赖父母同学，工作后习惯依赖同事朋友，人云亦云，不会做决定，这种心态与竞争激烈的社会显得格格不入。

抱怨心理表现在，由于工作环境、条件、待遇等达不到自己的期望，或者是对工作对领导有不同意见，未被重视或采纳，因而表现出对现实的不满，在工作中牢骚满腹，以消极工作表示反抗。

时间一长,工作满意度下降,内心就很烦躁,结果留给领导不好的印象,从而影响升职和加薪,最后导致陷入反复抱怨的恶性循环中。

5.自负嫉妒心理

自负是一种自我评价过高的心理倾向。做过学生干部的学生容易过高评价自己,自以为是,参加工作后盲目乐观,想当然,导致工作定位严重脱离实际,造成人际关系障碍。

在工作中,嫉妒心理的主要表现,看到别人某些方面条件比自己好,或者别人经常得到领导的肯定和表扬时,容易产生羡慕,转而痛苦、失意又愤愤不平的妒忌心理。

(二)趋利避害及时调整心态

初入职场,面对刚入职的困难期,如何调整自己?

无人问津时怎样保持动力?

选择什么样的工作,有时或许身不由己,但情绪不能被工作所左右,与其郁闷烦躁,倒不如找一些办法来调整心态。

1.飞轮效应:不要害怕刚入职的困难

"飞轮效应"是指飞轮从静止状态到转动起来的起始阶段,需要花费很大的力气,但到达一个临界点后,用很小的力气便能容易地将其转起。

也就是,人们在做事情的初始阶段,总会碰到这样或者那样的困难,如果能够克服这些困难,在以后的阶段,做事情才会更加容易。

人在职场,每个人都会遇到各种各样的困难,特别是在刚入职的那段时间,看看这个,不懂,瞧瞧那个,不会。困难就像影子一样,那些轻易在困难面前低头的人,便会因此失去了获得成功的机会。

那些坚持下来的人,则能够进一步登上成功的阶梯。"万事开头难",战胜最初的坎坷,成功便不远了。

无论从事的是什么行业,在初入职场的阶段,都必须要付出艰辛的努力,努力地将事业之轮转动起来,中间不能有任何懈怠。

当事业渐渐有起色之后,再操作的时候就会容易很多。坚持到最后,事情自身的惯性会让你更轻松地将其做好,也更容易获得事业上的成功。

2.蘑菇原理:如何应对无人问津

"蘑菇原理"这一说法源自20世纪70年代一批年轻电脑程序员的自嘲。当时,许多人不理解他们的工作,并更多持怀疑和轻视的态度,这些程序员就经常说自己"像蘑菇一样地生活"。

因为长在阴暗角落的蘑菇,长期处于自生自灭的境遇,只有努力长到足够高大的时候,才被大家关注。

"蘑菇原理"最终被演绎成一种管理方法,通常指初学者被置于阴暗的角落,即被安排无足轻重的工作,接受无端的批评、指责,或是充当"替罪羊"角色,而得不到关注、赏识或是提拔。

许多毕业生对社会就会有很多不切实际的幻想,一旦这些幻想遭遇残酷的现实,就会失去信心,变得消极怠慢。这时候,只有调整好自己的心态,改变心中原来的一些想法,才能更好地适应环境。

惠普公司前CEO卡莉·菲奥瑞娜,从斯坦福大学法学院毕业后,做的第一份工作是一家地产公司的电话接线员,每天的工作就是打字、复印、收发文件、整理文件等杂活。

虽然父母和亲戚朋友对她的工作感到不满,认为一个斯坦福大学的毕业生不应该做这些,但她没有任何怨言,继续边努力工作边学习。

一天,公司的经纪人问她能否帮忙写点文稿,她点了点头。正是这次撰写文稿的机会,改变了她的一生,她后来发展成为惠普公司的CEO。

每个人都希望工作如鱼得水、一帆风顺,但没有谁会白白送给你这一切,只有忍辱负重、坚韧不屈,并不断努力,才有可能获得事业上的成功。

3.专精定律:破解成为职场专家的密钥

"专精定律"是指做事情要全神贯注,集中于一点。后被人们总结为如果人们在做事情的时候,能够专精在一个领域,并不断地在该领域努力、探索,那么他在这个领域将会有所发展,更易取得惊人的成绩。

专精定律说起来简单,做起来很难。因为很多人善于选择却少有人坚持。不管是做职业经理人,还是自己创业,最终成功的人都具备一种特质——专注。

这正是很多人说到却做不到的。而成功者正是做到了这个看似简单,实际不容易做到的专注,才成就了事业。

作家格拉德威尔在《异类》一书中指出:"人们眼中的天才之所以卓越非凡,并非天资超人一等,而是付出了持续不断的努力。1万小时的锤炼,是任何人从平凡变成超凡的必要条件。"他将此称为"1万小时定律",即要成为某个领域的专家,需要1万小时。

现在网上还有个词叫"斜杠青年",即一群不再满足"专一职业"的生活方式,而选择拥有多重职业和身份的多元生活的人。这些人在自我介绍中会用斜杠来区分,例如,张三,记者/演员/摄影师,"斜杠"便成了他们的代名词。

斜杠青年越来越流行,已成为年轻人热衷的生活方式。但要知道,斜杠青年不是谁想当就能当的,自我介绍后面的每一条斜杠,都是要用1万小时的付出换来。

怎样才能做到专精呢?

第一,不要为别人的成功所诱惑。干事业,最忌见异思迁。造成见异思迁的原因很多,其中一个原因就是,为别人的某些成功所诱惑。正确的做法是认准自己的目标,执着地追求。

第二,不要因一时不出成果而动摇。许多人一心想有所成就,这种心情是可以理解的。但过于急切地盼望成功,则容易走向反面。事实上,干任何事情都有个循序渐进的过程,成功也有个水到渠成的问题。

第三,不要怕艰辛。有些人对爱因斯坦在物理学领域的杰出贡献羡慕不已,却很少人了解到他床下几麻袋的演算草纸;有些对NBA球员的成就津津乐道,却很少人去想他们每人究竟洒下了多少汗水。因此,千万不要只羡慕别人的成果,要准备下些苦功夫才行。

4.卢维斯定律:谦虚地听取周围人的意见

"卢维斯定律"是美国心理学家卢维斯提出的。"谦虚不是把自己想得很糟,而是完全不想自己。"后来,人们在此观点的基础上进行了丰富,将其归纳为:

每个人都有展现自我的心理,但在展现自我的同时,仍然要细心地听取他人的意见,保持谦虚的品质。

孔子有言:"三人行,必有我师焉。"任何人都要保持谦虚的心态,把自己放在最低的位置。现实中,那些有着真才实学并受人尊敬的学者和成功人士,往往具有虚怀若谷、谦虚谨慎的心态和作风;而那些不学无术、一知半解的人,却常会摆出骄傲自大、高高在上的架势。

5.权威效应:别被"权威"迷惑了双眼

权威效应又称为权威暗示效应,是指如果一个人地位高,有威信并受人敬重,那他所说的话及所做的事,就更容易引起别人的重视,并让他们坚信其正确性,正可谓"人微言轻,人贵言重"。

此效应普遍存在,首先是由于人们存在"安全心理",即人们总认为权威人物就是正确的楷模,服从他们,会使自己朝着正确的方向前进;其次是由于人们有"赞许心理",即权威人物的要求,往往同社会规范相一致,如果按照权威人物的要求去做,就会容易得到来自各方面的赞许和奖励。

职场中,人们总是倾向于支持那些权威人士所持的观点、意见、行为,并认为他们说的做的都是正确的,但事实上,权威人士也有不足之处,也有失误之时,太过追随他们的观点,必会阻碍自身的发展。

相反,如果在职场中,能带着自己的思考,用质疑的眼光对身边的问题进行关注,那么职场的境界发生变化之后,自然就会有不同的未来。

6.霍桑效应:适度发泄情绪

"霍桑效应"也称为"宣泄效应",原为霍桑电气公司的一个实验,该实验最初以改善工作环境、提高生产效率为主要目的,后被人们归结为心理学效应。

它旨在说明:生活中,人们难免会因不如意的事情情绪低落,但要学会适当倾诉、合理发泄,这能够将心中滋生的负面情绪扼杀在摇篮中,进而更好地做其他事情。

霍桑效应一直存在于人们的工作中,但却没有被人们证实,直到1924年的工厂实验。

在美国芝加哥市郊外的霍桑工厂,是一个制造电话交换机的工厂。它具有较完善的娱乐设施、医疗制度和养老金制度等,但工人们的情绪仍愤愤不平,生产状况也很不理想。为了解决这个问题,工厂一直在竭力地探求原因。

1924年11月,美国国家研究会组织了一个由心理学家等多方面专家参加的研究小组,在该工厂开展一系列研究试验。

这一系列试验的中心课题是生产效率与工作物质条件之间的相互关系。在这一系列试验研究中,有个"谈话实验",即用两年多的时间,由专家们找工人个别谈话达两万余次。规定在谈话过程中,要耐心倾听工人对厂方的各种意见,并做详细记录;对工人的不满意见一律不准反驳和训斥。

这一"谈话实验"收到了意想不到的效果:霍桑工厂的产量大幅度提高。为什么?

这是由于工人长期以来对工厂的各种管理制度和方法诸多不满,一向无处发泄。"谈话实验"使他们这些不满的情绪得到了充分的发泄,从而感到心情舒畅,干劲倍增。

通过霍桑效应,我们看到了这样的现象:每个人在生活中都会遇到委屈、不平、失意的事情,如果遇到这些事情后,得不到及时的发泄,内心深处会产生消极情绪,进而影响自己在其他事情上的发挥。

反之,如果这些不如意、不顺心的事情,能够通过不同的发泄方式发泄出来,就能够激发人们的激情,使其更好地投入到其他工作中。

(三)乐观前行

进入职场,大学毕业生必须及时调整不良心态,塑造积极心态。要避免自负攀比心理、完美主义心理、急功近利的心理,也要克服急躁、焦虑、自卑、依赖、嫉妒等不良心态。从实际出发,沉着冷静,敢于竞争,以顽强的意志克服种种困难,要相信自己的能力。

每个人都有相当大的潜能,每个人都有自己的优势,都有可能在职业竞争中,占据主动地位。只有不断积累自信的资本,才会有工作和事业上的成功。

常见的积极心态包括以下几种:

1.健康向上

健康向上就是乐观、主动追求、坚持、不放弃的态度。

2.感恩

感恩是一种胸怀,是一种美德。学会感恩,善于感恩,既可以在职场中,营造一种互相赏识的团队氛围,又能够打造工作单位与个人无限的"情商"与融洽的人际关系。

3.肯于改变

改变是管理的主题,最好的改变态度是归零,一切从头开始。常常胸怀谦谨心境的人,他的改变速度和效率会很惊人,通常会在最短的时间内,吸收更多全新的知识、发展更高技能,迅速建立人脉。

4.学习进取

21世纪职场的竞争将会越来越激烈。必须肯于学习、善于学习、努力进取。如果每天都努力学习、争取进步,每天都检讨当天的行为,每天都改善一点点,那么个人的前途将是无量的。

5.诚实勤奋

诚信是成就事业的基本准则,也是职业的第一准则。诚信是合作的最好基石。诚实做人,踏实做事,忠实于企业,忠实于个人,永远对人真诚。勤奋是需要做得比要求的更多、更好,要比别人多走"一里路"。

6.付出与奉献

要想杰出一定得先付出。没有一点奉献精神,是不可取的。奉献是一种精神,是付出的另一种表现形式,会为自己赢得更长久的回馈。

7.合作与创新

当今职场的竞争,更讲求团队精神,个人渺小并不可怕,只要与团队的伙伴精诚合作,团队伙伴之间知识与能力互补,就能共享资源。创新是个人的生命力所在,怀旧与故步自封、不思进取,都将被激烈的竞争所淘汰。

8.自信与行动

自信是一个人最大的资本,是潜能发挥的催化剂。自信不是自负,也不是自大,自信与行动密切相关,只有行动才会有结果。行动是解除恐惧的最好良药。

9.敬业

只有对所从事的工作充满热情与浓厚兴趣,才有可能创造出最高效的价值。才有可能主动克服各种困难,真正实现人生的奋斗目标。

(四)职场角色转换成功的体现

走入工作岗位后,可以从这些方面来,衡量自己是否适应了职业发展的基本要求。

1.克服个人弱项

在职场中,克服个人弱项是角色转换的成功体现之一。

例如,性格内向的学生,经过职场锻炼后变得外向开朗。再如学生时代的一些不良习气和旧传统的思维习惯,得到了进一步改善。这些都是克服个人弱项的表现,克服个人弱项有助于提高日后工作的自信心和进取心、成就感,对个人以后的发展打下良好的基础。

2. 顺利完成上司交办的各项任务

完成单位布置的各项任务,是初入职场能否胜任岗位的根本体现。如果基本任务都不能完成,说明各方面能力尚有欠缺,还有待加强学习和锻炼;如果能够完成,说明能力已经合格;如果能够顺利完成,说明已经能够熟练处理单位的日常基础事物。所以,顺利完成单位布置的各项任务是角色转换成功的体现之一。

3. 有机演绎职场中各种角色

初入职场,会接触到各种不同的工作程序,要扮演多种角色。不同的角色,有不同的工作方式方法,能够有机演绎各种角色,顺利处理好各项事务,使工作能够正常运转,是初入职场者能力的一种体现,也是大学毕业生在职场中角色转换成功的体现。

4. 得到社会和单位的认可

在工作中善于待人接物,举止得体,工作认真,踏实肯干,讲信用,守纪律,为单位做出贡献,得到了领导和同事,还有外协单位的好评和肯定,说明工作得到了大家的认可,这也是角色转换的成功体现。

三、试用期的自我管理

(一)试用期

试用期是指包括在劳动合同期限内,用人单位对劳动者是否合格进行考核,劳动者对用人单位是否符合自己要求也进行考核的期限。试用期是双方双向选择的表现。

试用期与见习期不同,见习期大学生未毕业,而试用期大学生已经毕业,大学生毕业签订劳动合同,已是劳动者,脱离了学生身份。

《中华人民共和国劳动合同法》第十九条:劳动合同期限三个月以上不满一年的,试用期不得超过一个月;劳动合同期限一年以上不满三年的,试用期不得超过二个月;三年以上固定期限和无固定期限的劳动合同,试用期不得超过六个月。

有无试用期和试用时间的长短,应由用人单位和劳动者商定,有的在就业协议中进行了约定,同一用人单位与同一劳动者有且只能约定一次试用期。

大学生应珍惜见习期和试用期,因为见习期和试用期是将学校所学知识和实践相结合的阶段,能学到很多东西,弥补知识的漏洞,锻炼自己的工作能力。

(二)如何进行自我管理

所谓的自我管理是指大学生在根据自己的职业目标运门科学的管理方法,对自己的思想和行为进行自我调节和自我控制的过程。

无论是见习期,还是试用期,属于初入职场的重要过渡期,要为胜任以后的工作或事业做好准备。毕业生初入职场,还处于边缘地位,职场上事务繁忙,上司和同事无暇为你提供更多支持,自我管理就成了毕业生参加工作后,脱离困境,走向成功的法宝。

自我管理包括:时间管理、目标管理、情绪管理、行为管理和自我评价。

1. 时间管理

时间管理不是要把所有事情做完,而是更有效地运用时间,决定什么事情应该做,什么事情不应该做。

时间管理最重要的功能是透过事先的规划,降低变动性,作为一种提醒与指引。

（1）做事情要有计划，重点是时间上的安排，不会计划时间的人等于计划失败。

（2）目标明确，目标要具体，要具有可实行性。

（3）将要做的事情分轻重缓急，根据优先程度分先后顺序。

意大利经济学家帕累托提出了著名的"二八定律"认为，在任何一组东西中，最重要的只占其中一小部分，约20%，其余80%尽管是多数，却是次要的。80%的事情只需要20%的努力。而20%的事情是最值得做的，就应当享有优先权。因此，要善于区分20%的有价值的事情，然后根据价值大小，分配时间。

（4）将一天从早到晚要做的事情进行排列。

（5）每件事都有具体的时间结束点，如控制好通电话的时间与聊天的时间。

帕金森有一条定律："工作会展延到填满所有的时间。"因此，派给自己或别人的任务，必须有期限，如果没有期限那么就永远完成不了。

定下期限，可以给自己施加一定压力，督促自己尽快把工作完成，要尊重自己设定的期限，不要养成拖延的习惯，定期限是在实践中较为有效的方法之一。

（6）遵循生物钟，将优先办的事情放在最佳时间里。

（7）做好的事情要比把事情做好更重要。做好的事情是有效果，把事情做好仅仅是有效率。首先考虑效果，然后才考虑效率。

（8）区分紧急事务与重要事务。紧急事务往往是短期性的，重要事务往往是长期性的。学会如何让重要的事情变得很紧急，是高效的开始。

（9）每分每秒做最重要的事。将罗列的事情中，没有任何意义的事情删除掉。

（10）不要想成为完美主义者。不要追求完美，而要追求办事效果。

（11）巧妙地拖延。如果一件事情不太重要，可以将这件事情细分为很小的部分，只做其中一小部分就可以了，或者对其中最主要的部分，最多花费15分钟时间去做。

（12）学会说"不"。一旦确定了哪些事情是重要的，对不重要的事情就应当说"不"。

2. 目标管理

要建立个人目标并对自己实行目标管理，使个人能力与价值不断提升。明确的目标对于一个人的成长与发展非常重要。

有以下几个关键的因素：

（1）客观设立目标

目标的确立必须符合客观现实，否则目标只能停留在幻想当中。也就是说，个人目标设立在知识、能力、身体条件等因素的基础之上，应该是通过努力可以达到的，并且是可考核、可评价的，明确、具体的，是可量化、可分解的。

（2）科学分解目标

谁都不可能一步跨入自己的理想世界，都不可能瞬间实现自己的人生目标与价值。一个大目标的实现过程就如攀登一座高峰，要想顺利到达峰顶，就要从山峰的脚下往上攀，每攀登一步就离峰顶近了一步。

要在实现自身价值的总目标确定之后，也要将自己的总目标分成若干分目标，如阶段目标、年目标、月目标、周目标、日目标等，只有这样才能确保每走一步都能够离总目标更近一点。

（3）努力是实现目标的基础

"世上无难事，只要肯登攀"。这是对"目标"及实现目标途径的最贴切、最科学的描述。

人们常将"卧薪尝胆""铁杆磨针""闻鸡起舞"和"头悬梁,锥刺股"等故事作为教育的例子,正是因为这些故事的主人公身上有一种共同的精神——"锲而不舍,奋斗不息"。努力追求目标实现自我价值的精神,是从金字塔底部走向顶端的唯一途径。

(4)有具体目标

将总目标通过层层分解,最终会落实到每一天、每一件事上。善于对自己实行目标管理的人,是从来都不会忽视对每一天的工作,或每一件事的计划与总结。

一天的工作结束后,可利用10分钟的时间,做一个简单的回顾与总结,然后整理思路,对第二天的工作做一个简单的计划,必要时还可以列一个计划表,第二天按计划安排自己的工作。在做每一件事情之前,同样按照自己的思路,列出计划并做好相应的准备工作,之后再将其付诸实施。养成这样的习惯,可以显著提高工作效率和工作能力。

目标管理程序包括以下内容:确定目标、制订计划(计划应该有长远计划和短期具体的计划)、开展行动。

行动按作用可分为5个层次。

①重要又紧急工作。这些事情比任何事情都要优先,是必须立刻去做或在近期内要做好的工作。

②重要但不紧急工作。工作之中,大多数真正重要的事情都是不急的,可以现在或稍后再做。但不能把这些事情无休止地拖延下去。对这类工作的注意程度,可以分辨出一个人办事有没有效率。

③紧急但不重要工作,这一类是表面上看起来需要立刻采取行动的事情,但客观而冷静地分析,可以把它们列入次优先工作中去。

④次要工作。很多工作只有一点用,既不紧急也不重要,因此不能本末倒置。因为这些事情会让人分心,让人有一种有事可做和有成就的感觉,有借口把重要的工作向后拖延。这些往往会分散注意力。

⑤无功用工作。工作效率低等于浪费时间。

3.情绪管理

通过研究个体和群体、对自身情绪和他人情绪的认识、协调、引导、互动和控制,充分挖掘和培植个体和群体的情绪智商,培养驾驭情绪的能力,从而确保个体和群体保持良好的情绪状态,并由此产生良好管理效果的一种管理手段。

简单地说,情绪管理是对个体和群体的情绪感知、控制、调节的过程。

情绪管理包括正面情绪和负面情绪两个方面。

正面情绪是指以开心、乐观、满足、热情等为特征的情绪;负面情绪是指以难过、委屈、伤心、害怕等为特征的情绪。

种种的负面工作情绪,无论是对个人还是组织而言,危害都是很大的。长期的情绪困扰得不到解决,除了会降低个人的生活质量,还会使个人丧失工作热情,影响个人与同事的人际关系,并且影响个人的绩效水平。

大学生在见习(试用)期容易犯的错误,大多数是由于情绪问题引起的,如在窗口服务行业见习的大学生,常常会因为情绪低落,导致客人向单位投诉服务态度问题,和领导招待客人吃饭时,因情绪高涨而抢了领导的风头等。

控制负面情绪,保持正面情绪非常有必要,有助于保持积极向上的精神风貌和良好的工作状态。

下面介绍成功的情绪管理五步法。

第一步,我的问题是什么——明确要解决的问题。情绪管理第一步是明确问题,找到不良情绪诱发源。毕业生常见的不良情绪根源一般由于就业的压力,与带教老师之间个性冲突,信心不足,担心落后于其他同学,急于取得进展等。

第二步,我该怎么办——确定解决的方案。情绪管理第二步便是针对出现的问题,确定解决的方案,以达到优化自己情绪的目的。

第三步,专心想一想——最佳方法或几种方法的联合。第三步是确定最佳方法或几种方法的联合,比如找好朋友倾诉、看幽默漫画、安排主题旅游,或者参加沙龙等减压活动等。

第四步,做做看——什么时候及如何实施解决方案。第四步是规划一个实施时间表,将方案付诸实践。

第五步,我做得怎么样——回顾所做的努力。第五步是回顾所做工作,对工作效果自我反思、评估,接受反馈,总结提高,积累经验。

4. 行为管理

要管理好自己的每一个行为,应该围绕着自己的目标展开。在见习(试用)期应该做好以下事情。

(1)遵章守纪,尽职尽责,坚持原则,按规定办事。

(2)对待日常的每一项工作,无论工作大小,都要做到认真负责、精益求精。

(3)在工作中待人接物,要以诚信为本,多用理性思维,不要感情用事。

(4)严格按工作要求做事,遵守工作流程,同时养成做工作记录、工作小结、当日事当日毕的工作习惯,并以服务的姿态做好工作,表现出良好的礼仪与形象。

(5)注重将单位的精神文化贯彻到日常的言谈举止和每一项工作中。

(6)工作过程中要认真检查,事后注意总结,以免重复错误。

在见习(试用)期应忌讳以下行为:

(1)当众让领导难堪。

(2)在工作场所玩电子游戏。

(3)不懂装懂。

(4)说话不分场合。

(5)无视单位形象。

(6)不重视把握机会。

5. 自我评价

在职业发展过程中,自我评价是经常性的。在确定职业生涯目标的时候,要做自我评价,在初入职场以后,还要自我评价。每一次的自我评价都应该比前一次更深入,与职位相贴切。

在见习(试用)期的过程中,定期进行自我评价,注意观察总结,分析归纳,以帮助自己认识优势,发挥特长,为单位多做贡献,实现自我价值;同时还可以帮助自己检讨自身不足,扬长避短,少犯错误。

自我评价的内容包括以下几个方面:

首先,应对自身知识结构进行分析。如果个人对岗位所需的知识欠缺,应尽快弥补不足,使自己的现有知识结构得到改变以适应职位的要求。

其次,应对自身能力结构进行分析。能力多种多样,包括记忆能力、理解能力、分析能力、综合能力、口头表达能力、文字表达能力、推理能力、动手能力、环境适应能力、反应能力与应变能力、人际关系能力、组织管理能力、想象能力、创新能力、判断能力等。

有的大学生需要在不同的岗位轮转实习,需要不同的能力结构。发挥自己能力方面的优势,避开能力方面的欠缺,是事业成功的一个十分有利的条件。

能力结构可以通过以下几个方面来分析评价:

一是凭自己的直觉判断,二是凭经验判断,三是同别人的比较来判断,四是通过别人对自己的评价判断,五是借助能力倾向测验判断等,以清楚自己哪方面能力不够,有待锻炼。

再次,评估自我个性心理特征。一般来说,个性没有绝对的优劣之分,所以大学生在见习(试用)过程中,不要过于掩饰自己,宜表现出真正的自我。

当明确知道见习岗位所要求的个性特征时,或当明确知道上司所期望的个性特征时,需要做些掩饰,使自己表现得适于工作的需要和上司的期望。

例如,在会计岗位见习就必须耐心和细心,如果自己是多血质性格的,则要好好考虑自己到底适不适合这个岗位。

最后,评价分析自己的职业适应性和职业价值观。评价自己与岗位的适应性,要考虑自己的兴趣、特长和价值观。最好借助于职业能力倾向测验,可以借助专业的测评工具对自己的职业适应与职业价值观进行评价。

如果没有自我评价,就容易欺骗自己,不能够及时看到自己表现欠佳。因此,看看自己的亲朋好友里谁可以担当"队友"的角色,这个人应定期报告你的进展情况,以便及时调整自己。

可以通过以下问题,评价自己与岗位的适应程度:

(1)工作能否按质按量按时完成;

(2)工作中是否反复需要领导师长的指点和同事的帮助;

(3)在与同事的工作沟通中是否顺畅;

(4)自己的能力与才华是否在工作中得到了发挥;

(5)工作结果是否得到了领导的肯定;

(6)工作中是否学习到新的知识和好的工作方法;

(7)是否感觉到了自己的进步与成长;

(8)是否还存在刚进单位时的那种激情。

四、社会环境适应

(一)在新的社会环境中,个体的适应性通常划分四级

1.初期阶段

当个体知道他在新环境中应该如何行动,但在自己意识中却不承认新环境的价值,并可能拒不接受,仍然抱着原有的价值系统不放。

2.容忍阶段

个体和新的环境彼此对于价值系统与行为方式都表现出相互宽容的态度。

3.接纳阶段

在新的环境同时也承认个体的某些价值的情况下,个体承认并接受新环境中主要的价值系统。

4.同化阶段

个体与环境的价值系统完全一致。一个人的成功既取决于个体的素质，又取决于所面临的环境。

因此，走向社会取得成功，既要认识自己又要认识环境。每个特定的环境，都有其自身的传统、风格，都有不同的特点。我们只有认识环境，适应环境，才能改造环境。

首先，学生生活环境是经过加工的、秩序化的环境；职业生活环境是自然的、未经设计的环境。职业生活主要靠自己去摸索、奋斗，再没有人为你去精心设计了。因此，不同的对待方式，结果会大不相同。

其次，职业生活是现实、郑重其事的。职业生活要有高度的责任感和良好的职业道德。

最后，职业生活属分配领域，相互间利益相关。人们通过职业生活既要成就事业，又要养家糊口。选拔干部时，一个或几个名额，大家都想上；工资、奖金的发放，住房的分配等等，都与个人利益相关。职业生活的协调靠政策、机制。

总之，认识环境是适应社会、走向成功的一个重要问题，应当引起高度重视。

(二)十项职业生涯设计规划

1.职业要负责

一定要对自己的职业认真敬业，勇承重担，兢兢业业，恪守职德。

2.和谐融洽的人际关系

实践证明，与同事间人事关系融洽，将使工作效率倍增。

3.要优化你的交际技能

优良的交际技能可为你谋职就业提高成功概率。

4.要善于发现变化并适应变化

不管周围环境及你人生某一阶段出现何种变化，应该善于发现其中的各种机遇，并驾驭这些机遇。

5.要灵活

经常转换职业角色。

6.善于学习

要善于学习新技术尤其是信息技术。要舍得花钱、花时间，学习各种指南性知识简介。

7.摈弃各种错误观念

当考虑某一新职业或新产业时，观念一定要更新，以防被错误思维误导。

8.调查研究

选择就业单位时，事前应多做摸底研究。当欲加盟一家公司前，多下点力气去研究这家公司的"风格"和"行为"十分必要。

9.开拓进取

要不断开拓进取、不断开发新技能。一个复合的社会不仅需要专业化知识，还需要通用化及灵活式技能。不应只"低头拉车"专心研究某一种专业知识，还应"抬头看路"，看看这种专业知识在未来社会是否继续为人们所需求。

第二节　稳步实现职业理想

职业理想是人们在职业上依据社会要求和个人条件,借想象而确立的奋斗目标,即个人望达到的职业境界。

要想实现理想,还需进一步完善个人职业生涯规划。重新审视工作岗位中的心理需求,传统和新型的职业生涯比较。见表 8 – 1 所示。

表 8 – 1　传统和新型的职业生涯比较

维度	传统的职业生涯	新型的职业生涯
目标	晋升、加薪	自我成就感
心理契约	工作安全感	灵活的受聘能力
职位变迁	垂直向上	水平变动
管理责任	公司承担	员工承担
方式	直线型、专家型	短暂型、螺旋型
专业知识	知道怎么做	学习怎么做
发展	依赖培训	依赖在职体验

一、探索职场规律

把握职场规律,应认真做好以下几方面的工作。

（一）进行岗位分析

岗位分析是通过情报收集的手段,收集相关岗位的全面信息,加以分析归纳,以便提高工作效率。通过岗位分析,有助于大学生全面了解自己的岗位背景、作用和职能、工作内容和工作行为,以及岗位运行的各个重要业务环节和业务流程,易于寻找工作中存在的问题,减少不必要的麻烦。

从下面几方面进行岗位分析:

1. 工作活动

（1）工作任务的描述:工作任务是如何完成的? 为什么要执行这项任务? 什么时候执行这项任务?

（2）与其他工作和设备的关系。

（3）进行工作的程序。

（4）承担这项工作所需要的行为。

（5）动作与工作的要求。

2. 工作中使用的机器、工具、设备的辅助设施

（1）使用的机器、工具、设备和辅助设施的清单。

（2）应用上述各项加工处理的材料。

（3）应用上述各项生产的产品。

（4）应用上述各项完成的服务。

3．工作条件

（1）人身工作环境：在高温、灰尘和有毒环境中工作时，工作地点是在室内还是在户外？

（2）组织的各种有关情况。

（3）社会背景。

（4）工作进度安排。

（5）激励（财务和非财务的）。

4．对员工的要求

与工作有关的特征要求：特定的技能，特定的教育和训练背景，与工作相关的工作经验，身体特征，态度。

（二）遵守职业道德规范

职业道德是同人的职业活动紧密联系的，符合职业特点所要求的道德准则、道德情操与道德品质的总和。职业道德体现了一个人的工作态度和做人原则，是单位聘任人员最基本的标准，职业道德体现了职场运作中的规范性。

遵守职业道德规范，要做好以下几方面。

1．爱岗敬业

树立正确的职业观，热爱本职工作，忠于职守，尽职尽责，努力钻研业务，掌握专业技能，自觉遵守职业纪律。

2．诚实守信

树立诚信为荣、虚假为耻的道德观念，坚持遵守诚实守信的道德规范，要信守诺言，言行一致，旗帜鲜明地反对欺诈行为。

3．办事公道

遵纪守法，坚持原则，廉洁奉公，不私情，照章办事，平等待人。

4．服务群众

树立全心全意为人民服务的思想，文明服务，要勇于向人民负责。

5．奉献社会

树立奉献社会的职业精神，自觉为他人和社会做贡献。

（三）严格遵守规章制度

要想在职场中站稳脚跟，完成各项工作任务是最基本的。否则，将影响到整个单位的运转，被单位辞退，这是职场的优胜劣汰规律。

高职大学生初到单位，对其要求不会很高，因此，大学生只需要按照岗位规章制度和工作程序，将任务一样样保质保量完成，就可以作为合格的标准。

工作能力和业务水平是必备的软能力，职场规律的多样性，决定了从业人员要接触多种行业的新事物和新知识。要不断充电学习，提高工作效率，才能适应职场的发展。

职场规律的稳定性，说明了职场少了一个人同样可以正常运转，现在职场竞争激烈，有能力、有学历的大有人在。所以，不断地提高自己的工作能力和业务水平，才能在职场的激烈竞争中立于不败之地。

（四）完善人际关系

职场人际关系是指在职工作人员之间各类关系的汇总，职场中的人际关系具有复杂性、不确定性。大学生要善于观察、摸索、体会，人际关系是职场的社会性决定的，处理好人际关系非常重要，人际关系处理得好不好，在很大程度上决定着一个人的工作和生活质量。而人际关系如何，取决于个人的处事态度和行为准则。

要懂得换位思考、平等待人、欣赏他人、乐于付出、待人以诚、宽容待人、持之以恒、雪中送炭、以德报怨等词汇的题中要义，努力和充分发挥个人的主观能动作用，在职场运作中，要有个人创见，灵活、机动的处理职场复杂性与规律性的关系。

二、慎重再择业

经历了从学校到社会的过渡和融合，个人的职业发展将迎来从 25 岁到 35 岁的调整和定位时期。重新回味一下职业生涯发展模式，见表 8 - 2。

表 8 - 2　职业生涯发展模式

	探索阶段	立业阶段	维持阶段	离职阶段
开发任务	了解个人兴趣、技能，使自己与工作相匹配	进步、成长、安全感，探索生活方式	继续做出成绩，更新技能	退休计划，在工作和非工作计划中找到平衡
活动	帮助、学习，按指导行事	做出独立的贡献	培训，制定政策帮助他人	逐步结束工作
与他人的关系	学徒	同事	导师	元老
年龄	低于 30 岁	30 ~ 45 岁	45 ~ 60 岁	60 岁以上
工作年限	少于 2 年	2 ~ 10 年	10 年以上	10 年以上

俗话说"三十而立"。30 岁就如人生的门槛，是检验前阶段成绩的时期，审视过去，思考未来。这个阶段是职业生涯规划最重要的时期，这一时期建立的职业基础和平台，将直接决定以后的职业发展的高度和成就。

把握好这十年时间，以后的职业生涯将变得平坦畅通，而错失这段宝贵的黄金时光，将很难再有机会弥补。

因此，许多人会在这个时期对自己的人生进行了调整：有些自主创业了，有些从这个行业跳到另一行业，有些人尝试在不同部门职位间进行轮换。定位和调整，成为 30 岁左右职业人士的主题词。

怎样判断职业路线的正确性？这是一个令很多人困惑的问题。

有一位在外企工作多年，现已经在某跨国公司担任要职的女士说，她有一个成功心得，就是每 5 年跳一次槽。这种跳槽不是盲目的，也有别于为生存而奋斗地四处求职，而是根据自己的发展需求，有计划、有目的地跳槽。

每一次跳槽，她领域就开阔一次，得到的职业培训就丰富一些，之后职位就升高一级，薪水也随之上涨。

因为她懂得成功是螺旋式上升的,因此她不是停留在一家公司、一个职位上,而是随着自己经验的积累、技能的增长,而选择不同的机遇,最终得到综合而全面的素质培养。

不少人不知道怎样选择职业,也有很多人为选错了职业、进错了行困惑不已。可是,真的是选错了职业道路了吗?很多职场人士仅仅依据自己的满意程度,来判断职业道路的正确性,这种看法是存在着偏差的。

因为即使是自己喜欢的职业,也可能因为竞争、人际关系等其他不顺心的事情,而导致对现从事职业的不满意。但这并不等于职业选择的错误。

判断职业路线的正确性,必须以科学的职业定位为基础,否则,所有的判断都将是不科学和没有任何实效性的。要判断职业路线的正确性,要先看看自己是不是真的走错了路,如果确定眼前的职业确实不是自己喜欢的,那么,则可以尽快采取纠正行动。

判断职业路线的正确性,正确择业,应该慎重考虑以下几方面的问题。

(一)要准确进行职业定位

职业定位要根据自己所学的专业、特长和基础,同时要参考性格及爱好,还必须充分考虑自己所处的职业发展阶段,想转变方向的职业道路,自己想要达到的真实目标。

这就是所谓的"知己"——对自己有了充分的认识,同时还要做到"知彼"——即认识职业特点,外界环境,包括对他人的了解,对工作单位、社会环境、经济环境的了解。

只有这样,才能确定自己的优势与强项,准确把握自己的奋斗目标和方向。从而选择真正适合自己的方向,坚持地做下去。

1. 不要轻易跳槽

不要受短期利益影响而轻易改变职业方向。当职业规划方向已经确定,特别是知道自己适合在哪个行业、哪个职位工作,就不要受一些小的利益诱惑,而随便改变。

例如,如果打算成为IT行业的资深研发人员,并且也在这个行业积累了多年的经验,就不要再为了一两千元的加薪,而贸然进入并不熟悉的快速消费品行业去做营销。只有连续不间断在同一领域的工作经历,才能积累工作经验。

2. 不要辞职跳槽

应该骑驴找马,而不要杀驴找马。一定要在职跳槽,实在有特殊情况,不得不先辞职,再找工作,也不要失业太长时间。人必须要务实,当失业太久,连生存都有困难的时候,出去找工作,总会显现出底气不足。特别是职业履历的空白,将会降低雇主对求职者的自信心。

3. 不要频繁跳槽

跳槽本身不是目的,而是通过适当的工作变动和探索,尽快确定适合自己的发展方向。任何行业和职位,只经过一段时间的观察和感悟,都很难做到真正了解。遇到挫折迷茫时,多些理性思考,或请教有经验的朋友及同事。

世界上没有完美的企业,任何工作都难让人完全满意,不要总是想着用跳槽来解决问题。尤其在职业发展初期,太过频繁跳槽,更容易让自己迷失方向,也常给招聘单位一种欠缺稳重、急功近利的不良感觉。

如果职业方向和发展目标已经确定,随着职位的上升,应该控制在不低于3年工作。超过3年,也要在有特别好的机会和收益的前提下才跳槽。

4. 不要频繁地转行

频繁地转行对职业生涯来说是极其不利的,转行跳槽是个很劳民伤财的事情。确需转行跳槽的时候,还必须对新的行业进行全面评估,分析转行后对你的职业发展道路是不是有利,为了防止职业转型误入歧途,建议测测跳槽的风险系数。

同时,为自身清醒定位,掂掂自己的职业含金量,找到自己的职业定位和发展方向,列出长远的职业规划表,判断目前的一步在其中的位置。最后,不能忘了了解行业市场的发展趋势。只有当确定跳槽转行有利时,才能选定转行的方向和行动。

总之,职业定位应该着眼于有利职业持续发展这方面来考虑,而不能凭一时意气用事。

(二)职业定位做好充分的前期准备

心理上的准备是多方面的。万事开头难,只有坚持才能见成效。而当选择从这行业换到另一个行业,薪水上来说一定或多或少有影响,要有心理准备。

在进入新行业前,有选择性地参加有关培训和充电是很有必要的,这样既能快速进入新行业,进入新角色;又能在新行业得到快速发展。

(三)要坚定职业信念

不论选择什么职业定位,在选入新行业后,就算遇到再多再大的困难和挫折,都要坚定信念地走下去。职业定位的选择是经过深思熟虑的,目标是明确的,就不应该轻言放弃。当在新行业中如鱼得水的时候,也就是在职场上真正成功的一天。坚持就是胜利!

(四)记住职业定位和职业生涯管理的基本原则

了解自己,做适合自己的工作,小心、积极地推动个人发展。

一般来说,人们在需要、欲望、兴趣爱好、特长、价值和性格类型上,都存在着差异。通过心理学家、人力资本专家的研究也不难发现,某些特定类型的人,在做某些特定的工作时会更加得心应手。

因此,不少企业将人力资源管理的基础建立在员工胜任力的分析上。但是,从某种角度上讲,老板并不知道什么才有利于员工的职业发展,有时他(她)们甚至会使员工走向失败。这就要择业者自己认清自己的需要、性格类型和职业满足感,然后在公司或外部人才市场上搜索到合适的职业,最终实现人与职位的完美契合。

❀ 扩 展 阅 读 ❀

精心策划　备战人生

中学毕业之际,比尔·拉福就立志经商。他的父亲是洛克菲勒集团的一名高级职员,父亲的生活熏陶了年少的拉福。

比尔·拉福的父亲在商界打拼了多年,对商海中的事务了如指掌,深谙其中奥妙。他发现儿子有商业天赋,机敏果断,敢于创新,但却很少经历磨难,由于没有经验,更缺乏知识。于是,拉福父子进行了一次长谈,共同制订了计划,描绘出比尔·拉福职业生涯的蓝图。

比尔·拉福听从了父亲的劝告,升学时并没有直接去读贸易专业,而是选了工科中最普通的专业——机械制造。

这步棋很绝妙,因为做商贸必须具备一定的专业知识,在贸易中,工业商品占据绝大多数,如果不了解产品的性能、生产制造情况,很难保证贸易的收益。因此,具备一些工科的基本知识是经商的先决条件。

况且,工科学习不仅是知识技能的培养,还能帮助建立一套严谨求实的思维体系,训练推理分析能力,使人有一种脚踏实地的工作态度,这些素质对经商帮助极大。

比尔·拉福就这样,在麻省理工学院度过了四年。他没有拘泥于本专业,还广泛接触了其他课程。学习了许多化工、建筑、电子等方面的基本知识,这些知识在他后来的商业活动中发挥了不可忽略的作用。大学毕业后,比尔·拉福没有立即投入商海。按照原先的设计,他开始攻读经济学的硕士学位。

商业毕竟不是工业,这是一种经济活动,有其本身的规律与特征。无论是程序上,还是规则、内容上都相当复杂,需要进行专门了解。在市场经济条件下,一切经济活动都通过商业活动来进行,如果不了解经济规律,不学习经济学的知识,则很难在商业领域内立足。

于是,比尔·拉福又考进芝加哥大学,开始了为期三年的经济学硕士课程。

这期间,比尔·拉福掌握了经济学的基本知识,深入了解了经济规律,懂得了商业活动的社会地位、作用,搞清了影响商业活动的众多因素。他还特意认真学习了有关的经济法律。因为在现代商业活动中,法律充当了至关重要的角色,没有法律保证,现代商业将陷入一片混乱。

他更注重学习微观经济活动的管理知识,而不把主要精力用来研究理论经济学,那是职业经济学家的工作,他志不在此。因此,比尔·拉福对会计、财务管理也较为精通。

几年下来,他在知识上完全具备了经商的素质。比尔·拉福拿到硕士学位后,仍然没有投身商海,而是考了公务员,去政府部门工作。

原来,他的父亲,这位老谋深算的商业活动家深知,经商必须有很强的交往能力,人际关系在商业活动中异常重要,要想在商业上获得成功,必须深知处世规则,充分了解人的心理特征,善于与人交往,能够给人以良好的印象,使人信任你,从而愿意与你合作。

比尔·拉福在政府部门一干就是五年。这五年中,他从稚嫩的热血青年,成长为一名老成持重、不动声色的公务员。他在后来的商业生涯中,从未上当受骗,这都归功于他在政府的五年锻炼。

此外,他通过那五年的政府机关工作,结识了一大批各界人士,建立起一套关系网络,他非常善于利用这些网络,为他提供丰富的信息,提供许多便利条件。这对他后来的成功帮助极大。

五年的政府工作结束之后,比尔·拉福已完全具备了成功商人所需的各种条件,羽翼丰满了。于是,他辞职下海,去了父亲为他引荐的通用公司熟悉商务。

又经过两年,他已熟练掌握了商情与商务技巧,业绩斐然。这时候,他不再耽误时间,婉言谢绝了通用公司高薪挽留,跳出来开办拉福商贸公司,开始了梦寐以求的商人生涯,正式实施多年前的计划。

功夫不负苦心人,比尔·拉福的准备工作太充分了,他几乎考虑到每个细节,学会了商人应学的一切。他的生意进展异常顺利,拉福公司的成长速度出奇的快。

20年之后,比尔·拉福公司的资产从最初的20万美元发展为2亿美元,比尔·拉福本人也成为一个奇迹,受人尊敬。

对于比尔·拉福的成功,2011年诺贝尔经济学奖得主托马斯·萨金特就曾在一本书里这样评论:"急于求成在很多时候往往是欲速则不达,而适当推远理想,反而是一种备战人生的最佳方式。比尔所拥有和依赖的,就是这种独特的智慧!"

三、走向职业成功

毕业后的第一份工作决定着职业的发展基点和行业的眼光格局。一定依附这条产业的主流资源来学习和工作,这样,未来职业的转型、深化,只会越来越宽。

(一)坚守职业信条

一个具有良好职业素质的人,在自身的职业生涯中都会信守一些基本的职业信条。

(二)敬业

树立"职业神圣"观念。一个人对自己职业不敬,便是对这一职业的亵渎,其结果会把事情做坏,给社会和个人来双重损失。庄子说:"用志不分,乃凝于神。"

通俗地说,敬业就是把自己从事的职业加以研究,勤勉从事的意思。做事不虎头蛇尾,不见异思迁。

(三)乐业

"干一行,爱一行"。只有乐业,才能从职业工作中得到精神享受。孔子说:"知之者不如好之者,好之者不如乐者。"人生能从自己职业中领略出趣味,生活才有价值和意义。

有的是以热情拥抱的态度迎接职业,有的是以冷酷无聊的态度迎接职业;前者把职业当成是亲爱的永久伴侣,从中获益;后者则只是得到烦恼,甚至是伤痛。所以,乐业对人的一生很重要。

(四)平等

"七十二行,各有差别",必须树立职业平等意识,不论从事什么行业,做哪方面具体工作,都是社会成员的一分子,都是在用自己的聪明才智为他人服务,为社会服务,必须摒弃职业贵贱观念。

(五)责任

"鞠躬尽瘁,死而后已"。无论什么职业,责任心、责任意识都是做好工作的内在动力。

(六)进取

有了职业,还必须有进取心,才能使事业发展起来。"少壮不努力,老大徒伤悲。"如果没有进取心,故步自封,不想精益求精,事业就没有发展的希望。

在开始工作时,应以积累工作经验、提高工作能力作为目标,这是今后扩大自己事业空的基础。不要计较薪金薄厚,更不能自命不凡,不屑小事。要爱自己的职业,深思研究工作改进之术,常保进取之心。

(七)团结

保证一个团体生机和活力,必须使得每一个成员能够相互支持和包容,成员间充分尊重对方意见,一个融洽的工作环境就是成功的一半。

大学生应该从基层做起,从小事做起,循序渐进,在工作中加入学习,踏踏实实工作,少一些急功近利,增加自信、敢于坚持,勇于改正错误。

"千里之行,始于足下",只需要每天坚持进步一点点,有了第一步,就会有第二步;有了第二步,就会有第三步。只要这样一直坚持下去,就会向成功迈出一大步。

在困难面不要畏难退缩,要稳扎稳打,一步步扭转不利的局面,渡过难关,脚踏实地,一步一个脚印,停止空想,回归理性,不做语言的"巨人",从最低的心态做起,做好每一件事,消灭浮躁心态,以认真、负责、实在、专注的精神,踏踏实实地拓展前进,在得到单位和社会认的同时,不断实现自己的职业理想。

扩展阅读

脚踏实地,行稳致远

林詹滨,共青团员,广东省汕头市人,广州华商职业学院 2013 届工程造价专业、嘉应学院 2015 届土木工程专业毕业生。2020 年考上广东工业大学全日制研究生,2020 届普研 2 班学生。

曾担任宣传委员、团支书、班长等职务,曾 2 次获校国家励志奖学金、校一等奖;校房屋模型设计大赛荣获一等奖、"青春杯"演讲比赛冠军、广东工业大学研究生主持人大赛亚军;获得了"校园文化活动工作积极分子""优秀团员""优秀主持人""优秀毕业生""优秀团员标兵"等荣誉称号。取得大学英语六级英语、全国计算机二级、施工员、资料员等资格证书。

广州华商职业学院专科的那些事

在华商职业学院的日子里,我经历了很多。我依然记得黄桂标书记在台上和我们说过的一句话:"我们虽然是三表的学校,但是我们绝对不是三表的学生!"。高考失败之后,我一直很颓废,没有一丝丝想要学习的动力,直到来了华商职院,接触到了黄书记,建筑工程系的叶老师、王锦老师、刘转英老师、李文彪老师、黄兴中老师……我慢慢走进了建筑这个行业,学习到很多专业类的知识点。在我读大一的时候我就很想去考插本,可是当时由于经济原因,在大三毕业时并未参与考试,而是选择就业。当我就业之后发现,每当他们叫我做一些打杂的事时,总觉得自己心里有点不甘心。因此我慢慢地在公司学习关于建筑招投标的技术知识,晚上抓紧时间复习插本的书籍。虽然那时候经常熬夜,但最后我以一份好的成绩成功考进嘉应学院,成为一名全日制的本科生。

其实应该很多大专的同学都认为读书无用,应该早点出来赚钱,毕竟读书也是为了找份好的工作,赚更多的钱。这种读书无用论的思想我没有及时、深入反驳,不过人总是有追求的,我承认对学历有越来越高的追求,而当站在不一样的高度,遇到不一样的人,视野也是不一样的,而且现国企、事业单位对于学历方面也是有很大的要求。

嘉应学院本科的那些事

2017 年 9 月我到了嘉应学院读书。当时我们是直接插到原班级。两年时间内,我接触了很多学霸,第一次接触了土木工程原来还需要结构、设计。在工程造价的基础上,我对土木这个行业又有了不一样的见解,我学会了结构力学、钢结构、混凝土设计等等,让我对这个行业有了新的认识。在这里我认识了很多优秀的朋友,我第一次觉得泡图书馆是一件很开心的事。每周老师们都会布置作业,并且会留下来给学生答疑,不懂的问题也可以请教其他同学。在嘉应学院的时间里,是我掌握知识最快的阶段,每个人都很努力,在这样的环境下,催促我上进的永远是那些每天早上7点就到图书馆排队的同学们,鼓励我进步的是在课堂上严格要求的老师们。在这个时刻我萌发了考研的想法。再一次由于经济原因,我在大四那一年选择了就业。当我知道学校有几百人考上了研究生,而且身边很优秀的小伙伴们都在继续努力时,我自己萌发了一种想法:边就业边备考。

因此,我在梅州一家公司做成本管理。我一边工作一边备考,不得不说,考研可比考插本难多了,难的并不是为了过线,而是为了高分冲进复试。备考研究生那个阶段,每天靠着喝咖啡和茶叶控制睡眠,整整花了5个月的时间,我以初试第四名的成绩成功进入广东工业大学的复试。由于新冠疫情的原因,复试时间一直往后拖,为了不被打扰,我再次回到梅州,租了小屋进行复试准备。面试时,由于准备的还算充分,专业问题和口语回答都还挺顺利,最后以综合排名第三的成绩成为唐教授的学生。

广州工业大学研究生的那些事

来到广州工业大学,感受最深的是接触到了很多非广东省的同学,其中还有一些是保研、重本院校的学生。从他们身上我学习到很多做人做事的方式,感受不一样的地域特色,增进自己的视野。读研对我来说,是一个很好的开始,我的就业方向因此变得更广,同时也在努力做科研,我开始学怎么写论文、处理数据、编程,以及站在宏观角度看待整个行业的进程。很多老师是中大博士毕业,他们所授知识对我研究方向有很大的帮助。当然,研究生很多都是靠自觉,每周我都会与导师进行学习请教,这个研究生读得很值。

个人感悟:

一定要保持谦虚。身边很多优秀的人,不要沉浸在自己过去取得的成绩之中,研究生又是一个新的开始。

一定要继续努力。身边的同学都很优秀勤奋,要向他们学习。

一定要合理规划。读研期间,大家都会有各自不同的学习方向和学习内容,自己要学会适应,根据自己未来的规划,合理安排好时间。时间更加自由,要学会充分利用,静下心来学习和思考。

还要学会放松。劳逸结合,多出去走走、看看,能发现更多美好。

学习建议:

(1)制订合理的目标和计划。

(2)有规律、适当地放松。

(3)坚定信念,心无杂念。

(4)放宽心态,不计较得失。

成功的诺言

我向我的生命做出庄重承诺!

★今天,就是我新生命的开始　　　★我要使自己的价值倍增

我知道我一定能做到　　　　　　　我要积极准备,认真行事
只要抱定成功的决心　　　　　　　因为机会总是人创造的
失败就永远不会把我击垮　　　　　今天,我一定比昨天干得更好
★我要微笑着面对这个世界　　　　★我要踢开眼前的疑惑和忧虑
这个世界绝没有高不可攀的人　　　义无反顾,勇往直前
真诚地面对每个人微笑　　　　　　奋力追上那些走在我前面的人
我就会赢得一切　　　　　　　　　永不气馁,永不服输
★无论面对怎样的处境　　　　　　★我不达目标不罢休
总有一种最好的选择　　　　　　　胜利取决于人类伟大的意志力
只要善于控制自己的情绪　　　　　只要我紧咬牙关坚持到底
我就是个战无不胜的人　　　　　　我就一定成功

思考与练习

1. 职业生涯中,应该坚守的职业信条是什么?

2. 初入职场会有什么样的心态? 如何调整?

3. 选出正确的说法

学生角色与职业人角色的不同点有:

(1)学生的责任是受教育、储备知识、锻炼能力,力求全面发展。职业人的责任是以特定身份去履行自己的职责,依靠自己的本领或技能去工作。

(2)学生可以不受法律约束,职业人要受法律约束。

(3)学生的权利主要是依法接受教育,接受经济生活的供给和资助,职业人角色则是依法行使职权,开展工作并在履行义务的同时取得报酬。

(4)学生的规范多是从培养、教育角度出发,职业人的规范则更为严格、具体,违背了就要承担一定的责任。

4. 判断对错

职场新人积极地与资深员工互动,有利于快速获取职业知识。了解企业环境,以便自己尽快度过职业适应期。

实训项目

"企业开放日"——参观式学习与研讨式学习。

参考文献

[1] 吴芝仪.我的生涯手册[M].北京:经济日报出版社,2008.

[2] 鲍利斯.你的降落伞是什么颜色[M].刘宁,译.北京:中信出版社,2010.

[3] 应届生求职网.应届生求职简历全攻略[M].上海:上海交通大学出版社,2009.

[4] 金正昆.职场礼仪[M].北京:中国人民大学出版社,2008.

[5] 李伟,张世辉.创新创业教程[M].北京:清华大学出版社,2015.

[6] 吕爽.大学生创新创业实务指导[M].北京:中国铁道出版社,2017.

[7] 陈林.大学生创新创业教程[M].北京:电子工业出版社,2020.

[8] 张香兰.大学生创新创业基础[M].北京:清华大学出版社,2018.

[9] 桂舟,张淑谦.大学生职业发展与就业指导[M].2 版.北京:清华大学出版社,2018.

[10] 杨炜苗.大学生职业发展与就业指导[M].北京:清华大学出版社,2020.